Estatismo y anarquía
Bakunin, Mikhail

Publicado: 1873
Categoría(s): No Ficción, Humanidades, Filosofía, Ciencias
sociales, Ciencias políticas

Acerca Bakunin:

Mikhail Alexandrovich Bakunin (30 May [O.S. 18 May] 1814 - 1 July 1876) was a well-known Russian revolutionary and theorist of collectivist anarchism.

También disponible de Bakunin:
- *Dios y el Estado* (1894)
- *Socialismo sin estado* (1814)

La Asociación Internacional de los Trabajadores, cuyo origen apenas se remonta a nueve años, ha conseguido durante ese tiempo llegar a una tal influencia sobre el desenvolvimiento práctico de las cuestiones económicas, sociales y políticas en toda Europa, que ningún periodista u hombre de Estado puede rehusarle, en la hora que corre, el interés más serio y con frecuencia el más inquietante. El mundo oficial y oficioso, y el mundo burgués en general, ese mundo de felices explotadores del trabajo penoso, la considera con esa emoción interior que se experimenta a la aproximación de un peligro amenazador aunque desconocido o apenas definido; como si se tratara de un monstruo que deberá tragar infaliblemente todo este sistema social y económico si no se tomasen desde ahora medidas enérgicas, aplicadas simultáneamente en todos los países de Europa, para poner fin a su éxito rápido y creciente.

Se sabe bien que después de la última guerra que rompió la hegemonía histórica de la Francia estatista en Europa —reemplazándola por la hegemonía aún más detestada del pangermanismo estatista—, las medidas contra la Internacional se convirtieron en objeto preferido de las negociaciones intergubernamentales. Es un fenómeno excesivamente natural. Los Estados que, en el fondo, se odian unos a otros y que son eternamente irreconciliables, no han podido ni pueden encontrar otra base de entente que el sometimiento concertado de las masas trabajadoras que forman la base común, el fin de su existencia. No es necesario decir que el príncipe de Bismarck ha sido, y sigue siéndolo, el inspirador principal de esa nueva Santa Alianza. Sin embargo, no fue él quien primero presentó sus proposiciones. Dejó ese honor dudoso a la iniciativa del humillado gobierno del Estado francés que acababa justamente de arruinar.

El ministro de los negocios extranjeros de la administración pseudopopular, ese traidor de la república, pero al contrario, amigo abnegado y defensor de la orden de los jesuitas, que cree en Dios y desprecia la humanidad, y es despreciado a su vez por todos los defensores honestos de la causa del pueblo —el famoso hablador Jules Favre, que cede quizás únicamente al señor Gambetta el honor de ser el prototipo de todos los abogados—, ese hombre asumió con regocijo la misión de calumniador feroz y de denunciante. Entre los miembros del gobierno llamado de "Defensa nacional" estaba, sin duda, uno de los que más contribuyeron al desarme de la defensa nacional y a la capitulación notoriamente pérfida de París, en manos del vencedor arrogante, insolente y despiadado. El príncipe de Bismarck se burló de él y lo insultó ante el mundo. Y he ahí que ese Jules Favre, como enorgullecido de esa doble infamia —la suya propia y la de Francia traicionada, y quizá vendida por él—, movido al mismo tiempo por el deseo de entrar en la buena consideración del humillador, el gran canciller del victorioso imperio germánico, y por su odio profundo al proletariado, en general, y sobre todo al obrero parisiense, helo ahí haciendo su aparición con una denuncia formal contra la Internacional. Los miembros de ésta que, en Francia, se encontraban a la cabeza de las masas obreras, intentaron suscitar una sublevación popular contra los conquistadores alemanes tanto como contra los explotadores, los gobernantes y los traidores del interior. Crimen terrible por el cual la Francia oficial o burguesa castigará con una severidad ejemplar a la Francia popular.

Por eso la primera palabra pronunciada por el gobierno francés al día siguiente de la derrota horrible y vergonzosa, ha sido la de la reacción más abominable.

¿Quién no ha leído la circular memorable de Jules Favre, en la cual la mentira desnuda y la ignorancia más crasa aún no ceden más que a la ferocidad impotente y furiosa del republicano renegado? Es el grito de angustia, no de un solo hombre, sino de toda la civilización burguesa que consumió todo en el mundo y está condenada a muerte por su debilitamiento total. Presintiendo el acercamiento del fin inevitable, se aferra a todo con una desesperación furiosa, siempre que pueda prolongar su existencia malhechora apelando a todos los ídolos del pasado, destronados ya en otro tiempo por ella misma: Dios y la iglesia, el Papa y el derecho patriarcal, y, sobre todo, como mejor medio de salvación, el apoyo de la policía y la dictadura militar, aunque fuese prusiana, siempre que salve los hombres honestos de la terrible tempestad de la revolución social.

La circular del señor Jules Favre halló un eco... y ¿dónde, creeréis? ¡En España! El señor Sagasta, el ministro de una hora, del rey de España de una hora, Amadeo, quiso, a su vez, agrandar al príncipe de Bismarck e inmortalizó su nombre. También promovió una cruzada contra la Internacional. No satisfecho con las medidas estériles e impotentes que no provocaron más que una actitud burlesca del proletariado español, también él redactó una circular diplomática de bellas frases por la cual sin embargo recibió, con el asentimiento indudable del príncipe Bismarck y de su ayudante Jules Favre, una lección bien merecida del gobierno más prudente y menos libre de la Gran Bretaña, y cayó algunos meses más tarde.

Parece, por lo demás, que la circular del señor Sagasta, aunque hablase en nombre de España, fue inventada, si no redactada, en Italia, bajo el impulso directo del rey experimentado que era Víctor Manuel, el padre afortunado del desgraciado Amadeo.

Las persecuciones contra la Internacional en Italia fueron prendidas por tres partes diferentes: primero, como había que esperarlo, el Papa mismo pronunció su condena. Lo hizo del modo más original, mezclando en un mismo anatema a todos los miembros de la Internacional, los francmasones, los jacobinos, los racionalistas, los deístas y los católicos liberales. Según la definición del Papa, pertenece a esa asociación reprobada todo el que no se someta ciegamente a su charlatanería inspirada por Dios. Es así como definía el comunismo hace 26 años un general prusiano: "¿Sabéis –decía a sus soldados– lo que es ser comunista? Eso significa poder obrar contra el pensamiento y la voluntad suprema de Su Majestad el Rey".

Pero no fue solamente el papa católico el que maldijo la Asociación Internacional de los Trabajadores. El célebre revolucionario Giuseppe Mazzini, mucho más conocido en Rusia como patriota italiano, conspirador y agitador que como metafísico deísta y fundador de la nueva iglesia en Italia –si, ese mismo Mazzini– consideró útil y necesario, en 1871, al día siguiente de la derrota de la Comuna de París, cuando los ejecutores feroces de los decretos feroces de Versalles fusilaban por millares a los comunistas desarmados, unir al anatema de la Iglesia católica y a las persecuciones policiales del Estado, su anatema propio, llamado patriótico y revolucionario, pero en el fondo absolutamente burgués y al mismo tiempo teológico. Creía que su palabra bastaría para matar en Italia la menor simpatía hacia la Comuna de París y estrangular en germen las secciones internacionales que acababan de florecer. Tuvo lugar lo contrario: nada ayudó más al reforzamiento de esas simpatías y a la multiplicación de las secciones internacionales que su anatema vibrante y solemne.

El gobierno italiano, por su parte, enemigo del Papa, pero más enemigo aún de Mazzini, no durmió tampoco. No comprendió al principio el peligro que lo amenazaba por parte de la Internacional que se desarrollaba con rapidez no sólo en las ciudades, sino también en las aldeas de Italia. Creía que la nueva Asociación no servía más que para reaccionar contra el éxito de la propaganda republicano–burguesa de Mazzini, en ese sentido no se engañó en su cálculo. Pero llegó pronto a la conclusión que la propaganda de los principios de la revolución social en medio de una población excitada, llevada por él mismo a un grado extremo de pobreza y de opresión, se volvía mucho más peligrosa que todas las agitaciones y empresas políticas de Mazzini. La muerte del gran patriota italiano, que siguió de cerca a su ataque venenoso contra la Comuna de París y contra la Internacional, apaciguó, por lo que a él se refería, al gobierno italiano. El partido mazziniano, sin jefe, no le inspiraba en lo sucesivo ningún temor. El proceso de descomposición tenía lugar visiblemente en el seno del partido, y como su origen y su fin, lo mismo que su composición, tenía un carácter netamente burgués, dio indicios innegables de la impotencia que aflige en la hora actual a todas las empresas burguesas.

Muy diferente es la propaganda y la organización de la Internacional en Italia. Se dirigen directa y exclusivamente a los medios obreros que, en Italia como en todos los demás países de Europa, concentran en sí toda la vida, toda la fuerza y el porvenir de la sociedad contemporánea. Se adhieren a ello sólo algunas unidades del mundo burgués que han aprendido a detestar con toda su alma el orden actual –el orden político, económico y social– volvieron las espaldas a la clase de que son originarios y se consagraron enteramente a la causa del pueblo. Esos hombres no son numerosos, pero son inapreciables, ciertamente bajo la condición de que, al declararse enemigos encarnizados de la tendencia burguesa hacia la dominación, pueden sofocar en ellos los últimos vestigios de su ambición personal. En ese caso son, lo repito, verdaderamente inestimables. El pueblo les da la vida, la fuerza elemental y el fundamento, pero en cambio ellos le aportan los conocimientos positivos, el hábito de la abstracción y de la generalización y la aptitud para organizarse y fundar uniones que, a su vez, crean la fuerza creadora consciente sin la cual toda victoria es imposible.

En Italia, como en Rusia, se encontró un número bastante considerable de jóvenes de esta categoría, mucho más que en cualquier otro país. Pero lo que es mucho más importante es que existe en Italia un proletariado enorme, excesivamente inteligente por naturaleza, pero muy frecuentemente sin instrucción y viviendo en una miseria abyecta: ese proletariado está compuesto de dos o tres millones de obreros de las ciudades, de fábricas y de pequeños artesanos, y de aproximadamente veinte millones de campesinos desprovistos de todo bienestar. Como se ha dicho ya más arriba, esa clase innumerable de trabajadores es reducida por la administración opresiva y ladrona de las clases propietarias –bajo el cetro liberal del rey libertador y del amontonador de tierras italianas– hasta un tal grado de desesperación, que aun los defensores y los cómplices interesados de la administración actual comienzan a confesar y a hablar abiertamente en el Parlamento y en los periódicos oficiales de que es imposible continuar del mismo modo, y que es urgente hacer algo por el pueblo a fin de evitar un cataclismo popular que lo destruya todo a su paso.

En ninguna parte es tan inminente la revolución social como en Italia, en ninguna parte, si exceptuar siquiera España a pesar de la existencia en ese país de una revolución oficial, mientras que en Italia todo parece tranquilo. Todo el populacho espera en Italia una transformación social y aspira hacia ella conscientemente. Se puede, pues, imaginarse uno con qué amplitud, con qué necesidad y con qué entusiasmo fue acogido el programa de la Internacional y lo es hasta hoy por el proletariado italiano. No existe en Italia, como sucede en la mayor parte de los países de Europa, un estrato especial de obreros, privilegiados en un cierto grado gracias a un salario elevado, ostentando incluso su educación literaria e impregnados, en tal grado, de principios, tendencias y vanidades burguesas que el elemento obrero perteneciente a ese grupo no se distingue de la clase burguesa más que por su posición, pero de ningún modo por su tendencia. Esa clase de trabajadores se encuentra sobre todo en Alemania y Suiza; en Italia, al contrario, es insignificante y se pierde en la gran masa sin dejar el menor rastro o influencia. En Italia predomina el proletariado extremadamente pobre, ese *Lumpenproletariat* de que los señores Marx y Engels y en consecuencia toda la escuela socialdemócrata de Alemania, hablan con un desprecio profundo; pero muy injustamente, porque en él, y en él solamente, y ciertamente no en el estrato burgués de la masa obrera de que acabamos de hablar, es donde está cristalizada toda la inteligencia y toda la fuerza de la futura revolución social.

Tendremos aún que volver sobre esta cuestión; por el momento limitémonos a sacar la conclusión siguiente: gracias a ese predominio decisivo del proletariado extremadamente pobre en Italia, la propaganda y la organización de la Asociación Internacional de los Trabajadores adquirieron, en ese país, un carácter profundamente apasionado y verídicamente popular, y es justamente gracias a eso que, sin verse restringidas a las grandes ciudades, abarcaron pronto la población rural.

El gobierno italiano comprende actualmente el peligro de ese movimiento y se esfuerza por todos los medios, pero en vano, por sofocarlo. No publica circulares sonoras y pomposas, pero obra como un poder policial, a la sordina, y sofoca sin explicaciones, sin tumulto. Disuelve, una tras otra, y a despecho de todas las leyes, las sociedades obreras con la sola excepción de las que cuentan entre sus miembros honorarios a los príncipes, a los ministros, a los prefectos o, en general, a los hombres ilustres y venerables. Todas las otras sociedades obreras son, al contrario, perseguidas despiadadamente por el gobierno que se apodera de sus documentos, de sus cajas y encierra a sus miembros, durante meses enteros, sin forma de proceso, sin examen ninguno, en sus sucias prisiones.

No hay ninguna duda de que al obrar así, el gobierno italiano es guiado no sólo por su propia sabiduría, sino también por los consejos e indicaciones del ilustre canciller de Alemania, lo mismo que antes seguía dócilmente los mandatos de Napoleón III. Italia está en una situación singular, porque mientras por el número de sus habitantes y por la extensión de sus tierras, debiera ser contada entre las grandes potencias, por su fuerza propiamente dicha este país arruinado, podrido y, a pesar de todos sus esfuerzos, bastante mal disciplinado, y además odiado por las grandes masas y también por la pequeña burguesía, apenas puede ser considerado como una potencia de segundo orden. Es por esas razones que le es necesario un protector, es decir, un amo fuera de Italia; y todo el mundo hallará natural que después de la caída de Napoleón III el príncipe de Bismarck se tenga por *aliado indispensable* de esa monarquía, creada por la intriga piamontesa preparada por los esfuerzos y hazañas patrióticas de Mazzini y Garibaldi.

La mano del ilustre canciller del imperio pangermánico pesa mucho, en la hora actual, en toda Europa; sólo Inglaterra, quizá, constituye una excepción y no es sin inquietud como ésta ve elevarse esa nueva potencia, y también España que está garantizada contra la influencia reaccionaria de Alemania, al menos por los primeros tiempos, tanto por su revolución como por su situación geográfica. La influencia del nuevo imperio se explica por el triunfo asombroso obtenido sobre Francia. Todos reconocen que por su posición, por los enormes recursos conquistados por ella y por su organización interior, ocupa decididamente al presente el primer puesto entre las grandes potencias europeas y está en estado de hacer sentir su hegemonía a cada una de ellas. Que su influencia tiene que ser inevitablemente reaccionaria no cabe duda alguna.

La Alemania tal como es ahora, unida por el fraude[1] general y patriótico del príncipe de Bismarck, y reposando por una parte en la organización y la disciplina ejemplares de su ejército que está dispuesto a estrangular y a masacrarlo todo en el mundo y a perpetrar toda suerte de crímenes en el interior del país lo mismo que en el extranjero a la primera señal de su emperador–rey, y por otra en el patriotismo feudal, en la ambición nacional ilimitada y en el culto divino del poder que caracteriza hasta hoy a la aristocracia alemana, a toda la corporación de sabios alemanes y al pueblo alemán mismo; Alemania, digo, enorgullecida por el poder constitucional despótico de su autócrata y potentado, representa y reúne en sí enteramente uno de los dos polos del movimiento político y social contemporáneo, principalmente el polo del estatismo, del Estado, de la reacción.

Alemania es un Estado por excelencia, como lo era Francia bajo Luis XIV y bajo Napoleón I, como no dejó de serlo hasta hoy Prusia. Desde la creación definitiva del Estado prusiano

---

1.En política, lo mismo que en todas las esferas de las finanzas, es considerado una virtud.

por Federico II, la cuestión era: ¿va Alemania a devorar a Prusia o Prusia a Alemania? Ahora se sabe ya que fue Prusia la que se tragó a Alemania. Se deduce de ello que en tanto que Alemania sea un Estado, a pesar de todas las formas pseudoliberales, constitucionales, democráticas e incluso demócratas socialistas, será inevitablemente el representante principal y de primer orden y la fuente continua de todas las especies de despotismo en Europa.

Hay que constatar que desde la formación del nuevo estatismo en la historia, desde la segunda mitad del siglo XVI, Alemania, agregándose el imperio austríaco en tanto que es alemán, no ha cesado jamás de ser, en el fondo, el centro principal de todos los movimientos reaccionarios de Europa, sin exceptuar el período en que el ilustre librepensador coronado Federico II correspondía con Voltaire. Hombre de Estado de gran inteligencia, discípulo de Machiavello y preceptor de Bismarck, lanzaba invectivas contra todo: contra Dios y contra los hombres, sin exceptuar, naturalmente, a su corresponsal–filósofo, y no creía más que en su propio *espíritu de Estado,* apoyándose con eso, como siempre, en la *fuerza divina de los batallones innumerables* (Dios está siempre de parte de los fuertes batallones, decía), y también en la economía y en el perfeccionamiento posible de la administración interior del país, de la administración mecánica y despótica, naturalmente. Es en eso en lo que, según él, y según nosotros también, se resume en efecto toda la esencia del Estado. Todo lo demás no es más que decoración inocente que tiene por objeto engañar los sentimientos delicados de los hombres incapaces de soportar la verdad severa y dura.

Federico II había perfeccionado y terminado la máquina estatal construida por su padre y su abuelo y preparada por sus antepasados, y esa máquina se ha convertido en manos de su digno sucesor, el príncipe de Bismarck, en instrumento para la conquista y para la pruso–germanización posible de Europa.

Alemania, hemos dicho, desde el período de la Reforma, no ha cesado de ser la fuente principal de todos los movimientos reaccionarios en Europa; desde la mitad del siglo XVI hasta 1851 la iniciativa de ese movimiento pertenecía a Austria. Desde 1815 a 1866 se repartió entre Austria y Rusia, con el predominio, sin embargo, de la primera en tanto que fue administrada por el viejo príncipe Metternich, es decir, hasta 1848. Desde 1815 se acercó a esa Santa Alianza de la reacción puramente germánica, más bien a título de amateur que de hombre de negocios, el knut tártaro–alemán, knut imperial de todas las Rusias.

Movidos por un deseo natural de desembarazarse de la pesada responsabilidad por todas las ignominias cometidas por la Santa Alianza, los alemanes tratan de asegurarse y de asegurar a los demás que su instigador en jefe era Rusia. No somos nosotros los que defenderemos la Rusia imperial, porque es precisamente en razón de nuestro profundo amor al pueblo ruso, y porque deseamos tan ardientemente su progreso más amplio y su libertad más completa que odiamos ese imperio panruso inmundo como ningún alemán podría jamás odiarlo. Contrariamente a los socialdemócratas alemanes, de quienes el primer objetivo de su programa es la creación de un Estado pangermánico, los revolucionarios socialistas rusos aspiran ante todo a la abolición total de nuestro Estado, convencidos de que en tanto que el estatismo –bajo cualquier forma que exista–, pase sobre nuestra nación, el pueblo permanecerá en la situación de esclavo miserable. Así, pues, no por deseo de defender la política del gabinete de San Petersburgo, sino por la verdad que es útil en todas partes y siempre, respondemos a los alemanes lo que sigue:

Es verdad que la Rusia imperial en la persona de dos testas coronadas –Alejandro I y Nicolás–, parecía inmiscuirse bastante activamente en los asuntos interiores de Europa: Alejandro corría de un fin a otro y hacía gran ruido: Nicolás se enturruñaba y lanzaba amenazas. Pero todo acababa allí. No han hecho nada, no porque no quisieran hacer nada, sino porque no tenían nada que hacer, pues sus amigos mismos, los alemanes austríacos y prusianos, se lo habían prohibido; el papel honorable de espantajos nos fue concedido, mientras que los actores verídicos eran Austria y Prusia y, en fin, bajo la dirección y con el permiso de una y otra, los Borbones de Francia (contra España).

El imperio de todas las Rusias no sobrepasó más que una vez sus funciones, principalmente en 1849, y eso para salvar el imperio austríaco, agitado por la insurrección húngara. Durante la extensión de nuestro siglo Rusia sofocó dos veces la revolución polaca, y en esas dos ocasiones, lo hizo con ayuda de Prusia, tan interesada en el mantenimiento de la esclavitud polaca como Rusia misma. Hablo naturalmente de la Rusia imperial. La Rusia del pueblo es imposible sin la independencia y la libertad de Polonia.

Que el imperio ruso no podría, en el fondo, desear otra influencia sobre Europa más que la más nociva y la más enemiga de la libertad; que todo nuevo hecho de crueldad gubernamental de una opresión triunfante, toda nueva sumersión de la revuelta popular en la sangre del pueblo y en cualquier país que fuera, halló siempre su simpatía más calurosa, ¿se podría dudar? Pero la cuestión no es ésa. Se trata de determinar el grado de su influencia efectiva y de saber si ocupa, por su inteligencia, por su poder y por sus riquezas una posición predominante en Europa para que su voz pueda resolver esas cuestiones.

Basta profundizar en la historia de los últimos sesenta años así como en la esencia misma de nuestro imperio tártaro–germánico para poder responder negativamente. Rusia está lejos de ser una fuerte potencia, como gusta de soñar la imaginación de nuestros patriotas de campanario, la imaginación pueril de los paneslavistas occidentales, así como la imaginación de los liberales serviles de Europa, enloquecidos por su vejez y por el miedo y dispuestos a inclinarse ante toda dictadura militar del país propio o del exterior, siempre que los desembarace del peligro terrible que amenaza por parte de su propio proletariado. Aquellos que, sin estar guiados por las esperanzas o por el miedo, consideran sobriamente la situación actual del imperio peterburgués, saben bien que no ha emprendido nunca nada y no emprenderá nunca nada en Occidente o contra el Occidente por su propia iniciativa de otro modo que por provocación de una gran potencia occidental y, en ese caso, ciertamente no de otro modo que por una alianza íntima con ésta. Toda su política, desde que existe, consistió principalmente en rozarse, de una manera o de otra, con una empresa ajena; y desde el reparto infame de Polonia, concebido, como se sabe, por Federico II que propuso a Catalina II repartir entre ambos también la Suecia. Prusia fue justamente esa potencia occidental que no cesó de prestar ese servicio al imperio panruso.

Por lo que se refiere al movimiento revolucionario en Europa, Rusia hacía en manos de los estadistas prusianos el papel de espantajo y frecuentemente de parapeto tras el cual ocultaban muy hábilmente sus propias empresas invasoras y reaccionarias. Pero después de una serie sorprendente de victorias ganadas por las tropas pruso–germánicas en Francia, después de la derrota definitiva de la hegemonía francesa en Europa y de su reemplazo por la hegemonía pangermánica, ese parapeto se volvió superfluo y habiendo el nuevo imperio realizado los sueños más últimos del patriotismo alemán, apareció en todo el esplendor de su potencia de conquistador y de su iniciativa sistemáticamente reaccionaria.

Si, es Berlín el que se ha convertido, actualmente, en el verdadero jefe y en la capital de toda la reacción viviente y activa de Europa, y el príncipe de Bismarck, su director en jefe y su primer ministro. Digo bien, de la reacción viviente y activa, y no moribunda. La reacción moribunda o caída en la infancia – la reacción católica por excelencia– ambula aún como una sombra siniestra, pero ya sin fuerza, en Roma, en Versalles, en parte en Viena y en Bruselas; la otra, la knutopeterburguesa, está lejos de ser una sombra, pero, no obstante, desprovista de sentido y de un porvenir cualquiera continúa aún su conducta desordenada en los confines del imperio panruso... Pero la reacción viviente, inteligente y verdaderamente poderosa está en lo sucesivo concentrada en Berlín y se extiende sobre todos los países de Europa desde el nuevo imperio germánico administrado por el genio estatista, y por eso mismo antipopular en el más alto grado del príncipe de Bismarck.

Esta reacción no es otra cosa que el coronamiento de la idea antipopular del Estado nuevamente constituido, cuyo único fin es organizar la explotación más vasta del trabajo en provecho del capital que está concentrado en manos de un puñado: así, pues, es el triunfo del reino de la alta finanza, de la bancocracia bajo la protección poderosa del poder fiscal, burocrático y policial que se apoya sobre todo en la fuerza militar y es, por consiguiente, esencialmente despótico aun enmascarándose bajo el juego parlamentario del pseudoconstitucionalismo.

La producción capitalista contemporánea y las especulaciones de los bancos exigen, para su desenvolvimiento futuro y más completo, una centralización estatista enorme, que sería la única capaz de someter los millones de trabajadores a su explotación. La organización federal, de abajo a arriba, de las asociaciones obreras, de grupos, de comunas, de cantones y en fin de regiones y de pueblos, es la única condición para una libertad verdadera y no ficticia, pero que repugna a su convicción en el mismo grado que toda autonomía económica es incompatible con sus métodos. Al contrario, se entienden a maravilla con la llamada *democracia representativa:* porque esa nueva forma estatista, basada en la pretendida *dominación* de una pretendida *voluntad* del pueblo que se supone expresada por los pretendidos representantes del pueblo en las reuniones supuestamente populares, reúne en sí las dos condiciones principales necesarias para su progreso: la centralización estatista y la sumisión real del pueblo soberano a la minoría intelectual que lo gobierna, que pretende representarlo y que infaliblemente le explota.

Cuando hablemos del programa social–político de los marxista, lassalleanos y en general de los socialdemócratas alemanes, tendremos ocasión de examinar más de cerca y de esclarecer más esta verdad. Volvamos ahora nuestra atención sobre otro aspecto de la cuestión.

Toda la explotación del trabajo humano, por aquellas formas políticas de la pretendida dominación del pueblo y de la pretendida libertad del pueblo que no sea dorada, es siempre amarga para el trabajador. Se deduce de ahí que ninguna nación, por humilde que fuese por naturaleza o tan obediente a la autoridad que pueda cambiar esa obediencia en hábito, querrá voluntariamente someterse: para conseguirlo será necesario, pues, recurrir a la coacción incesante, a la violencia, es decir, al control policial, y la fuerza militar se hace indispensable.

El Estado moderno es necesariamente, por su esencia y su objetivo, un Estado militar; por su parte, el Estado militar se convierte también, necesariamente, en un Estado conquistador; porque si no conquista él, será conquistado, por la simple razón que donde reina la fuerza no puede pasarse sin que esa fuerza obre y se muestre. Por consiguiente, el Estado moderno debe ser absolutamente un Estado enorme y poderoso: es la condición fundamental de su existencia.

Y lo mismo que la producción capitalista y la especulación de los bancos que, al fin de cuentas, devora esa producción misma deben, por temor a una bancarrota, ampliar sin cesar sus límites en detrimento de las especulaciones y producciones menos grandes, a las que engloban y aspiran a universalizarse; lo mismo el Estado moderno, militar por necesidad, lleva en sí la aspiración inevitable a convertirse en un Estado universal, pero un Estado universal es, claro está, irrealizable, en todo caso sólo habría podido existir un solo Estado semejante; dos Estados, uno al lado del otro, son decididamente imposibles.

La hegemonía es simplemente la manifestación modesta y práctica de esa aspiración irrealizable inherente a todo Estado; y la primera condición de la hegemonía es la debilidad comparativa y la sumisión, al menos, de todos los Estados vecinos. Así, en tanto que existió la hegemonía de Francia, encontró expansión en la impotencia estatal de España, de Italia y de Alemania: y hasta hoy los hombres del Estado francés –y entre ellos Thiers, el primero– no pueden perdonar a Napoleón III el haber permitido a Italia y a Alemania unirse y conjugar sus fuerzas.

Francia cedió ahora el puesto al Estado germánico que, según nosotros, es el único Estado verdadero en Europa.

El pueblo francés está destinado a disfrutar aún de un papel importante en la historia, pero la carrera estatista de Francia ha terminado. El que conoce el carácter de los franceses dirá, con nosotros, que si Francia hubiese podido ser una potencia de primer orden le será imposible ser un Estado secundario, incluso igual a otra potencia. En tanto que Francia como Estado sea gobernada por estadistas –es lo mismo serlo por el señor Thiers que por el señor Gambetta o por los duques de Orleans– no podrá reconciliarse nunca con su humillación; hará siempre sus preparativos para una nueva guerra y pensará siempre en la "revancha" y en el restablecimiento de su grandeza perdida.

¿Lo conseguirá? Decididamente, no. Gran número de razones nos lo indican. Anotemos las dos razones principales. Los últimos acontecimientos han demostrado que el patriotismo, esa virtud suprema del *estatismo,* esa alma de la fuerza estatista, no existe ya en Francia. Se manifiesta quizás aún en las altas esferas, por la vanidad nacional; pero esa vanidad misma es ya tan débil, tan carcomida en su raíz por la necesidad burguesa y por el hábito de sacrificar los *intereses idealistas* a los *intereses realistas* que durante la última guerra no pudieron, como para el pasado, transformar, aunque fuese sólo por un instante, en héroes llenos de abnegación y en patriotas, a los almaceneros, a los hombres de negocios, a los especuladores de la alta finanza, a los oficiales, a los generales y a la nobleza que recibió su educación de manos de los jesuitas. Todos tuvieron miedo, todos se volvieron traidores, todos se pusieron a salvar solamente sus bienes, todos abusaron del infortunio de Francia, todos se esforzaron, con una desvergüenza sin igual, por superarse los unos a los otros en la obtención de favores del vencedor despiadado y arrogante, convertido en amo de los destinos franceses; todos, unánimemente y cueste lo que cueste, predicaron la sumisión, la humildad y rogaron la paz... Y ahora todos esos charlatanes corrompidos se cubren de nuevo con los colores nacionalistas, procurando excederse, pero ese grito ridículo y repulsivo de héroes mezquinos no puede sofocar el testimonio demasiado vibrante de su cobardía de la víspera.

Lo que es incomparablemente más importante es que ni un grano de patriotismo fue descubierto en la población rural de Francia. Sí, en contra de todas las suposiciones, el campesino francés, desde que se ha convertido en propietario, ha dejado de ser patriota. En el tiempo de Juana de Arco soportó él solo, sobre sus espaldas toda la Francia. En 1792 y más adelante la protegió contra la coalición militar de toda Europa. Pero entonces era otra cosa; gracias a la venta a bajo precio de las propiedades de la Iglesia y de la nobleza, se hizo propietario de la tierra que antes cultivaba como esclavo, y temía, con razón, que en caso de derrota nacional, los emigrantes de la nobleza que seguían de cerca a los ejércitos alemanes, le quitarían la propiedad de que acababa de tomar posesión; mientras que actualmente no siente ya esos temores, y consideró con indiferencia la derrota vergonzosa de su querida patria. Con excepción de Alsacia y de Lorena donde –cosa curiosa y como para burlarse de los alemanes que se obstinaban en considerarlas provincias puramente alemanas–, los signos indudables de patriotismo eran combatidos, los campesinos expulsaban de toda Francia a los voluntarios franceses y extranjeros que se habían armado para salvar a Francia, y les rehusaban todo socorro, incluso denunciándolos a menudo a las prisiones y saliendo al encuentro de los alemanes, al contrario, con los brazos abiertos.

Se puede adelantar plenamente como verdad que el patriotismo no ha encontrado asilo más que entre el proletariado de las ciudades.

En París, como en todas las demás provincias y ciudades de Francia, él solo quiso y exigió que se armase al pueblo para la guerra hasta la última gota de sangre. Y como fenómeno singular, es precisamente sobre ese proletariado sobre el que se descargó todo el odio de las clases propietarias, como si se sintiesen ultrajadas porque los "hermanos menores" (expresión del señor Gambetta) demostraban una virtud más grande y una abnegación patriótica más elevada que los mayores.

Por lo demás, las clases propietarias tenían razón en parte. Lo que impulsaba al proletariado de las ciudades no era el patriotismo puro en el sentido histórico y estrecho de la palabra. El patriotismo verídico es, sin duda alguna, un sentimiento muy honroso; pero no es menos un sentimiento estrecho, exclusivo, antihumano y, a menudo, simplemente bestial. Un patriota consecuente es el que, aun amando apasionadamente a su patria y todo lo que es suyo, odia todo lo que es extranjero, exactamente como nuestros eslavófilos. Al contrario, en el proletariado francés de las ciudades no ha quedado el menor rastro de ese odio. Más bien se puede decir que durante estas últimas decenas de años, desde 1848 y aun mucho antes, bajo la influencia de la propaganda socialista, se desarrolló en él una inclinación completamente fraternal hacia los proletarios de todos los países, paralelamente con una indiferencia tan categórica frente a la llamada grandeza y a la gloria de Francia. Los obreros franceses eran adversarios de la guerra emprendida por el último Napoleón y, en la víspera de esa guerra, declararon altamente en un manifiesto firmado por los miembros parisienses de la Internacional, su solidaridad fraternal y sincera con los obreros de Alemania; y cuando las tropas alemanas pusieron los pies en Francia, comenzaron a armarse, no contra el pueblo alemán, sino contra el despotismo militar alemán.

Esa guerra comenzó justamente seis años después de la creación de la Asociación Internacional de los Trabajadores, sólo cuatro años después de su primer congreso en Ginebra. Y en ese corto espacio de tiempo, la propaganda internacional consiguió estimular, no sólo en el proletariado francés, sino también entre los obreros de gran número de otros países, sobre todo de raza latina, un mundo de suposiciones, de ideas y de sentimientos completamente nuevos y extraordinariamente amplios; dio nacimiento a una pasión internacional general que destruyó casi todos esos prejuicios y todas esas estrecheces de pasiones, aunque fuesen patrióticas o locales.

Esa nueva convicción fue solemnemente expresada ya en 1868 en una reunión pública –¿dónde creeréis, en qué país?– en Austria, en Viena, a la cual, en respuesta a una serie de proposiciones políticas y patrióticas hechas a los obreros vieneses conjuntamente por los señores socialdemócratas de la Alemania del Sur y de Austria tendientes al reconocimiento y a la proclamación solemnes de la patria pangermánica una e indivisible, oyeron, con su gran espanto, las palabras siguientes: "¿Por qué nos habláis de la patria alemana? Nosotros, obreros explotados y engañados en todo tiempo y oprimidos por vosotros, y todos los obreros –a cualquier país que pertenezcan–, los proletarios explotados y oprimidos del mundo entero, son nuestros hermanos; y todos los burgueses, todos los opresores, todos los gobernantes, los explotadores, son nuestros enemigos. El campo internacional de los trabajadores, he ahí nuestra única patria; el mundo internacional de los explotadores, he ahí un país extranjero y hostil para nosotros".

Y para probar la sinceridad de sus palabras, los obreros vieneses enviaron inmediatamente un telegrama de congratulaciones "a los hermanos de París, los iniciadores de la emancipación internacional de los trabajadores".

Tal respuesta de los obreros vieneses que se deriva, poniendo aparte todo razonamiento político, de la profundidad misma del instinto popular, hizo en su tiempo gran ruido en Alemania, espantó a todos los burgueses demócratas sin exceptuar al venerable veterano y jefe de ese partido, el doctor Johann Jacoby, y ultrajó no sólo sus sentimientos patrióticos, sino también la creencia estatista de la escuela de Lassalle y Marx. Es probablemente por consejo de este último que el señor Liebknecht, considerado actualmente como uno de los jefes de la socialdemocracia alemana, pero que entonces era él mismo miembro del partido burgués demócrata (el difunto partido popular), salió inmediatamente de Leipzig para Viena a fin de conferenciar con los obreros vieneses cuya "falta de tacto político" había promovido tal escándalo. Hay que hacerle justicia, tuvo un éxito tal que algunos meses más tarde, en agosto de 1868, en el congreso de los obreros alemanes en Nuremberg, todos los representantes del proletariado austríaco firmaron, sin la menor protesta, el programa estrecho y patriótico del partido socialdemócrata.

Eso, sin embargo, indica sobre todo la diferencia profunda que existe entre la tendencia política de los jefes más o menos instruidos y burgueses de ese partido y el instinto revolucionario innato del proletariado alemán, o al menos, del de Austria. Es verdad que en Alemania y en Austria ese instinto popular, sofocado incesantemente, desviado de su fin verdadero por la propaganda de un partido más bien político que social revolucionario, se desarrolló muy poco después de 1868 y no pudo transformarse en un movimiento consciente del pueblo; al contrario, en los países de raza latina, en Bélgica, en España, en Italia y sobre todo en Francia, libertados de ese yugo y de esa corrupción sistemática, ese instinto se ha desarrollado ampliamente en plena libertad y se transformó realmente en un movimiento revolucionario consciente del proletariado de las ciudades y de las fábricas[2].

Hemos notado ya más arriba que la conciencia del carácter universal de la revolución social y de la solidaridad del proletariado de todos los países, existiendo aún muy poco entre los obreros de Inglaterra, se ha formado ya desde hace mucho tiempo en el seno del proletariado francés. Éste sabía ya a fines del siglo XVIII que, al luchar por la igualdad y por su libertad, emancipaba a toda la humanidad.

Las palabras profundas que hoy son pronunciadas a menudo como frases banales, pero que entonces eran sentidas y vividas sincera y profundamente —libertad, igualdad y fraternidad de toda la raza humana— se encuentran en todos los cantos revolucionarios de la época. Fueron el fundamento de la nueva religión social y del ímpetu social-revolucionario de los obreros

---

2.No hay ya ninguna duda que los esfuerzos de los obreros ingleses aspiran a su propia emancipación o al mejoramiento de sus propias condiciones, transformándose inevitablemente en favor de toda la humanidad; pero los ingleses no lo saben ni lo buscan; mientras que los franceses saben buscar lo que, según nuestra opinión, presenta una diferencia enorme en favor de los franceses y da un sentido y un carácter verdaderamente mundial a todos sus movimientos revolucionarios.

franceses; se convirtieron en su segunda naturaleza, por decirlo así, y determinaron, en despecho mismo de su juicio y de su voluntad, la dirección de sus pensamientos, de sus aspiraciones y de sus acciones. Todo obrero francés, cuando hace la revolución, está absolutamente convencido de que no sólo la hace para él, sino para el mundo entero e incomparablemente más para el mundo que para él. En vano los positivistas políticos y los republicanos radicales del género del señor Gambetta se esforzaron y se esfuerzan por desviar al proletariado francés de esa dirección cosmopolita y por persuadirle a pensar en arreglar sus propios asuntos exclusivamente nacionales que están ligados a la idea patriótica de gloria, de grandeza y de dominación política del Estado francés, a asegurar su propia libertad y su bienestar exclusivo antes de ocuparse de la liberación de toda la humanidad, del mundo entero. Sus esfuerzos son, aparentemente, muy razonables, pero vanos; no se transforma la naturaleza, porque esa idea se ha vuelto completamente natural en el proletariado francés y ha expulsado de su imaginación y de su corazón los últimos vestigios del patriotismo estatista.

Los acontecimientos de 1870–71 lo han demostrado a maravilla. Es en todas las ciudades de Francia en las que el proletariado exigió el armamento de toda la población y la milicia para todos contra los alemanes; no hay ninguna duda de que habría realizado esa intención si no hubiese sido paralizado por una parte por el miedo vil y por la traición en masa de la mayoría de la clase burguesa que prefería mil veces la sumisión a los prusianos antes que dar las armas al proletariado, y por otra, por la resistencia reaccionaria sistemática del "gobierno de la defensa nacional" en París y su provincia, una oposición de un dictador tan antinacional, del patriota Gambetta.

Armándose, en tanto que era posible bajo esas condiciones, contra los conquistadores alemanes, los trabajadores franceses estaban firmemente convencidos de que iban a luchar tanto por la libertad y por el derecho del proletariado alemán como por los suyos. Estaban preocupados, no de la grandeza y del honor del Estado francés, sino de la victoria del proletariado sobre la fuerza armada profundamente odiosa que hacía en manos de la burguesía el arma de sometimiento contra ellos. Odiaban las tropas alemanas, no porque eran alemanas, sino porque eran tropas militares. Las tropas empleadas por el señor Thiers contra la Comuna de París eran puramente francesas; cometieron sin embargo en algunos días más males y crímenes que las tropas alemanas durante toda la duración de la guerra. En lo sucesivo todo ejército –de su país o de cualquier otro– es para el proletariado igualmente hostil, y los trabajadores franceses se dan cuenta de ello; ésa es la razón por la cual su llamada a la armas no tenia nada de patriótico.

La insurrección de la Comuna de París contra la asamblea *nacional* de Versalles y contra el salvador de la patria –Thiers–, consumada por los obreros parisienses en presencia de las tropas alemanas que cercaban aún a París, indica y, explica enteramente esa pasión única que agita hoy al proletariado francés para quien no existe ni debe existir en lo sucesivo otra causa y otra guerra que la causa y la guerra revolucionaria y social.

Esto explica plenamente, por otra parte, el furor frenético que se apoderó de los corazones de los gobernantes y representantes versalleses, así como los actos inauditos cometidos bajo sus indicaciones y bendiciones directas contra los comunalistas vencidos. Y en efecto, desde el punto de vista del patriotismo estatista, los obreros parisienses habían cometido un crimen horrible; a la vista de los ejércitos alemanes que cercaban aún a París y que acababan de destruir la patria y de hacer pedazos la potencia y la grandeza nacionales, que habían herido el honor nacional directamente en el corazón, ellos, los obreros, agitados por una pasión feroz, cosmopolita, revolucionaria y social, proclamaron la abolición definitiva del Estado francés, la disolución de la unidad estatista de Francia, incompatible con la autonomía de las comunas francesas. Los alemanes redujeron solamente las fronteras y la fuerza de su patria política, mientras que esos obreros querían abatirla completamente, y como para exponer sus fines traidores, derribaron la columna de Vendôme, ese testimonio augusto de la gloria pasada.

Desde el punto de vista político patriótico, ¿qué crimen habría podido ser comparado a ese sacrilegio inaudito? Y recordaos bien que el proletariado parisiense lo había cometido, no por azar, ni bajo la influencia de algún demagogo o en uno de esos momentos de arrebato intenso que se encuentran a menudo en la historia de cada nación y sobre todo en la de la nación francesa. Y bien, no. Esta vez los obreros franceses obraron con calma y con pleno conocimiento de causa. Esa negación práctica del patriotismo estatista era, ciertamente, la expresión de una fuerte pasión popular, pero de una pasión que no era pasajera, sino profunda, se podría decir incluso reflexiva y transformada ya en conciencia nacional; una pasión descubierta repentinamente ante un mundo amedrentado como un abismo sin fondo dispuesto a devorar todo el régimen actual con todas sus instituciones, sus comodidades, sus privilegios y con toda su civilización... Es entonces cuando se hizo claro, con una claridad tan terrible como indudable, que en lo sucesivo toda reconciliación era imposible entre el proletariado salvaje y hambriento, por una parte dominado por la pasión revolucionaria y social y aspirando con encarnizamiento hacia la creación de un mundo diferente, basado en los principios de la verdad humana, de la justicia, de la libertad, de la igualdad y de la fraternidad —principios sufridos en una sociedad respetable como objetos inocentes de ejercicios históricos— y el mundo instruido y civilizado de las clases privilegiadas, por otra, que defendía con una energía sin limites el orden estatista, jurídico, metafísico, teológico, militar y policial como la última fortaleza que protegía en la hora actual el privilegio precioso de la explotación económica; lo repetimos: entre esos dos mundos —entre la humanidad miserable y la sociedad civilizada que une a ella, como sabemos, toda suerte de cualidades, de bellezas y de virtudes— la paz es imposible.

¡Es la guerra a vida o muerte! Y no sólo en Francia, sino en toda Europa; y esa guerra no podrá ser determinada más que por la victoria decisiva de una de ambas partes, por la derrota decisiva de la otra.

O bien el mundo burgués instruido deberá reprimir y subyugar el espíritu instintivo de revuelta de las grandes masas, de modo como para forzar las masas trabajadoras, por la fuerza de las bayonetas, del knut y del palo, benditos, sin duda alguna, por un dios cualquiera y explicados inteligentemente por la ciencia; eso equivaldría entonces a volver a la restauración completa del Estado bajo la forma más franca posible en el presente, es decir bajo la forma de una dictadura militar o de un régimen imperial; o bien las masas romperán definitivamente el yugo odioso y secular y destruirán con sus raíces la explotación burguesa y la civilización burguesa que se deriva de ella; significará, con otras palabras, el triunfo de la revolución social, la abolición de todo lo que lleva el nombre de Estado.

Así, pues, el Estado por una parte, la revolución social por la otra, he ahí los dos polos cuyo antagonismo constituye la esencia misma de la vida pública actual en toda Europa, pero mucho más palpable en Francia que en ningún otro país. El mundo gubernamental que abarca toda la burguesía incluso, claro está, la aristocracia aburguesada, halló su hogar, su último refugio y su último apoyo en Versalles. La revolución social que ha sufrido una derrota terrible en París, pero que no fue pulverizada y estuvo lejos de ser vencida –abarca actualmente, como en el pasado, todo el proletariado de las ciudades y de los campos–, comienza ya a apoderarse, por su propaganda incesante de la población rural también, al menos en el mediodía de Francia, donde esa propaganda es desplegada y realizada en una escala muy vasta. Esa oposición hostil de dos mundos en lo sucesivo inconciliables es, pues, la *segunda* razón por la cual es absolutamente imposible para Francia el volver a ser un Estado predominante de primer orden.

Todos los estratos privilegiados de la sociedad francesa habrían, ciertamente, querido colocar de nuevo su patria en esa situación brillante e imponente, pero están al mismo tiempo, de tal modo impregnados de la pasión de la avaricia, del enriquecimiento a todo precio, del egoísmo antipatriótico, que para realizar ese fin patriótico estarían, hay que decirlo, dispuestos a sacrificar los bienes, la vida, la libertad del proletariado, pero rehusarían sacrificar el menor de sus privilegios y preferirían más bien sufrir el yugo extranjero que abandonar sus propiedades o nivelar las fortunas y los derechos.

Lo que ocurre ante nuestros ojos en esta hora lo confirma en todos los puntos. Cuando el gobierno del señor Thiers anunció oficialmente en la Asamblea de Versalles la firma del tratado definitivo con el gabinete de Berlín, gracias al cual las tropas alemanas evacuarían en septiembre las provincias de Francia ocupadas aún por ellas, la mayoría de la Asamblea, que representaba la coalición de las clases privilegiadas de Francia, inclinó la cabeza; los fondos franceses que representaban aun más vivamente y más efectivamente sus intereses, bajaron como después de una catástrofe política... Se vio que la presencia *odiosa, violenta e infame* para Francia del ejército alemán triunfante era para los patriotas franceses privilegiados que representaban la virtud y la civilización burguesa, un consuelo, un apoyo, una salvación, y que su alejamiento próximo era equivalente para ellos a una condena a muerte.

El patriotismo de la burguesía francesa buscaba pues su salvación en el sometimiento vergonzoso de la patria. A los que pueden aún dudar de ello no tenemos más que hacerles ver un periódico conservador cualquiera de Francia. Es notorio en qué grado todos los matices del partido reaccionario, los bonapartistas, los legitimistas, los orleanistas han temblado de miedo, en qué grado se han turbado y en qué grado se pusieron rabiosos con la elección del señor Barode como diputado de París. Pero ¿quién es Barode? Es una de las numerosas mediocridades del partido del señor Gambetta, conservador por posición, por instinto y por tendencia, pero decorado con frases democráticas y republicanas que no impiden de ningún modo —al contrario ayudan prodigiosamente— la ejecución de las medidas más reaccionarias; en una palabra, un hombre entre el cual y la revolución no había ni habrá nunca nada de común y que, en 1870 y 1871 era uno de los más celosos defensores del orden burgués en Lyon. Pero hoy, lo mismo que muchos otros patriotas burgueses, considera provechoso luchar bajo la bandera muy lejos de ser revolucionaria del señor Gambetta. En ese sentido fue elegido por París a despecho del presidente de la república Thiers y de la asamblea monárquica pseudonacional que reinaba en Versalles. ¡Y la elección de esa nulidad era suficiente para revolver el partido conservador entero! ¿Y sabéis cuál era su argumento principal? ¡Los alemanes!

Abrid un periódico cualquiera y veréis de qué modo amenazan al proletariado francés con la justa cólera del príncipe de Bismarck y de su emperador (¡qué patriotismo!). Sí, llaman simplemente en ayuda a los alemanes contra la revolución social francesa que los amenaza. En su enloquecimiento estúpido, han tomado incluso al inocente Barode por un socialista revolucionario.

Una tal actitud de la burguesía francesa presenta pocas esperanzas para el restablecimiento del poder estatista y del predominio de Francia por intermedio del patriotismo de las clases privilegiadas.

El patriotismo del proletariado francés no presenta tampoco grandes promesas. Las fronteras de su patria se han ampliado tanto que abarcan hoy al proletariado del mundo en oposición a toda la burguesía, sin excluir naturalmente a la burguesía francesa. Las declaraciones de la Comuna de París fueron decisivas en esa dirección y las simpatías expresadas ahora tan claramente por los obreros franceses hacia la revolución española, sobre todo en la parte meridional de Francia donde existe una tendencia franca hacia la unión fraternal con el proletariado español y aun hacia la creación con este último de una federación nacional basada en el trabajo emancipado y en la propiedad colectiva, a despecho de todas las diferencias nacionales y de las fronteras estatista; esas simpatías y esas aspiraciones, digo, demuestran que para el proletariado francés, lo mismo que para las clases privilegiadas, la época del patriotismo estatista ha pasado.

En presencia pues de una tal ausencia de patriotismo en todas las capas de la sociedad francesa y, en este momento, de una guerra abierta y sin cuartel existente entre ellas, ¿cómo poder restablecer un Estado poderoso?

Todo el talento estatista del anciano presidente de la república se ha derrochado en vano, y todos los enormes sacrificios aportados al altar de la patria política –como por ejemplo al exterminio inhumano de decenas de millares de comunalistas parisienses, de sus mujeres y de sus hijos, y la deportación igualmente inhumana de otras varias decenas de millares a Nueva Caledonia– serán reconocidos indudablemente como sacrificios inútiles.

En vano el señor Thiers se esfuerza por restablecer el crédito, la calma en el país, el antiguo orden de cosas y la fuerza militar de Francia. El edificio estatista, quebrantado sin cesar en su base por el antagonismo entre el proletariado y la burguesía, cruje y se hiende, y amenaza cada minuto con derrumbarse. ¿Dónde puede ese Estado viejo y afectado de una enfermedad incurable hallar la fuerza para luchar contra el joven y hasta aquí aún robusto Estado germánico?

En lo sucesivo, pues, el papel de Francia, como potencia de primer orden, ha terminado. El período de su potencia política ha pasado tan irremediablemente como el de su clasicismo literario, monárquico o republicano. Todos los antiguos fundamentos del Estado están podridos en ella, y en vano Thiers se esfuerza por construir sobre ellos su república conservadora, es decir el antiguo Estado monárquico con una insignia pseudorepublicana. Pero también en vano el jefe del partido radical actual, el señor Gambetta, el sucesor evidente del señor Thiers, promete construir un nuevo Estado, supuesto sinceramente republicano, sobre bases supuestamente nuevas, porque esas bases no existen y no pueden existir.

En el período serio que atravesamos, un Estado poderoso no puede tener más que un solo fundamento sólido: el de la centralización militar y burocrática. La diferencia esencial entre la monarquía y la república más democrática está en que en la primera la clase de los burócratas oprime y saquea al pueblo para mayor provecho de los privilegiados y de las clases propietarias, así como de sus propios bolsillos en nombre del soberano; mientras que en la república oprimirá y robará al pueblo del mismo modo en provecho de los mismos bolsillos y de las mismas clases pero ya en nombre de la voluntad del pueblo. En la república, el llamado pueblo, el pueblo legal, a quien se supone representado por el Estado, sofoca y sofocará siempre al pueblo viviente y real. Pero el pueblo no estará más aligerado si el palo que le pega lleva el nombre del palo del pueblo.

La cuestión social, la pasión de la revolución social se apoderó, en esta hora, del proletariado francés. Debe ser o bien satisfecha o bien domada y reprimida; pero no puede ser satisfecha más que con la caída de la violencia estatista, ese último refugio de los intereses burgueses. Por consiguiente, ningún Estado, por democráticas que sean sus formas, incluso la república *política* más roja, popular sólo en el sentido mentiroso conocido con el nombre de representación del pueblo, no tendrá fuerza para dar al pueblo lo que desea, es decir la organización libre de sus propios intereses de abajo a arriba, sin ninguna injerencia, tutela o violencia de arriba, porque todo Estado, aunque sea el más republicano y el más democrático, incluso el Estado pseudopopular, inventado por el señor Marx, no representa, en su esencia, nada más que el gobierno de las masas de arriba a abajo por intermedio de la minoría intelectual, es decir de la más privilegiada, de quien se pretende que comprende y percibe mejor los intereses reales del pueblo que el pueblo mismo.

Así pues, dar satisfacción a la pasión popular y a las exigencias del pueblo es cosa absolutamente imposible para las clases propietarias y para las gobernantes, *la violencia de Estado, el Estado* simplemente, porque Estado significa precisamente *violencia,* la dominación por la violencia, enmascarada, si es posible y, si es preciso, franca y descarada. Pero el señor Gambetta es tan representante de los intereses burgueses como el señor Thiers mismo; lo mismo que él quiere un Estado poderoso y la dominación absoluta de la clase media agregando a ella, quizás, el estrato de los obreros aburguesados que compone, en Francia, una parte bastante importante de todo el proletariado. Toda la diferencia entre él y el señor Thiers consiste en que este último, obsesionado por los prejuicios de su época, busca el apoyo y la salvación en la burguesía extremadamente rica solamente y considera con desconfianza las decenas y aun centenares de millares de nuevos pretendientes a la misión de gobernantes salidos de la pequeña burguesía y de la clase ya mencionada de los obreros que aspiran a la burguesía; mientras que el señor Gambetta, rechazado por las altas esferas que hasta entonces habían reinado soberanas en Francia, aspira a fundar su poder político, su dictadura republicana–democrática precisamente sobre esa enorme mayoría burguesa que, hasta aquí, había quedado excluida de los beneficios y de los honores de la administración estatista.

Es seguro, por lo demás –y creemos que con plena razón–, que es justamente él solo el que conseguirá, con ayuda de esa mayoría, acaparar el poder; las clases ricas, los banqueros, los grandes propietarios territoriales, los comerciantes y los industriales, en una palabra, todos los especuladores importantes que más se enriquecen por el trabajo obrero, se dirigirán a él, la reconocerán a su vez y buscarán su alianza y su amistad que no les rehusará ciertamente porque, hombre de Estado como es, sabe muy bien que ningún Estado, y sobre todo que ningún Estado poderoso puede existir sin su alianza y amistad.

Eso significa que el Estado gambettista será tan opresor y ruinoso para el pueblo como sus predecesores más francos, pero no menos tiranos; y precisamente porque estará investido de amplios poderes democráticos, podrá garantizar con más fuerza y más seguridad la explotación libre y tranquila del trabajo obrero a la minoría rica y rapaz.

Como hombre de Estado de la nueva escuela, el señor Gambetta no teme de ningún modo ni las formas democráticas más amplias ni el derecho electoral para todos. Sabe, mejor que nadie, las pocas garantías que contienen para el pueblo y de qué valor son, al contrario, para los individuos y las clases que explotan; sabe que nunca es tan terrible y fuerte el despotismo de los gobiernos como cuando se apoya en la llamada representación de la llamada voluntad del pueblo.

Por tanto, si el proletariado francés pudiese ser arrastrado a creer en las promesas del abogado ambicioso, si el señor Gambetta consigue calmar ese proletariado turbulento por una dosis anestésica de su república democrática, no hay ninguna duda de que conseguirá restablecer el Estado francés en toda su grandeza y predominio pasados.

Pero es precisamente esa tentación la que no podrá salirle bien. No existe actualmente en el mundo fuerza, un medio político o religioso que pueda sofocar en el seno del proletariado de un país cualquiera, y menos en el seno del proletariado francés, la aspiración hacia la emancipación económica y hacia la igualdad social. Gambetta puede hacer lo que quiera, puede amenazar con las bayonetas, puede adular y requebrar; no podrá nunca dominar la fuerza hercúlea que se oculta tras esas aspiraciones; no podrá nunca uncir, como antes, las masas trabajadoras al carro brillante del Estado. Ninguna flor oratoria podrá cubrir y nivelar el precipicio que separa irrevocablemente la burguesía del proletariado, ni poner fin a la lucha encarnizada entre ambos. Esa lucha exigirá el empleo de todos los medios y de todas las fuerzas a disposición del Estado, de modo que no le quedarán ni medios ni fuerza al Estado francés para conservar la preponderancia exterior frente a los Estados europeas. ¿Cómo podrá entonces rivalizar con el imperio de Bismarck?

A pesar de todas las bellas frases y de todas las adulaciones de los patriotas del Estado francés, Francia, como Estado está condenada en lo sucesivo a ocupar un puesto modesto y bastante secundario; más que eso, deberá someterse al comando superior y a la influencia protectora del imperio germánico, como antes de 1870 el Estado italiano estaba sometido a la política del imperio francés.

La situación, a decir verdad, es bastante ventajosa para los especuladores franceses que hallan un consuelo suficiente en el mercado internacional, pero no es de ningún modo envidiable desde el punto de vista de la vanidad nacional que abunda en los patriotas del Estado francés. Se habría podido creer, hasta 1870, que esa vanidad era tan poderosa que sería capaz de arrojar los campeones obstinados de los privilegios burgueses en brazos de la revolución social, siempre que fuera posible libertar a Francia del oprobio de ser vencida y subyugada por los alemanes. Pero después de 1870, nadie esperará eso de su parte; todos saben que estarán más bien dispuestos a aceptar cualquier influencia, aun la sumisión al protectorado alemán, antes que renunciar a la dominación provechosa de su propio proletariado.

¿No está, pues, claro que el Estado francés no se restablecerá jamás como para igualar su potencia pasada? ¿Es que eso significaría entonces que la misión mundial y de vanguardia de Francia ha terminado? De ningún modo: significa solamente que habiendo perdido irremisiblemente su grandeza como Estado, Francia deberá buscar una nueva grandeza en la revolución social.

Pero si no es Francia, ¿qué otro Estado de Europa podría disputar la grandeza del nuevo Estado germánico?

No es ciertamente Gran Bretaña. Primeramente Inglaterra no fue nunca, propiamente hablando, un Estado en el sentido estricto de esa palabra, es decir, en el sentido de la centralización militar, policial y burocrática. Inglaterra representa más bien una federación de intereses privilegiados, una sociedad autónoma en la cual predominó al principio la aristocracia financiera, pero una sociedad en cuyo seno, como en Francia, bien que bajo formas un poco diferentes, el proletariado aspira claramente y de una manera amenazadora al nivelamiento de la propiedad económica y de los derechos políticos.

Se deduce por sí mismo que la influencia de Inglaterra en los asuntos políticos de la Europa continental fue siempre grande, pero se basó más bien en la riqueza que en la organización material de la fuerza. Actualmente es evidente que ha disminuido sensiblemente. Una treintena de años antes no habría sufrido tan tranquilamente ni la conquista de las provincias renanas por los alemanes, ni el restablecimiento de la influencia rusa en el mar Negro, ni la marcha de los rusos hacia Khiva.

Una condescendencia tan sistemática de su parte prueba la indudable decadencia política que, por lo demás, crece de año en año. La causa principal de esa decadencia es ese mismo antagonismo entre el mundo trabajador y el mundo de la burguesía explotadora y políticamente dominadora.

La revolución social en Inglaterra está más próxima de lo que se piensa, y en ninguna parte será tan terrible, porque en ninguna parte encontrará una resistencia tan encarnizada y tan bien organizada como en ese país.

España e Italia están completamente fuera de cuestión. No se convertirán nunca en Estados ni peligrosos ni siquiera fuertes, y no por falta de medios, sino porque el espíritu del pueblo de uno y otro país lleva fatalmente a un fin completamente diferente.

España, desviada de su vida normal por el fanatismo católico y por el despotismo de Carlos V y de Felipe II, y enriquecida repentinamente, no por el trabajo del pueblo, sino por la plata y el oro americano en los siglos XVI y XVII, intentó cargar sobre sus hombros el honor poco envidiable de la fundación, por la fuerza, de una monarquía mundial. Pagó cara su presunción. El período de su potencia fue precisamente el comienzo de su empobrecimiento intelectual, moral y material. Después de una corta tensión sobrenatural de sus fuerzas, que la ha hecho temible y odiosa en toda Europa, pero que logró detener por un momento, sólo por un momento, el movimiento progresivo de la sociedad europea, apareció de repente exhausta y cayó en un grado extremo de entorpecimiento, de debilitamiento y de apatía en que ha quedado, definitivamente, deshonrada por la administración monstruosa e idiota de los Borbones, hasta el instante en que Napoleón I, por su invasión rapaz en sus confines, la despertó de sus dos siglos de sueño.

Se vio que España no estaba muerta. Fue salvada del yugo extranjero por una insurrección puramente popular y demostró que las masas populares, ignorantes e inermes, son capaces de resistir a las mejores tropas del mundo, siempre que estén animadas de una pasión fuerte y unánime. España probó más, y principalmente que para conservar la libertad, las fuerzas y las pasiones del pueblo, incluso la ignorancia es preferible a la civilización burguesa.

En vano los alemanes se vanaglorian y comparan su insurrección nacional –pero que estuvo lejos de ser popular– de 1812 y 1813 con la de España. Los españoles, aislados, se levantaron contra la potencia colosal del conquistador hasta entonces invencible; mientras que los alemanes no se levantaron contra Napoleón más que después de la derrota completa que sufrió en Rusia. Hasta entonces no se había podido encontrar la menor aldea alemana o ciudad alemana cualquiera que se hubiese atrevido a presentar la menor resistencia a las tropas francesas victoriosas. Los alemanes han sido de tal modo habituados a la sumisión –esa virtud fundamental del Estado– que la voluntad del vencedor se hizo sagrada para ellos en cuanto reemplazó de hecho a la voluntad interior del país. Los generales prusianos mismos, rindiendo uno tras otro sus fortalezas, las posiciones más fortificadas y las capitales, repetían las palabras memorables que se hicieron más tarde proverbiales del comandante de aquella época en Berlín: "La calma es el primer deber del ciudadano".

Sólo el Tirol constituía una excepción. Napoleón encontró en el Tirol una resistencia decididamente popular. Pero el Tirol forma, como se sabe, la parte más atrasada e ignorante de Alemania y su ejemplo no halló imitadores en ninguna otra parte de la Alemania ilustrada.

La insurrección popular, por su carácter mismo, es instintiva, caótica y despiadada; supone siempre un sacrificio y un gasto enorme de su propiedad y de la ajena. Las masas del pueblo están siempre dispuestas a sacrificarse; y lo que las convierte en una fuerza brutal y salvaje capaz de realizar gestos heroicos y de realizar objetivos en apariencia imposibles es que poseen muy poco o con frecuencia nada, y por consiguiente, la propiedad no las desmoraliza. Si la victoria o la defensa lo exige, no se detendrán ante el exterminio de sus propias aldeas y ciudades, y como la propiedad es generalmente ajena, desarrollan positivamente una pasión destructiva. Esa pasión negativa, sin embargo, está lejos de ser suficiente para elevarse a la altura de la causa revolucionaria; pero sin ella esta última sería imposible, porque no puede haber revolución sin una destrucción extensiva y apasionada, una destrucción saludable y fecunda, puesto que es de ella, y solamente por ella, de donde surgen y nacen mundos nuevos.

Tal destrucción es incompatible con la conciencia burguesa, con la civilización burguesa, porque ésta está enteramente construida sobre el culto fanático y divino de la propiedad. Ciudadano o burgués preferirían perder la vida, el honor, la libertad antes que renunciar a la propiedad; el pensamiento mismo de atentar a su existencia o de querer destruirla para

un fin cualquiera le parece un sacrilegio; he ahí por qué no querrán nunca la destrucción de sus ciudades y de sus casas, aunque lo exija la defensa del país: he ahí por qué el burgués francés de 1870 y los Bürger alemanes hasta 1813 se sometieron tan fácilmente a los felices conquistadores. Hemos visto que la posesión de tal o cual propiedad era suficiente para desmoralizar los campesinos franceses y matar en ellos la última chispa de patriotismo.

Así, pues, para decir nuestra última palabra sobre la llamada insurrección popular de Alemania contra Napoleón, repitamos ante todo que no tuvo lugar más que cuando sus tropas deshechas huían de Rusia y cuando los regimientos prusianos y otros regimientos alemanes que, recientemente aún, formaban parte del ejército napoleónico, pasaron del lado ruso y además que ni siquiera entonces hubo en Alemania insurrección verdaderamente popular, que hubo gran número de ciudades y de aldeas que permanecieron en calma como en el pasado, que sólo se organizaron destacamentos de francotiradores, formados por la juventud −generalmente compuestos de estudiantes− y que fueron incorporados inmediatamente en el ejército regular, lo que es siempre contrario al método y al espíritu de las insurrecciones populares.

En una palabra, los jóvenes ciudadanos de Alemania o, para ser más exactos, los fieles súbditos, excitados por los sermones calurosos de sus filósofos, e inflamados por los cantos de sus poetas, se armaron para la defensa y para el restablecimiento del Estado alemán, porque es precisamente entonces cuando se despertó en Alemania la idea de un Estado pangermánico. Sin embargo, el pueblo español se levantó como un solo hombre para proteger, contra el violador poderoso y audaz, la libertad de la patria y la independencia de la vida del pueblo.

Desde entonces España no ha vuelto a dormir, pero durante 60 años sufrió buscando nuevas formas para una nueva vida. ¡Qué no ha ensayado, la desgraciada! De la monarquía absoluta, dos veces restaurada, hasta la Constitución de la reina Isabel; de Espartero hasta Narváez; de Narváez a Prim y de este último al rey Amadeo, Sagasta y Zorrilla; quería, diríase, medir toda suerte de matices de la monarquía constitucional, y todo le era estrecho, ruinoso, imposible. Tan imposible como lo ha probado la república conservadora, es decir, la dominación de los especuladores, de los ricos propietarios y de los banqueros bajo formas republicanas. Bien pronto probará también que es tan imposible la federación política pequeñoburguesa como Suiza.

Es bien en serio cómo se apoderó de España el diablo del socialismo revolucionario. Los campesinos de Andalucía y de Extremadura, sin pedir permiso a nadie y sin esperar órdenes, se apoderaron ya y continúan apoderándose de las tierras de los antiguos propietarios territoriales. Cataluña, con Barcelona en primera línea, proclama en alta voz su independencia, su autonomía. El pueblo de Madrid proclama la república federal y rehúsa someter la revolución a las direcciones futuras de la Asamblea constituyente. En las provincias del norte, que se hallan en poder de la llamada reacción carlista, la revolución se realiza francamente: los fueros son proclamados así como la independencia de las provincias y de las comunas; se queman todas las actas civiles y judiciales, las tropas, en toda la extensión de España, fraternizan con el pueblo y expulsan sus oficiales. Es la bancarrota general –pública y privada– que comienza: la primera condición de una revolución social y económica.

En una palabra, es un desastre y una devastación definitivos; y todo eso se derrumba por sí mismo, quebrantado o barrido por su propia podredumbre. No existen ya ni finanzas ni ejército, ni justicia ni policía; no existe ni potencia estatista, ni Estado; pero queda el pueblo renovado y vigoroso abrazado, actualmente, a la sola pasión socialrevolucionaria. Bajo la dirección colectiva de la Internacional y de la Alianza de los revolucionarios socialistas, estrecha sus filas y organiza su fuerza y se prepara a crear, sobre las ruinas del Estado que se derrumba y de la sociedad burguesa, su sociedad del hombre—obrero emancipado.

En Italia ocurre como en España, se está en vísperas de la revolución social. También allí, a pesar de todos los esfuerzos de los monárquicos constitucionales y a pesar incluso de los esfuerzos heroicos pero vanos de los dos grandes jefes, Mazzini y Garibaldi, la idea del estatismo no podrá arraigar, porque es contraria al espíritu entero y a las aspiraciones instintivas actuales y a las exigencias materiales de la gran masa del proletariado rural y urbano.

Lo mismo que en España, Italia, que tiene desde hace mucho tiempo y, sobre todo, irrevocablemente, tradiciones conservadas en los libros de Dante, de Machiavelli, y en la literatura política contemporánea, pero ciertamente no en la memoria del pueblo, Italia, digo, no conservó más que una sola tradición viviente, la de la autonomía absoluta, no siquiera de las provincias, sino de las comunas. Agregad aún a esa única concepción política, verdaderamente existente en el seno del pueblo, la heterogeneidad histórica y etnográfica de las provincias que hablan en dialectos talmente diferentes que la población de una provincia comprende con dificultad, y a menudo no comprende en modo alguno, a la población de otras provincias.

Se comprende, por consiguiente, a qué distancia se encuentra Italia de la realización del ideal político último estilo de la unidad estatista. Eso no significa, sin embargo, que Italia esté socialmente dividida. Al contrario, existe, a pesar de todas las diferencias que hay en los dialectos, usos y costumbres, un carácter y tipo italiano comunes que permiten en seguida distinguir un italiano de un miembro de cualquier otra raza, aunque sea meridional.

Por otro lado, la solidaridad efectiva de los intereses materiales y de las aspiraciones intelectuales unen de la manera más estrecha y sueldan entre sí todas las provincias italianas. Es de notar que todos esos intereses, lo mismo que esas aspiraciones, son dirigidas precisamente contra la unidad política violenta y forzada y, al contrario, tienden hacia el establecimiento de la unidad social; se puede decir, pues, y demostrar con hechos numerosísimos de la vida actual de Italia que su unidad política forzada o estatista habría tenido por resultado la desunión social y que, en consecuencia, la destrucción del Estado italiano nuevamente establecido tendrá por resultado infalible su reunión social libre.

Todo esto, evidentemente, no se refiere más que a las masas del pueblo, porque en los estratos superiores de la burguesía italiana –lo mismo que en los demás países– se ha formado junto con la unidad estatista la de la clase privilegiada de los explotadores del trabajo, que se desarrolla y adquiere proporciones más y más grandes.

Esa clase lleva ahora, en Italia, el nombre de Consortería. Esa consortería abarca toda la casta oficial, burocrática y militar, policial y judicial; la clase de los grandes propietarios, de industriales, de comerciantes y de banqueros; todos los abogados y toda la literatura oficial y oficiosa, así como el Parlamento entero cuya derecha disfruta, en el momento, de todas las ventajas de la administración, mientras que la izquierda aspira a la conquista de esa misma administración.

Así, pues, en Italia, como en todas partes, existe la clase política una e indivisible de los ladrones que roban al país en nombre del Estado y que lo llevaron, con el más grande provecho de este último, a un grado extremo de empobrecimiento y de desesperación.

Pero la miseria más terrible, aunque afecte a millones de proletarios, no es aún un recurso suficiente para una revolución. El hombre está dotado por naturaleza de una paciencia maravillosa y que lo impulsa, es verdad, a menudo a la desesperación, y el diablo sabe hasta qué grado puede soportarlo todo cuando, junto a la miseria que lo condena a privaciones inauditas y a una muerte lenta por inanición, es compensado aún por una estupidez, por una dureza de sentimientos, por una ausencia completa de toda conciencia de su derecho y por una paciencia tal y una obediencia imperturbable que distinguen, entre todos los pueblos, sobre todo a los hindúes orientales y a los alemanes. Un hombre dotado así no resucitará jamás: morirá, pero no se despertará.

Pero cuando es llevado a la desesperación, su rebelión se vuelve entonces más probable. La desesperación es un sentimiento agudo y apasionante despertado por el sufrimiento obtuso y semisomnoliento y presupone al menos un cierto grado de comprensión de la posibilidad de una mejor situación que no confía, sin embargo, alcanzar.

En fin, es imposible quedar demasiado largo tiempo en la desesperación; impulsa al hombre bien pronto sea a la muerte, sea a la acción. ¿Pero a qué acción? Evidentemente, a la de la emancipación y a la de la conquista de mejores condiciones de existencia. Incluso el alemán en la desesperación cesa de ser razonador; sin embargo, hacen falta muchos insultos de toda especie, muchas vejaciones, sufrimientos y males antes de que sea impulsado a la desesperación.

Pero la miseria y la desesperación no bastan aún para suscitar la revolución social. Son capaces de promover motines locales, pero no bastan para levantar masas enteras. Para llegar a eso, es indispensable poseer un ideal común a todo el pueblo; desarrollado históricamente de las profundidades del instinto del pueblo; educado, ampliado y esclarecido por una serie de fenómenos significativos y de experiencias severas y amargas, es necesario tener una idea general de su derecho y una fe profunda, apasionada, religiosa si se quiere, en ese derecho. Cuando tal idea y tal fin se encuentran con la miseria que los lleva a la desesperación, entonces la revolución social es inevitable, está próxima y ninguna fuerza podrá resistirle.

Es justamente en esa situación en la que se encuentra Italia. La miseria y los sufrimientos que ha soportado son terribles, apenas ceden a la miseria y a los sufrimientos que abruman al pueblo ruso. Pero, al contrario, el proletariado italiano ha desarrollado en un grado superior a lo que ha hecho el nuestro, la conciencia revolucionaria apasionada que se determina en él de día en día, con más claridad y fuerza. Inteligente y apasionado por naturaleza, el proletariado italiano comienza, en fin, a comprender lo que quiere y lo que debe querer para llegar a la emancipación integral y general. En ese sentido, la propaganda de la Internacional, conducida enérgica y ampliamente, durante los dos últimos años, le valió mucho. Le dio, o más bien estimuló en él ese ideal, burdamente delineado por su instinto singularmente profundo, sin el cual —como hemos dicho— la insurrección del pueblo, cualesquiera que sean los sufrimientos soportados por él, es absolutamente imposible; le indica el fin que debe realizar y al mismo tiempo le abre el camino y los medios para la organización de la fuerza popular.

Este ideal presenta, naturalmente, al pueblo en primer lugar el fin de la miseria, de la pobreza y la satisfacción completa de todas las necesidades materiales por medio del trabajo colectivo, obligatorio e igual para todos; luego, el fin de los amos y de toda suerte de dominación y la organización libre de la vida del país en acuerdo con las necesidades del pueblo, no de arriba a abajo, siguiendo el ejemplo del Estado, sino de abajo a arriba, por el pueblo mismo, al margen de todo gobierno y de los parlamentos, la unión libre de las asociaciones, de las comunas, de las provincias y de los pueblos agrícolas e industriales; y en fin, en un porvenir más lejano, la fraternidad humanitaria triunfante sobre las ruinas de todos los Estados.

Es notable que en Italia, como en España, el programa comunista–estatista de Marx no tuvo absolutamente éxito alguno; al contrario, el programa de la famosa Alianza de los revolucionarios socialistas, que proclamó la guerra incondicional a toda dominación, a toda tutela, autoridad o poder gubernamental, fue vasta y apasionadamente aceptado.

Bajo estas condiciones un pueblo puede conquistar siempre su libertad, construir su propia vida sobre la libertad más amplia de cada uno, pero no puede en modo alguno amenazar la libertad de otras naciones; es por eso que no hay que esperar una política de conquistas de parte de Italia y de España; al contrario, es preciso confiar en una revolución social en ellas.

Los pequeños Estados, como Suiza, Bélgica, Holanda, Dinamarca y Suecia, por esas mismas razones, pero sobre todo o causa de su poca importancia política, no son una amenaza para nadie, pero deben, al contrario, temer la invasión de parte del nuevo imperio germánico.

Quedan, pues, Austria, Rusia y la Alemania prusiana. Pero al mencionar Austria, ¿no se habla del enfermo incurable que se aproxima rápidamente a la muerte? Ese imperio fundado gracias a los lazos dinásticos y a la violencia militar, compuesto además de cuatro razas opuestas entre sí, pero bajo la hegemonía de la raza alemana odiada por las otras tres, e igualmente por su número, apenas la cuarta parte de toda la población; la mitad compuesta de eslavos que exigen la autonomía y últimamente quebrantada en dos Estados: el de los magyares–eslavos y el de los germanos–eslavos, un tal imperio, decimos, ha podido existir en tanto que predominó el despotismo militar y policial. Durante el último cuarto de siglo recibió tres golpes mortales. La primera derrota le fue inferida por la revolución de 1848, que puso fin al viejo sistema y a la vieja administración del príncipe Metternich. Después, sostiene su existencia precaria por todos los medios heroicos y por medio de toda suerte de reconfortantes. Salvado en 1849 por el emperador Nicolás, buscó su salvación, bajo la administración del oligarca arrogante, el príncipe Schwartzenberg, y del jesuita de tendencias eslavófilas, el conde de Tun, redactor del Concordato, en la reacción clerical y política más desesperada y en el restablecimiento de la centralización más absoluta y más despiadada en todas sus provincias, a despecho de todas las diferencias nacionales. Pero la segunda derrota, sufrida en manos de Napoleón III en 1859, probó bien que la centralización burocrática no podía salvarla.

Desde entonces se lanzó en el liberalismo; marchó de Sajonia el rival inexperimentado y desgraciado del príncipe (entonces todavía conde) de Bismarck, el barón de Beist, y se puso a libertar con encarnizamiento a sus pueblos de una manera que pudiese, al libertarlos, salvar al mismo tiempo su unidad estatista, es decir, resolver un problema simplemente insoluble.

Era preciso satisfacer simultáneamente a las cuatro razas principales que pueblan el imperio: los eslavos, los alemanes, los magyares y los valacos, que no sólo son excesivamente diferentes por naturaleza unos de otros, por la lengua nacional, y por los diferentes niveles de sus costumbres y de su cultura, sino que a menudo se tratan con hostilidad y no podrían, por consiguiente, ser mantenidos por un lazo de Estado sino mediante la violencia gubernamental.

Era preciso dar satisfacción a los alemanes, cuya mayoría, aspirando a conquistar una constitución democrática liberal, pide al mismo tiempo con insistencia y con fuerza la conservación para sí del *derecho antiguo* de predominio gubernamental en el imperio austríaco, a pesar del hecho que no constituyen, con los judíos, más que la cuarta parte de toda su población.

¿Es que no es esa una nueva prueba de esta verdad que hemos defendido siempre con la convicción que de su comprensión general depende la solución de todos los problemas sociales: la verdad que el Estado, que todo Estado, aunque fuese investido de las formas más liberales y más democráticas, está necesariamente basado en el predominio, en la dominación, en la violencia, es decir en el despotismo, oculto si lo queréis, pero tanto más peligroso?

Los alemanes, por naturaleza, por decirlo así, estatistas y

burócratas, apoyan sus pretensiones sobre su derecho histórico, es decir, sobre el derecho de conquista y de antigüedad, por una parte, y sobre la pretendida superioridad de su cultura, por la otra. Tendremos ocasión aún de demostrar hasta dónde se extienden sus pretensiones; limitémonos ahora a los alemanes austríacos, bien que sea muy difícil separar sus pretensiones de las reclamaciones de los alemanes en general.

Los alemanes austríacos han comprendido de mala voluntad, durante estos últimos años, que deben renunciar, al menos al principio, al predominio sobre los magyares a quienes reconocen en fin el derecho a una existencia independiente. De todas las razas. que pueblan el imperio austríaco los magyares son, después de los alemanes, el pueblo más estatista; a pesar de las persecuciones más feroces y las medidas más draconianas con que el gobierno austríaco había intentado, durante los años 1850–1859, romper su tenacidad, no sólo no desistieron de su independencia nacional, sino que defendieron, y defienden, su derecho –según ellos también histórico– al predominio gubernamental sobre todas las otras razas que pueblan con ellos mismos el reino húngaro, bien que no constituyen sino un poco más de un tercio de todo el reino[3] .

De este modo el desgraciado imperio austríaco se rompió en dos Estados de fuerza casi igual y unidos sólo bajo una sola corona: en el Estado cisleytano o eslavo–alemán con 20.500.000 habitantes (de ellos 7.200.000 alemanes y judíos, 11.500.000 eslavos y casi 1.800.000 italianos y de otras nacionalidades) y en el Estado transleytano, húngaro o mag- yo–eslavo– rumanoalemán.

Es de notar que ninguno de esos dos Estados presenta, aunque sea por su composición interior, una garantía de una fuerza actual o siquiera futura.

A pesar de la constitución liberal y la circular reconocida de los gobernantes magyares, la lucha entre las razas no se ha apaciguado de ninguna manera en el seno del reino húngaro. La mayoría de la población, sometida a los magyares, no los quiere y no querrá jamás, voluntariamente, sufrir su yugo, por cuya razón se desarrolla una lucha incesante entre ambos,

---

3.El reino húngaro cuenta 5.500.000 magyares, 5.000.000 eslavos, 2.700.000 rumanos, 1.800.000 judíos y alemanes, y unos 5.000 pertenecientes a otras razas; en total 15.500.000 habitantes.

apoyándose los eslavos en sus hermanos de Turquía, y los rumanos en la población amiga de la Walaquia, de la Moldavia, de la Besarabia y de la Bucovina; los magyares, que no forman más que el tercio de la población, están forzados a buscar en Viena apoyo y protección; y la ciudad imperial, que no puede digerir aún la separación de Hungría, y alimenta, con respecto a todos los gobiernos decrépitos y dinásticos derrotados, una esperanza secreta de restauración milagrosa de la potencia perdida, está excesivamente contenta de esas luchas intestinas que impiden al reino húngaro afirmarse, y atiza secretamente las pasiones eslavas y rumanas contra los magyares. Los gobernantes magyares y los políticos lo saben bien y, en compensación, sostienen por su parte relaciones clandestinas con Bismarck que, previendo una guerra inevitable contra el imperio austríaco, condenado a perecer, coquetea con los magyares.

El Estado cisleytano o germano–eslavo no está tampoco en mejor posición. Aquí un poco más de siete millones de alemanes, incluso los judíos, pretenden administrar 11 millones y medio de eslavos.

Esa pretensión es ciertamente extraña. Se puede decir que desde los tiempos más antiguos el fin histórico de los alemanes era conquistar las tierras eslavas, destruir, oprimir y civilizar, es decir, germanizar o aburguesar los eslavos. Es así como se desenvolvió entre ambas naciones un profundo e histórico odio mutuo que resultó, para cada una de las partes, de la situación específica en que se encontró.

Los eslavos odian a los alemanes como todo pueblo vencido odia al vencedor, pero han permanecido irreconciliados y en el fondo de su alma insumisos. Los alemanes odian a los eslavos como los amos odian generalmente a sus esclavos: por su odio, que ellos, los alemanes, han merecido bien de parte de los eslavos; por ese miedo constante e involuntario que promueve en ellos el pensamiento y la esperanza insatisfecha de los eslavos en su liberación.

Como todos los invasores de suelo extraño y los opresores de un pueblo extranjero, los alemanes odian y desprecian al mismo tiempo e injustamente a los eslavos. Hemos explicado por qué los odian; los desprecian porque los eslavos no han podido y no han querido germanizarse. Es notable en qué grado los alemanes prusianos reprochan amarga y seriamente a los alemanes austríacos y acusan al gobierno austríaco hasta la traición por no haber podido germanizar los eslavos. Tienen la convicción que es un crimen enorme contra los intereses patrióticos de todos los alemanes, contra el *pangermanismo.*

Los eslavos de Austria, amenazados o más bien perseguidos ya hoy por todas partes, insuficientemente aplastados por ese pangermanismo odioso, a excepción de los polacos, le han opuesto un absurdo aún más disgustante, un ideal no menos enemigo de la libertad y no menos destructor, el paneslaviso[4].

No afirmaremos que todos los eslavos de Austria, aun sin tener en cuenta los polacos, rinden homenaje a ese ideal tan monstruoso como peligroso para el cual, notémoslo al pasar, existe poca simpatía de parte de los eslavos turcos a pesar de todas las empresas de los agentes rusos que merodean incesantemente entre ellos. Pero es verdad, sin embargo, que la esperanza de una liberación y del salvador de Petrogrado está bastante ampliamente desarrollada entre los eslavos de Austria. El odio terrible y, agreguémoslo, justo, les ha llevado a tal grado de demencia que, olvidando o no sabiendo nada de todas las miserias sufridas por Lituania, Polonia, la Pequeña Rusia, incluso por el pueblo de la Gran Rusia bajo el despotismo moscovita y petersburgués, se han puesto a confiar que serán salvados por nuestro knut panruso del zar.

No hay que asombrarse que tales esperanzas absurdas hayan nacido en las filas de los eslavos. Ignoran la historia; no conocen tampoco la situación interior de Rusia; todo lo que han

---

4. Somos enemigos tan intransigentes del paneslavismo como del pangermanis-mo, y tenemos la intención de dedicar un artículo especial a esta cuestión, según nuestra opinión de importancia excepcional; por el momento no tenemos más que decir esto: consideramos como deber sagrado y apremiante de la juventud revolucionaria rusa el contrarrestar con todas sus fuerzas y con todos los medios posibles la propaganda paneslavista, emprendida en Rusia y sobre todo en los países eslavos por agentes oficiales del gobierno y eslavófilos voluntarios o por agentes oficiales rusos; se esfuerzan por asegurar a los desdichados eslavos que el zar eslavo de Petersburgo, imbuido de amor profundo hacia sus hermanos eslavos, y que el abyecto imperio panruso, enemigo y destructor del pueblo, el imperio que ha sofocado a Polonia y a la Pequeña Rusia, y que en parte vendió esta última a los alemanes, pueden y desean libertar los países eslavos del yugo alemán. ¡Y eso mientras el gabinete de Petersburgo vende del modo más flagrante toda la Bohemia con la Moravia al príncipe de Bismarck en recompensa por el apoyo prometido en Oriente!

oído es que en despecho de los alemanes se había formado un enorme imperio, llamado eslavo puro, y poderoso en tal grado que los alemanes odiados tiemblan ante él. Los alemanes tiemblan, por consiguiente los eslavos deben regocijarse. Los alemanes odian, por consiguiente los eslavos deben amar.

Todo eso es natural. Pero es extraño, triste e inexcusable que entre la clase instruida de la nación eslava en Austria haya podido organizarse un partido a cuyo frente se encuentran hombres inteligentes, de vasta experiencia, e instruidos que predican abiertamente el paneslavismo o, en todo caso, según los unos, la emancipación de las razas eslavas por medio de la intervención poderosa del imperio ruso, y según los otros, la creación de un *gran imperio eslavo* bajo las riendas del zar ruso.

Es notable hasta qué grado esa maldita civilización alemana, burguesa y, por consiguiente, estatista en su esencia, ha llegado a infiltrarse en el alma misma de los patriotas eslavos. Nacieron en la sociedad burguesa germanizada, estudiaron en las escuelas y universidades alemanas, se habituaron a pensar, a sentir y a querer a la alemana, y se habrían vuelto completamente alemanes si el fin que perseguían no hubiera sido antialemán: es por medios y por métodos alemanes como quieren y esperan libertar a los eslavos del yugo alemán. No conociendo, gracias a su educación alemana, otro medio de liberación más que por intermedio de la fundación de Estados eslavos o de un solo Estado poderoso de los eslavos, se proponen un objetivo puramente alemán, porque el Estado moderno —centralista, burocrático, militar y policial del género, por ejemplo, del nuevo imperio germánico o panruso— es una creación puramente alemana: en Rusia estaba mezclada antes con un elemento tártaro; es verdad que Alemania no se detendrá ante el uso de los métodos tártaros tampoco.

Por su naturaleza misma los eslavos son, en el fondo, una raza categóricamente no política, es decir, no estatista. En vano los checos conmemoran su gran Estado moravo y los serbios el Estado de Dusham. Todo ese pasado se apoya, sea sobre fenómenos, sea sobre fábulas antiguas. Lo que es verdad es que ninguna raza eslava fue capaz, por sí misma, de crear un Estado.

La monarquía—república polaca fue creada bajo la doble influencia germánica y del latinismo después de la derrota completa sufrida por los campesinos y después de su sumisión servil al yugo de la nobleza polaca que, según el testimonio y la opinión de numerosos historiadores y escritores polacos (entre otros Mickiewicz), no era de origen eslavo.

El reino de los tchekos (o de Bohemia) ha sido puesto en pie puramente a ejemplo y a imagen de los alemanes, bajo la influencia directa de los alemanes, gracias a lo cual Bohemia se convirtió pronto en miembro orgánico y en parte indisoluble del imperio germánico.

Por lo que se refiere a la historia de la formación del imperio panruso, todo el mundo la conoce; participaron en ella el knut tártaro, la bendición bizantina y la civilización policial y militar—burocrática alemana. El pobre pueblo de la Gran Rusia, y después de él los otros pueblos, pequeño—ruso, lituaniano y polaco que le fueron incorporados, no participaron en su formación más que con su espina dorsal.

Así, pues, es indisputable que los eslavos no construyeron nunca un Estado por sí mismos, por su propia iniciativa. Y no lo construyeron porque no fueron nunca una raza de invasores. Sólo las razas invasoras crean un Estado y lo crean con el fin de aprovecharse de él en detrimento de los pueblos subyugados.

Los eslavos eran, preeminentemente, una raza apacible y agrícola. Extraños a todo espíritu guerrero que animaba las razas germánicas, eran, por eso mismo, extraños a las tendencias estatistas que se habían desarrollado desde el comienzo en los alemanes. Viviendo separados e independientemente en sus comunas administradas por el hábito patriarcal, por los viejos, pero sin embargo sobre la base del principio electoral; disfrutando todos con el mismo derecho del suelo comunal, no conocieron ni tuvieron la nobleza; no han tenido siquiera una casta especial de sacrificadores, todos eran iguales entre sí, realizando, es verdad, en un sentido patriarcal sólo y por consiguiente de un modo muy incompleto, la idea de la fraternidad humana. No existía contacto político incesante entre las comunas. Pero cuando amenazaba un peligro común, como la invasión de una raza extraña, contraían temporalmente una alianza defensiva; una vez pasado el peligro esa sombra de unión política desaparecía también. Se deduce, pues, que no existía ni podía existir un Estado eslavo. Existía, al contrario, ese contacto social y fraternal entre todas las razas eslavas, hospitalarias en un alto grado.

Es natural que con tal organización, los eslavos habían quedado sin defensa contra las invasiones y las conquistas de las razas guerreras, sobre todo de los alemanes, que aspiraban a la extensión de su dominación en todas las direcciones. Los eslavos fueron, en parte, exterminados; la gran mayoría fue subyugada por los turcos, por los tártaros, por los magyares y sobre todo por los alemanes.

Desde la segunda mitad del siglo décimo comienza el martirologio y el período heroico de su esclavitud. En la lucha secular, incesante y tenaz contra los invasores, su sangre rodó a torrentes por la libertad de su suelo. Ya en el siglo XI encontramos dos hechos característicos: la rebelión general de los eslavos paganos que habitaban entre el Oder, el Elba y el mar Báltico, contra los paladines y los sacerdotes alemanes, y la indignación tan característica de los campesinos de la Gran Polonia contra la dominación de la nobleza. Luego tenemos, hasta el siglo XV, la lucha en una pequeña escala, imperceptible, pero incesante de los eslavos occidentales contra los alemanes, de las razas meridionales contra los turcos, y de los eslavos del noroeste contra los tártaros.

En el siglo XV encontramos la gloriosa y esta vez victoriosa revolución netamente popular de los husitas checos. Dejando a un lado su principio religioso que estaba, sin embargo, mucho más próximo al principio de la fraternidad humana y de la libertad de lo que lo está el principio católico y el principio protestante que le siguieron, dirijamos la atención sobre el carácter declaradamente social y antiestatista de esa revolución. Fue la rebelión de la comuna eslava contra el Estado alemán.

En el siglo XVII los husitas sufrieron una derrota completa gracias a una serie de traiciones de la burguesía de Praga semigermanizada. Casi la mitad de la población checa fue exterminada y las tierras distribuidas entre los colonistas venidos de Alemania. Los alemanes, y con ello los jesuitas, triunfaban. Durante más de dos siglos después de esa derrota sanguinaria, el mundo occidental eslavo permaneció inmóvil, mudo, abatido bajo el yugo de la Iglesia católica y del germanismo triunfante. En ese tiempo los eslavos meridionales también soportaban su servidumbre bajo la dominación de la raza magyar o bajo el yugo de los turcos. Pero, al contrario, la rebelión eslava, en nombre de esos mismos principios comunales, comenzó a despuntar al nordeste.

Sin decir nada de la lucha desesperada del glorioso Novgorod, de Pskof y de otras regiones contra los zares moscovitas en el siglo XVI, y de la alianza armada de los zemstvo de la Gran Rusia contra el rey de Polonia, contra los jesuitas, los boyardos moscovitas y en general contra el predominio de Moscú al comienzo del siglo XVII, recordemos la famosa insurrección de las poblaciones de la Pequeña Rusia y de Lituania contra la nobleza polaca y, luego, la insurrección aún más decisiva de los campesinos del Volga bajo la dirección de Stenka Razin; y en fin, un siglo más tarde, la rebelión no menos famosa de Putgatchef. Y en todos esos movimientos, en todas esas insurrecciones y revueltas puramente populares, encontramos ese mismo odio al Estado, esa misma aspiración hacia la creación de un sistema campesino de comunas libres.

En fin, el siglo XIX puede ser denominado el siglo del despertar general de la raza eslava. Eso no es necesario decirlo siquiera por lo que respecta a Polonia. Ésta no ha dormido jamás, porque desde la usurpación violenta de su libertad –no de la del pueblo, es verdad, sino la de los nobles y el Estado–, desde su desmenuzamiento entre tres Estados rapaces, no ha cesado de luchar y, hagan lo que quieran los Muravief y los Bismarck, se rebelará siempre hasta que obtenga su libertad. Desgraciadamente para Polonia, sus partidos dirigentes generalmente asociados a la nobleza, no han podido desembarazarse de su programa estatista y en lugar de buscar la emancipación y el rejuvenecimiento de su patria en la revolución social, la buscan –obedeciendo a las viejas tradiciones– sea en la protección de un Napoleón, sea en la alianza con los jesuitas y los feudales austríacos.

Pero nuestro siglo ha visto también el despertar de los eslavos de occidente y del sur. A pesar de todos los esfuerzos políticos, policiales y civilizadores alemanes, Bohemia surgió de nuevo, después de un sueño de tres siglos, como un país puramente eslavo y se convirtió en el centro natural de atracción para todo el movimiento eslavo en occidente. La Serbia turca desempeña el mismo papel para el movimiento yugoeslavo.

Pero junto con el despertar de las razas eslavas se promueve una cuestión en extremo importante y, se puede decirlo, fatal.

¿De qué modo deberá realizarse el renacimiento eslavo? ¿Por el medio antiguo del predominio estatista o bien por medio de la emancipación verídica de todos los pueblos, al menos de los pueblos europeos, de la emancipación del proletariado europeo entero de todo yugo y, en primer lugar, del yugo estatista?

Los eslavos, ¿deben o pueden desembarazarse del yugo extranjero y, sobre todo, del yugo alemán que odian más, empleando a su vez ese mismo método alemán de invasión, de conquista y de sometimiento de las masas conquistadas a la fidelidad tan odiada con respecto a los eslavos como no lo fue antes respecto de los alemanes, o bien sólo por la insurrección solidaria de todo el proletariado europeo mediante la revolución social?

El porvenir de los eslavos depende de la elección entre uno de esos medios. ¿Por cuál hay que decidirse?

Según nuestra opinión, plantear la pregunta es clave para la respuesta. En despecho del sabio proverbio del rey Salomón, lo viejo no se repite; el Estado moderno, que no realiza más que la antigua idea de la dominación, realiza lo mismo que el cristianismo, la última forma de la creencia teológica o de la esclavitud religiosa, el Estado burocrático, militar, policial y centralista, que aspira por la necesidad misma de su fuero interior a conquistar, a someter y a estrangular todo lo que existe, vive, se mueve y respira a su alrededor, un Estado que encuentra su expresión más moderna en el imperio pangermánico, ha cumplido ya su misión. Sus días están contados y es de su caída de la que todos los pueblos esperan su completa emancipación.

¿Será preciso, pues, que los eslavos repitan la respuesta antihumanitaria, antipopular y condenada ya por la historia? ¿Para qué? No es un honor; al contrario, es crimen, oprobio, maldición de los contemporáneos y de la posteridad. ¿O bien quizá los eslavos están envidiosos del odio de todos los pueblos de Europa que los señores alemanes han merecido? ¿O la misión del dios mundial les agrada? ¡Que el diablo lleve a todos los eslavos, con todo su porvenir militar, si, después de tantos años de esclavitud, de sufrimientos y de silencio, deben presentar nuevas cadenas a la humanidad!

¿Y cuáles serían las ventajas para los eslavos? ¿Cuál podría ser la ventaja para las masas eslavas del pueblo, de la creación de un gran Estado eslavo? Esos Estados, dan, ciertamente, un provecho indudable, pero no para el proletariado, sino para la minoría privilegiada, para el clero, para la nobleza, para la burguesía o también, quizá, para aquellos intelectuales que, en nombre de su erudición diplomada y de su supuesto predominio intelectual, se consideran llamados a dirigir las masas; la ventaja es para los pocos millares de opresores, de verdugos y de explotadores del proletariado. Para el proletariado mismo, para las grandes masas del pueblo, cuanto más vasto es el Estado, más pesadas son las cadenas y más estrecha es la prisión.

Hemos dicho y demostrado más arriba que la sociedad no puede ser y permanecer un Estado sin convertirse en un Estado invasor. Esa misma concurrencia que, sobre el terreno económico, destruye y absorbe los pequeños capitales y también los capitales medianos, las fábricas y talleres, las posesiones territoriales y las casas comerciales en provecho de los capitales, fábricas, propiedades y casas comerciales enormes, destruye y absorbe los Estados pequeños y medianos, en beneficio de los grandes imperios. Desde entonces todo Estado, si quiere existir más que sobre el papel y no depender de la generosidad de sus vecinos en tanto que estos últimos están preparados a sufrir su existencia, si quiere ser verdaderamente independiente, debe indudablemente convenirse en un Estado invasor.

Pero convertirse en un Estado invasor significa ser obligado a mantener en tutela forzosa a gran número de millones de seres de un pueblo extranjero. Es necesario, pues, poner en pie una gran fuerza militar. Pero donde triunfa la fuerza militar, ¡adiós la libertad! Sobre todo adiós la libertad y la prosperidad del pueblo trabajador. Se deduce por tanto que la fundación de un gran Estado eslavo no significa otra cosa que la fundación de una gran esclavitud del pueblo eslavo.

"Pero, nos dirán los estadistas eslavos, no queremos un solo gran Estado eslavo; desearíamos solamente la fundación de varios Estados puramente eslavos, de proporciones medianas, como garantía indispensable de la independencia de los pueblos eslavos." Pero ese punto de vista choca con la lógica y los hechos históricos, con la fuerza misma de las cosas; ningún Estado de proporciones medianas puede, actualmente, tener una existencia independiente. Por tanto, o bien esos Estados eslavos no existirán, o bien se fundará un solo Estado que lo absorberá todo, un Estado paneslavista, un Estado del knut, un Estado petersburgués.

¿Es que, en efecto, el Estado eslavo podría luchar contra el poder gigantesco del nuevo imperio pangermánico sin volverse él mismo tan gigantesco y tan poderoso? No hay que contar nunca con la acción solidaria de muchos Estados separados y ligados por los mismos intereses; primeramente porque la alianza de varias organizaciones y fuerzas heterogéneas, aunque fuesen iguales o superiores en número al enemigo, son, a pesar de todo, las más débiles, porque el enemigo es homogéneo y su organización, que obedece a una sola dirección, a una sola voluntad, es más fuerte y más duradera; luego, porque no hay que contar nunca con la cooperación amistosa de muchas potencias, aun cuando sus propios intereses exijan tal alianza. Los hombres de Estado, como todo mortal, son muy a menudo atacados de ceguera que les impide ver, más allá del interés y de la pasión momentánea, las exigencias fundamentales de su propia situación.

El interés directo de Francia, de Inglaterra, de Suecia y aun de Austria era, en 1863, sostener a Polonia contra Rusia, y sin embargo ninguno de esos países hizo nada. En 1864 era de un interés más directo aún para Inglaterra, para Francia, sobre todo para Suecia y aun para Rusia tomar la parte de Dinamarca amenazada por la invasión pruso—austríaca o más bien pruso—alemana; tampoco esta vez se ocupó nadie de ella. En 1870, por fin, Inglaterra, Rusia y Austria, sin hablar de los pequeños Estados del norte, debían, desde el punto de vista de sus intereses evidentes, detener la invasión triunfal de las tropas pruso—germánicas en Francia, hasta París mismo y casi hasta el sur; pero tampoco esta vez intervino nadie y no es sino más tarde, cuando se fundó, amenazante para todos, la nueva potencia germánica, que los Estados comprendieron que habrían debido intervenir. Pero era ya demasiado tarde.

Por consiguiente, no hay que contar con la inteligencia estatista de las potencias vecinas; no se debe contar más que con las propias fuerzas y esas fuerzas deben ser, al menos, iguales a las del enemigo. Se deduce que ningún Estado eslavo, considerado aisladamente, podrá resistir a la presión del imperio pangermánico.

¿No se podría, sin embargo, oponer a la centralización pangermánica la federación paneslavista, es decir, la unión de los Estados eslavos independientes del tipo, por ejemplo, de los Estados Unidos de América o de Suiza? También sobre esta cuestión deberá ser negativa nuestra respuesta.

Primeramente, para que pueda tener lugar una unión cualquiera es indispensable que el imperio panruso sea destruido, que se deshaga en un número de Estados separados, independientes unos de otros y unidos entre sí por el lazo federativo solamente, porque el mantenimiento de la independencia y de la libertad de Estados eslavos, pequeños o medianos, en una tal unión federativa con un imperio tan grande es simplemente imposible.

Supongamos que el imperio petersburgués se quebrantara en un número más o menos grande de Estados libres y que los Estados organizados sobre base independiente, Polonia, Bohemia, Serbia, Bulgaria, etc., formen juntos con esos Estados rusos libertados, una gran federación eslava. Afirmamos que aun entonces esa federación no sería capaz de luchar contra la centralización pangermánica por la simple razón de que la fuerza militar estará siempre del lado de la centralización.

La federación de los Estados podría, en un cierto grado, garantizar la libertad burguesa, pero no podría nunca crear una fuerza militar de Estado, por la razón misma que es una federación. La fuerza estatista exige absolutamente la centralización. Se nos da el ejemplo de Suiza y de los Estados Unidos de América. Y bien, es justamente Suiza la que, queriendo aumentar sus fuerzas militares y estatistas, aspira actualmente y abiertamente a la centralización; y la federación es posible hasta aquí en la América del Norte por la sola razón que en el continente americano, en la proximidad de la gran república, no existe ningún Estado poderoso y centralizado como Rusia, Alemania o Francia.

Así, pues, para oponerse en el terreno estatista y político al pangermanismo triunfante, no queda más que un solo medio, la fundación de un Estado paneslavista. Este medio es, desde todos los demás puntos de vista, extremadamente desventajoso para los eslavos, porque conduce infaliblemente al sometimiento general de los eslavos ante el knut panruso. ¿Sería verdad eso respecto de su propio objetivo, es decir, la derrota de la potencia germánica y el sometimiento de los alemanes al yugo paneslavista, es decir, al imperio petersburgués?

No; no sólo no es verdad, sino que es indudablemente insuficiente. Es verdad que los alemanes en Europa no cuentan más de 50 millones y medio (incluso, claro está, los 9 millones de alemanes austríacos). Supongamos por un momento que el sueño de los patriotas alemanes se ha realizado enteramente y que el imperio germánico abarca toda la parte flamenca de Bélgica, Holanda, la Suiza alemana, toda Dinamarca y también toda Suecia con Noruega, lo que en total da una población de un poco más de 15 millones. ¿Y luego? Tendrá entonces en Europa a la sumo 66 millones, mientras que los eslavos cuentan 90 millones. Por tanto, desde el punto de vista cuantitativo, la población eslava de Europa es casi una tercera parte superior a la población alemana; y sin embargo continuamos afirmando que ningún Estado paneslavista podrá igualar el poder y la fuerza militar actual del imperio pangermánico. ¿Por qué? Porque en la sangre alemana está la pasión del orden estatista, de la disciplina estatista; no sólo falta esa pasión a los eslavos, sino que obran en ellos pasiones diametralmente opuestas; por eso es que para disciplinarios es preciso tenerlos a bastonazos mientras que todo alemán recibe libremente y con convicción esos mismos golpes. Su libertad consiste precisamente en estar bien adiestrado, sometiéndose voluntariamente a toda autoridad.

Además, los alemanes son un pueblo serio y trabajador, tienen educación, son ordenados, exactos, económicos, lo que no les impide, cuando es necesario, y sobre todo cuando son los superiores los que lo exigen, luchar excelentemente. Lo han probado en las últimas guerras. Además, su organización militar y administrativa ha sido llevada al último grado de perfección, un grado que ningún otro pueblo podrá nunca alcanzar: ¿Se puede imaginar uno, pues, que los eslavos rivalicen con ellos en el terreno del estatismo?

Los alemanes buscan su vida y su libertad en el Estado: para los eslavos el Estado es la fosa fúnebre. Los eslavos deben buscar su emancipación fuera del Estado, no sólo en la lucha contra el Estado alemán, sino en la rebelión de todos los pueblos contra todo Estado, en la revolución social.

Los eslavos podrán emanciparse, podrán destruir el Estado alemán odiado, no por las aspiraciones vanas a subyugar a su vez a los alemanes a su dominación, a hacer de ellos los esclavos de su Estado eslavo, sino llamándolos hacia la libertad común, hacia la fraternidad de toda la humanidad sobre las ruinas de todos los Estados existentes. Pero los Estados no se derrumban por sí mismos; no podrán ser destruidos más que por la revolución de todos los pueblos y de todas las razas, por la revolución social internacional.

Organizar las fuerzas del pueblo para realizar tal revolución, he ahí el único fin de los que desean sinceramente la libertad de las razas eslavas de su yugo secular. Esos hombres de vanguardia deben comprender que lo mismo que constituía en el pasado la debilidad de los pueblos eslavos, principalmente, su inhabilidad para formar un Estado, se convierte en este momento en su fuerza, en su derecho al porvenir, y da un sentido interior a todos sus movimientos sociales contemporáneos. No obstante el desenvolvimiento enorme de los Estados modernos y a consecuencia de ese desenvolvimiento final que llevó por necesidad lógica e inevitable el principio mismo del estatismo hasta el absurdo, se vuelve claro que los días de los Estados y del estatismo están contados y que se acerca el tiempo de la emancipación de las masas trabajadoras y de su organización libre de abajo a arriba, sin la menor injerencia gubernamental; de las uniones libres económicas del pueblo, al margen de todas las fronteras de Estados y de todas las diferencias nacionales, sobre la base única del trabajo productor completamente humanizado y enteramente solidario aunque variado.

Los eslavos de vanguardia deben comprender en fin que el tiempo del entretenimiento inocente en la filología eslava ha pasado y que no hay nada más absurdo y más hostil al pueblo que poner como ideal de todas las aspiraciones del pueblo el llamado principio de la nacionalidad. La nacionalidad no es un principio humanitario; es un principio histórico, un hecho local que tiene, ciertamente, el derecho a ser generalmente reconocido lo mismo que cualquier otro hecho real e inofensivo.

Todo pueblo –por minúsculo que sea– tiene su carácter, su modo específico de vivir, de hablar, de sentir, de pensar y de obrar; y ese carácter, esa modalidad son precisamente las bases de su nacionalidad y los resultados de toda la vida histórica y de todas las condiciones del ambiente de ese pueblo.

Todo pueblo, todo individuo es involuntariamente lo que es y tiene derecho indudablemente a ser él mismo. Es lo que constituye el llamado derecho nacional. Pero si el pueblo o el individuo existen de un cierto modo y no pueden existir de otro, no se deduce de ello de modo alguno que tengan el derecho o que les sea útil considerar para el uno su nacionalidad, para el otro su individualidad como principios exclusivos y que habría que ocuparse de ellos eternamente. Al contrario, cuanto menos se ocupen de sí mismos y más impregnados estén de la idea general de la humanidad, más se revivificarán y obtendrán un sentido interior de la nacionalidad del uno y de la individualidad del otro.

Lo mismo pasa con los eslavos. Permanecerán extraordinariamente insignificantes y pobres en tanto que continúen ocupándose de su eslavofilia estrecha, egoísta y además abstracta, extraña y por sí misma contraria al problema y a la causa de la humanidad en general; no conquistarán, como eslavos, su puesto legítimo en la historia y en la fraternidad libre de los pueblos más que cuando se hayan penetrado, junto con todos los demás, del interés general.

En todas las épocas de la historia hallamos el interés común que domina todos los otros intereses más particulares y exclusivamente nacionales, y el pueblo –o los pueblos– que hallan en sí la vocación, es decir bastante comprensión, pasión y fuerza para entregarse a él, se convierten en pueblos históricos.

Es así como los intereses que predominan en épocas diferentes han sido de un orden diferente también. Para no ir más lejos, existió el interés más bien divino que humano y, por consiguiente, opuesto a toda libertad y al bienestar de los pueblos; hubo un interés predominante y en el más alto grado conquistador, el interés de la fe católica y de la Iglesia católica; y los pueblos que entonces encontraron en sí las más grandes aptitudes para consagrarse a él –los alemanes, los franceses, los españoles, en parte los polacos– fueron gracias a eso justamente, cada cual en su ambiente, pueblos que marcharon en las primeras filas.

Después vino un nuevo período de renacimiento intelectual y de rebelión religiosa. El interés general del renacimiento puso en primera línea a los italianos, luego a los franceses y, en grado mucho menor, a los ingleses, los holandeses y los alemanes. La rebelión religiosa que había afectado ya a la Francia meridional colocó en el siglo XV en primer plano a nuestros husitas eslavos. Después de una lucha heroica que duró un siglo, los husitas fueron aplastados como antes lo fueron los albigenses franceses. Fue entonces cuando la Reforma reavivó al pueblo alemán, al francés, al inglés, al suizo y al escandinavo. En Alemania perdió pronto el carácter de rebelión que no se adaptaba de modo alguno al temperamento alemán y tomó la forma de una reforma pacífica del Estado, que sirvió luego para la fundación del despotismo estatista más franco, sistemático y científico. En Francia, después de una larga lucha sanguinaria que valió mucho para desarrollar el pensamiento libre en ese país, fue aplastada por el catolicismo triunfante. Al contrario, en Holanda, en Inglaterra y luego en Estados Unidos creó una nueva civilización que, en el fondo, antiestatista, no es menos económico–burguesa y liberal.

De esa manera el movimiento religioso reformador que abarcó en el siglo XVI casi toda la Europa dio nacimiento, en la humanidad civilizada, a dos direcciones principales: la dirección económico–burguesa y liberal con Inglaterra sola al principio a la cabeza, luego con Inglaterra y América; y la dirección despótico–estatista, en el fondo también burguesa y protestante aunque mezclada con elementos católicos de la nobleza; estos últimos, sin embargo, enteramente sometidos al Estado. Los representantes principales de esta tendencia fueron Francia y Alemania, primero la Alemania austríaca, luego la Alemania prusiana.

La gran revolución que marcó el fin del siglo XVIII ha vuelto a poner a Francia en el primer puesto. Ha creado un nuevo interés para toda la humanidad, el ideal de la libertad absoluta de la humanidad, pero sólo en el terreno *exclusivamente político*; ese ideal contenía en sí una contradicción insoluble y, por tanto, irrealizable; la libertad política sin la igualdad económica, y en general toda libertad política, es decir la libertad en el Estado es una mentira.

La revolución francesa ha producido así, a su vez, dos tendencias principales opuestas una a otra y luchando eternamente entre sí, pero al mismo tiempo indisolubles —digamos más, que se parece indudablemente en la misma aspiración hacia el mismo fin— la explotación sistemática del proletariado trabajador en favor de la minoría posesora que, desde el punto de vista numérico, disminuye gradualmente aun enriqueciéndose más y más.

Sobre esta explotación del trabajo obrero, uno de los partidos quiere edificar la república democrática; el otro, más consecuente, aspira a fundar el despotismo monárquico, es decir profundamente estatista, el Estado centralista, burocrático, policial con una dictadura militar apenas enmascarada por formas constitucionales inofensivas.

El primer partido, bajo la dirección del señor Gambetta, aspira actualmente a la conquista del poder en Francis. El segundo, con el príncipe de Bismarck a la cabeza, reina ya soberano en la Alemania prusiana.

Es difícil decir cuál de esas dos tendencias es la más útil al pueblo o, para hablar más exactamente, cuál de esas dos presenta menos mal y perjuicio para el pueblo, para las masas trabajadoras, para el proletariado; las dos aspiran con la misma pasión obstinada a la fundación o al refuerzo de un Estado poderoso, es decir al sometimiento completo del proletariado.

Contra esas dos tendencias estatistas hostiles al pueblo – tendencias republicana y neomonárquica engendradas por la gran revolución burguesa de 1789 y de 1793–, se han desarrollado en fin de las profundidades del proletariado mismo, primeramente en el seno del proletariado francés y austríaco, luego en los otros países de Europa, una tendencia absolutamente nueva que se dirige abiertamente hacia la abolición de toda explotación y de toda opresión política o jurídica o administrativa y gubernamental, es decir hacia la abolición de todas las clases por medio de la nivelación económica de todas las riquezas y hacia la abolición de su último apoyo, el Estado.

Tal es el programa de la revolución social.

Así, pues, existe actualmente para todos los países del mundo civilizado un solo problema mundial, un solo interés mundial, la emancipación completa y definitiva del proletariado de la explotación económica y del yugo estatista. Está claro que ese problema no podría ser resuelto sin una lucha terrible y sangrienta y que la situación actual, el derecho, el valor de cada nación dependerán de la dirección, del carácter y del grado de participación que está dispuesta a aportar a esta lucha.

¿No está claro, por consiguiente, que los eslavos deben buscar y pueden conquistar su derecho y su puesto en la historia y en la alianza fraternal de los pueblos sólo por medio de la revolución social?

La revolución social, por tanto, no puede ser una revolución aislada de una sola nación; es, en su esencia, una revolución internacional; así, pues, los eslavos que busquen su libertad deberían, en nombre mismo de esa libertad, unir sus aspiraciones y la organización de sus fuerzas nacionales a las aspiraciones y a la organización de las fuerzas nacionales de todos los países: el proletariado eslavo debe entrar íntegramente en la Asociación Internacional de los Trabajadores.

Hemos tenido ya ocasión de recordar la declaración magnífica de fraternidad internacional hecha por los obreros vieneses en 1868 cuando rehusaron, a pesar de todas las persuasiones de los patriotas austríacos y suavos, enarbolar la bandera pangermanista y declararon categóricamente que los obreros del mundo entero son sus hermanos y que no reconocían ningún otro campo que el de la solidaridad internacional del proletariado de todos los países; comprendieron muy bien, al mismo tiempo, y expresaron entonces que son ellos, sobre todo, obreros austríacos, los que no deben levantar la bandera nacional, porque el proletariado austríaco está compuesto de las razas más heterogéneas: magyares, italianos, rumanos y sobre todo eslavos y alemanes; y que por esa razón deben buscar una solución práctica a sus problemas al margen del llamado Estado nacional.

Unos pasos más en esa dirección y los obreros austríacos habrán llegado a comprender que la emancipación del proletariado es decididamente imposible en todo Estado; una tal abolición no es posible más que por el apoyo solidario del proletariado de todos los países, cuya primera organización en el terreno económico es precisamente la Asociación Internacional de los Trabajadores.

Si los obreros alemanes de Austria hubiesen comprendido eso habrían tomado la iniciativa, no sólo de su propia emancipación, sino también de la liberación de todas las masas obreras no alemanas que componen el imperio austríaco, incluso naturalmente todos los eslavos, que habríamos sido los primeros en inducir a aliarse con ellos para abolir el Estado, es decir la prisión del pueblo, y fundar un nuevo mundo obrero internacional basado en la igualdad más completa y en la libertad.

Pero los obreros austríacos no han dado esos primeros pasos indispensables; no los han dado porque fueron detenidos desde su primer paso por la propaganda germano–patriótica del señor Liebknecht y de los otros socialdemócratas que fueron a Viena en julio, yo creo, del año 1868, con el propósito específico de desviar el instinto social justo de los obreros austríacos de la vía de la revolución internacional y de dirigirlo en el sentido de la agitación política en favor de la fundación de un Estado único llamado por él *del pueblo* —pangermánico naturalmente—, en una palabra, para la realización del ideal patriótico del príncipe de Bismarck, pero sólo en el terreno socialdemocrático y por medio de la llamada agitación legal del pueblo.

Ni los eslavos ni siquiera los obreros alemanes deben seguir esa ruta por la simple razón de que un Estado, aunque debiese llamarse diez veces del pueblo y fuese decorado en las formas más democráticas, será indudablemente sólo una prisión para el proletariado; seguir esa ruta sería tanto más imposible para los eslavos cuanto que significaría la subordinación voluntaria al yugo alemán, lo que es repulsivo para todo espíritu eslavo. Se deduce que no sólo no induciríamos a nuestros hermanos eslavos a entrar en las filas del partido socialdemócrata de los obreros alemanes, a la cabeza de los cuales se encuentran, desde el comienzo, el duunvirato investido del poder dictatorial, señores Marx y Engels, y luego o bajo sus órdenes los señores Bebel, Liebknecht y algunos judíos aficionados a escribir; debemos, al contrario, emplear todos los medios para impedir al proletariado eslavo cometer un acto de suicidio al aliarse a ese partido que está lejos de ser del pueblo, pero que por sus aspiraciones, por sus finalidades y sus medios es un partido puramente burgués y de los más exclusivamente alemanes, es decir, hostiles a los eslavos.

Cuanto más enérgicamente rechace el proletariado eslavo, en su propia salvaguarda, no sólo toda alianza, sino también todo acercamiento a ese partido –no hablamos de los trabajadores que se encuentran en él, sino de sus organizaciones y sobre todo de sus jefes, en todas partes y siempre burgueses–, más estrechamente deberá acercarse y aliarse a la Asociación Internacional de los Trabajadores. No hay que confundir en modo alguno el partido alemán socialdemócrata con la Internacional. Desde el punto de vista político el programa patriótico de aquél, no sólo no tiene nada de común con el programa de ésta, sino que le es absolutamente contrario. Es verdad que en el congreso manipulado de La Haya los marxistas trataron de imponer su programa a toda la Internacional. Pero ese ensayo promovió de parte de Italia, de España, de una parte de Suiza, de Francia, de Bélgica, de Holanda, de Inglaterra así como de parte de los Estados Unidos de América una protesta tan grande que se hizo claro para todos que, aparte de los alemanes, nadie quería el programa alemán. No hay ciertamente duda alguna que llegará el tiempo en que el proletariado alemán mismo, más el corriente de sus propios intereses como inseparables de los intereses del proletariado de todos los demás países, y de la tendencia funesta de ese programa que le ha sido impuesto, pero que está lejos de haber creado, se apartará de él y se lo dejará a sus jefes y a sus *leaders* burgueses.

Así, pues, lo repetimos, el proletariado eslavo deberá, a fin de ganar su propia emancipación del yugo imperial, entrar en masa en la Internacional, deberá crear en ella secciones de fábricas, de oficios y agrícolas, unirlas en federaciones locales y, si fuera necesario, en una federación que abarcase todos los eslavos. Sobre la base de los principios de la Internacional que liberan a todos y a cada uno de la patria estatista, los trabajadores eslavos deben y pueden, sin el menor peligro para su independencia, ir fraternalmente al encuentro de los trabajadores alemanes, pues la alianza con estos últimos sobre otra base es cosa categóricamente imposible.

Tal es la sola vía que lleva hacia la emancipación de los eslavos. Pero el camino tomado hoy por la gran mayoría de la juventud eslava occidental y meridional, bajo la dirección de sus patriotas venerables y más o menos meritorios, es de naturaleza exclusivamente estatista, enteramente adverso y ruinoso para las masas del pueblo.

Tomemos por ejemplo la Serbia turca, en especial el principado serbio como el único centro fuera de Rusia –y Montene-
gro también– donde el elemento eslavo ha adquirido una existencia política más o menos independiente.

El pueblo serbio ha derramado su sangre a torrentes para libertarse del yugo turco; pero apenas se ha libertado de los turcos fue uncido a un Estado nuevo, pero esta vez el suyo propio
llevó el nombre de principado serbio, cuyo yugo en realidad
era más insoportable que el yugo turco. Apenas esta parte del
suelo serbio recibió la forma, el régimen, las leyes, las instituciones de un Estado más o menos regular, la vida nacional y la
fuerza nacional que promovieron la lucha heroica contra los
turcos y que vencieron definitivamente a éstos, expiraron de
repente. El pueblo, ignorante y extremadamente pobre, es verdad, pero enérgico, apasionado y amante de la libertad por su
naturaleza misma, se transformó repentinamente en un rebaño
mudo e inmóvil, entregado en sacrificio al bandidismo burocrático y al despotismo.

No hay en la Serbia turca ni nobleza ni grandes propietarios
territoriales, ni industriales ni comerciantes extremadamente
ricos; pero al contrario se ha formado una nueva aristocracia
burocrática compuesta por jóvenes educados en gran parte a
costa del Estado, en Odessa, en Moscú, en Petersburgo, en Viena, en Alemania, en Suiza, en París. Durante la juventud, aún
incorruptos en el servicio del Estado, esos jóvenes se distingu-
ieron por un patriotismo ferviente, por el amor al pueblo, por
un liberalismo bastante sincero y también, últimamente, por
tendencias democráticas y socialistas. Pero apenas entran al
servicio del Estado la lógica de hierro de su situación, la fuerza
misma de las cosas inherentes a ciertas relaciones jerárquicas
y políticamente provechosas, se sobreponen, y los jóvenes patriotas se convierten de pies a cabeza en funcionarios, aun continuando algunas veces considerándose patriotas y liberales. Pero se sabe lo que es un funcionario liberal; es incomparablemente peor que un funcionario hecho y derecho.

Además, las exigencias de una cierta posición se vuelven más
fuertes que los sentimientos, las intenciones y los mejores motivos. Al volver a su hogar los jóvenes serbios, después de haber recibido su educación en el extranjero, se sienten obligados, gracias a la educación recibida y sobre todo a sus deberes

ante el gobierno por cuenta del cual han vivido la mayor parte en el extranjero, así como a causa de la imposibilidad absoluta de encontrar otros medios de subsistencia, a convertirse en funcionarios del Estado y hacerse otros tantos miembros de la única aristocracia que existe en el país, la de la clase burocrática. Una vez entrados en esa clase, se convierten a pesar de ellos en enemigos del pueblo. Habrían querido quizá, y sobre todo al comienzo, libertar a su pueblo o, al menos, mejorar su vida, pero deben sofocarlo y robarle. Basta continuar ese trabajo durante dos o tres años para habituarse y reconciliarse con él al fin de cuentas, con ayuda de una mentira liberal cualquiera o incluso democrática y doctrinaria; y nuestra era abunda en esas mentiras. Una vez reconciliados con la necesidad férrea contra la cual no son capaces de luchar, se convierten en pillos rematados y son tanto más peligrosos para el pueblo cuanto más liberales o democráticas son sus declaraciones públicas.

Y entonces los más hábiles y más astutos adquieren, en el gobierno microscópico del principado microscópico, una influencia predominante, y apenas la han adquirido comienzan a venderse a diestro y siniestro: en su propio país, al príncipe reinante o a un pretendiente cualquiera al trono (el acto de destronar a un príncipe y de reemplazarlo por otro ha recibido en el principado serbio el nombre de revolución); o bien a menudo y simultáneamente a los gobiernos de las grandes potencias protectoras, a Rusia, a Austria, a Turquía, actualmente a Alemania –que reemplaza en Oriente como en todas partes a Francia–, y con frecuencia a todas esas potencias juntas.

Se puede figurar uno el confort y la libertad de un pueblo en tal Estado, y sin embargo, no hay que olvidar que el principado serbio es un Estado constitucional, donde todas las leyes son pasadas por la Skuptschina, elegida por el pueblo.

Otros serbios se mecen en el pensamiento que esa situación, en el fondo de carácter transitorio, representa un mal inevitable en la hora actual, pero que deberá cambiar tan pronto como el pequeño principado, ampliando sus fronteras y apropiándose de todas las tierras serbias –otros hablan incluso de todas las tierras yugoeslavas–, restablezca en todo su esplendor el reino de Dusham. Entonces, dicen, el pueblo disfrutará de la libertad completa y de la prosperidad más amplia.

Y bien, sí. Hay todavía serbios que creen ingenuamente en todo ese brillo.

Imaginan que cuando ese Estado amplíe sus funciones y cuando el número de sus súbditos se haya doblado, triplicado, decuplicado, se volverá nacional y que sus instituciones, todas las condiciones de su existencia, sus actos gubernamentales serán menos opuestos a los intereses del pueblo y a todos los instintos populares. ¿Sobre qué se basa tal esperanza o tal hipótesis? ¿En la teoría? Pero desde el punto de vista teórico aparece claro, al contrario, que cuanto más vasto sea el Estado, más complejo es su organismo y más lejos está del pueblo; por esa razón sus intereses se vuelven más y más adversos a los intereses de las masas del pueblo y su Estado pesa cada vez más sobre ellos como un yugo opresor; todo control sobre él por parte del pueblo se hace cada vez más imposible; la administración del Estado se aleja cada vez más de la administración por el pueblo.

¿O bien sus esperanzas se basan en la experiencia práctica de los otros países? Basta volver los ojos hacia Rusia, hacia Austria, hacia Prusia ensanchada, hacia Francia, Inglaterra, Italia misma, los Estados Unidos de América, donde todos los asuntos son dirigidos por una clase exclusivamente burguesa compuesta de políticos o de negociantes en política, mientras que las masas trabajadoras viven en ellos tan miserable y tan penosamente como en los Estados monárquicos.

Algunos serbios de amplia educación se encontrarán quizá para presentar objeciones: que no se trata de ningún modo de las masas del pueblo que tienen y tendrán siempre por misión vestir, alimentar y en general sostener con su trabajo material y burdo la flor de la civilización de su país, que representa en realidad a ese país; sino que se trata de las clases intelectuales más o menos propietarias y privilegiadas.

Pero son justamente esas clases que se llaman intelectuales, nobleza, burguesía, las que se encontraron en el pasado a la cabeza de la civilización joven y progresiva en toda Europa y hoy se han vuelto torpes y vulgares gracias a su gordura y a su poltronería; y si representa aún algo, son las facultades más perniciosas y más viles de la naturaleza humana. Vemos que esas clases, en un país tan civilizado como Francia, son incapaces incluso de proteger la independencia de su patria contra los alemanes. Hemos visto y lo vemos en nuestros días que en Alemania misma, esas clases no son capaces más que del papel de lacayos fieles.

Notemos en fin que en la Serbia turca esas clases no existen siquiera: no existe allí más que la clase burocrática. Así, pues, el Estado serbio oprimirá al pueblo serbio con el único objeto de dar a los funcionarios serbios la posibilidad de vivir cómodamente.

Otros, que odian profundamente la organización presente del principado serbio, la sufren sin embargo y la consideran como medio, como instrumento necesario para la emancipación de los eslavos que se encuentran aún bajo el yugo turco o austríaco. En un momento dado, dicen, el principado podría ser base y punto de partida de una insurrección de todos los eslavos. Es uno de esos extravíos funestos que habría que destruir absolutamente por el bien mismo de los eslavos.

Son seducidos por el ejemplo del reino piamontés que, se dice, ha libertado y unido a toda Italia. Italia se ha libertado ella misma por una serie de innumerables sacrificios heroicos que no cesó de realizar durante cincuenta años. Debe su independencia política sobre todo a los esfuerzos incesantes e irresistibles durante cincuenta años de su gran ciudadano Giuseppe Mazzini, que pudo resucitar, por decirlo así, y luego educar a la juventud italiana en la causa peligrosa pero gloriosa de la conspiración patriótica. Si, es gracias a los veinticinco años de trabajo de Mazzini cómo en 1848, cuando el pueblo en rebelión llamó en toda Europa de nuevo a la fiesta de la revolución, se encontro en todas las ciudades de Italia, desde el extremo sur al extremo norte, un puñado de jóvenes animosos que enarbolaron la bandera de la rebelión. Toda la burguesía italiana les siguió. Y en el reino de Lombardía y de Veneto, subyugado entonces por la dominación austríaca, el pueblo se levantó de común acuerdo. Y fue el pueblo mismo, sin ninguna ayuda militar, el que expulsó de Milán y de Venecia los regimientos austríacos.

¿Qué hizo entonces el Piamonte real? ¿Qué hizo el rey Carlo Alberto, padre de Víctor Manuel, aquel mismo que, cuando era aún príncipe heredero (1821) entregó a los verdugos austríacos y piamonteses a sus camaradas en la conspiración en favor de la liberación de Italia? El primer acto del rey piamontés en

1848 fue paralizar la revolución en toda Italia por toda especie de promesas, de maquinaciones y de intrigas. Quería convertirse en amo de Italia, pero odiaba la revolución tanto como la temía. Ha paralizado inmediatamente la revolución, la fuerza y el movimiento popular de Italia, después de lo cual no fue difícil a las tropas austríacas dar cuenta de sus tropas.

Su hijo Víctor Manuel es denominado el libertador y el unificador de las provincias italianas. Es una calumnia abominable contra él. Si hay que llamar a alguno liberador de Italia, es más bien a Luis Napoleón, emperador de los franceses, a quien hay que dar ese nombre. Pero Italia se ha libertado ella misma, y lo que es más, se ha agrupado ella misma, sin saberlo Víctor Manuel y contra la voluntad de Napoleón III.

Cuando en 1860 Garibaldi emprendió su famosa expedición a Sicilia y en el momento en que acababa de abandonar Génova, el conde Cavour, ministro de Víctor Manuel, previno al gobierno italiano del ataque de que era amenazado. Pero cuando Garibaldi libertó Sicilia y todo el reino napolitano, Víctor Manuel aceptó naturalmente lo uno y lo otro sin excesivo agradecimiento.

¿Y qué ha hecho durante sus treinta años de administración de esa desdichada Italia? La arruinó; la desvalijó simplemente y ahora, odiado por todos a causa de su despotismo, la obliga casi a añorar a los Borbones proscritos.

Es así como reyes y Estados libertan a sus hermanos de raza: y sería más que útil para los serbios sobre todo el estudio en todos sus detalles verídicos de la historia moderna de Italia.

Uno de los medios empleados por el gobierno serbio para tranquilizar la fiebre patriótica de su juventud consiste en prometer periódicamente una declaración de guerra contra Turquía para la primavera próxima, algunas veces para el otoño, al finalizar los trabajos de los campos; y la juventud; creyendo en esas promesas, se agita y se prepara cada verano y cada invierno, mientras que un obstáculo imprevisto, una nota cualquiera de una de las potencias protectoras viene siempre a colocarse a través de las promesas de declarar la guerra, se vuelve a postergar por seis meses o un año y es así como toda la vida de los patriotas serbios se pasa en esperas fatigosas y vanas que no deben ser realizadas nunca.

El principado serbio no sólo no está en situación de libertar las razas yugoeslavas, serbias y no serbias, sino al contrario, gracias a sus maquinaciones e intrigas no hace más que dividirlas y debilitarlas. Los búlgaros, por ejemplo, están dispuestos a reconocer a los serbios como hermanos, pero no quieren saber nada del régimen serbio de Dusham; lo mismo los croatas, los montenegrinos y los serbios bosnianos.

Para todos esos países no hay más que una sola salvación y una sola vía de unificación –la revolución social–, pero nunca una guerra estatista que no podría llevar más que a este resultado: la sumisión de todos esos países sea a Rusia, sea a Austria, sea, al menos o más bien al comienzo, a su reparto entre ambas.

La Bohemia checa no ha tenido aún tiempo, gracias a Dios, de restablecer en todo su esplendor y gloria antiguas del cetro y de la corona de Wenceslao; el gobierno central de Viena trató a Bohemia como se trata una simple provincia; no disfrutó siquiera de los privilegios que obtuvo Galitzia, y sin embargo existen en Bohemia tantos partidos políticos como en un Estado eslavo cualquiera. Sí, ese maldito espíritu alemán de –politiquerismo y de estatismo se ha infiltrado de tal modo en la educación de la juventud checa que esta última está seriamente amenazada de perder al fin de cuentas la capacidad de comprender a su propio pueblo.

El pueblo campesino checo representa uno de los tipos eslavos por excelencia. La sangre husita corre por sus venas, la sangre ardiente de los taboritas; la memoria de Ziska está siempre viva; y lo que –según nuestras experiencias y nuestros recuerdos de 1848– forma una de las cualidades más dignas de envidia de la juventud estudiante checa, es su actitud verdaderamente fraternal y de próximo parentesco hacia ese pueblo. El proletariado checo de las ciudades no cede ni en energía ni en abnegación ardiente al campesino; lo ha probado en 1848.

El proletariado de las ciudades y los campesinos aman siempre a la juventud estudiante y creen en ella. Pero los jóvenes patriotas checos no deben contar mucho con esa fe. Ésta tendrá que debilitarse inevitablemente y acabar por desaparecer si no desarrollasen en ellos bastante justicia, un sentimiento vasto de igualdad, de libertad y un verdadero amor al pueblo, necesarios para marchar con él.

Por lo que se refiere al pueblo checo –y bajo la palabra pueblo comprendemos siempre y sobre todo el proletariado, por tanto el proletariado eslavo de Bohemia–, aspira de una manera natural e infalible al mismo fin a que se dirige el proletariado de todos los países, hacia la emancipación económica, hacia la revolución social.

Ese pueblo habría sido excepcionalmente maltratado por la naturaleza y puesto en el índice por la historia, o bien, hablando francamente, habría sido excesivamente estúpido e inanimado si hubiera quedado extraño a esa aspiración, convertida en el único problema vital mundial de nuestro tiempo. La juventud checa no querrá pagar con tal cumplimiento a su pueblo. Y tenemos aun la prueba incontestable del interés vivo que el proletariado eslavo de Occidente siente por el problema social. En todas las ciudades austríacas en donde la población eslava está mezclada a los alemanes, los obreros eslavos toman una parte muy enérgica en todas las manifestaciones generales del proletariado. Pero en esas ciudades no existen casi otras organizaciones obreras que las que se adhirieron al programa –de los demócratas socialistas de Alemania de manera que, prácticamente, los obreros eslavos, impulsados por su instinto social-revolucionario, se adhieren al partido cuyo objetivo directo y altamente reconocido es la instauración del Estado pangermánico, es decir, de una inmensa prisión alemana.

Es triste constatar este hecho que, por lo demás, es tan natural. Los obreros eslavos tendrán que elegir entre uno de los dos: o bien, impulsados por el ejemplo de los obreros alemanes –sus hermanos por situación social, por el destino común, por el hambre, por la miseria y por toda suerte de persecuciones–, entrar en el partido que les promete un Estado –alemán, es verdad– pero en todo caso completamente nacional, con todos los privilegios económicos posibles en detrimento de los capitalistas y de los propietarios y en provecho del proletariado; o bien, impulsados por la propaganda patriótica de sus jefes célebres y venerados y por su juventud impetuosa pero aún poco reflexiva, entrar en el partido en cuyas filas y en cuyo frente encontrarán a sus explotadores de todos los días, los opresores, los burgueses, los fabricantes, los comerciantes, los especuladores de la Bolsa, los sacerdotes jesuitas y los propietarios feudales de enormes dominios obtenidos por herencia o adquiridos *honestamente.* Ese partido, con una lógica mucho más franca que el primero, les promete una prisión nacional, es decir un Estado eslavo, la restauración en todo su esplendor antiguo de la corona de Wenceslao, como si ese esplendor hiciera menos pesada la suerte de los obreros checos.

Si verdaderamente los obreros eslavos no tuvieran otra elección que esos dos medios, les habríamos aconsejado que eligieran el último. Allí, al menos, se los engaña, comparten el destino común con sus hermanos de trabajo, de tradición, de vida cotidiana, sean alemanes o no, eso es igual; mientras que aquí se les obliga a considerar como hermanos a sus verdugos directos, a sus explotadores, y se les obliga a imponerse ellos mismos pesadas cadenas en nombre de la liberación general de los eslavos. Allí se los engaña, aquí se los vende.

Pero existe un tercer medio —directo y salvador—: la educación y la organización profesional de las asociaciones obreras de las fábricas y de los campos sobre la base del programa de la Internacional, ciertamente no del programa que, bajo el nombre de la Internacional es predicado por un partido casi exclusivamente patriótico y político de los demócratas socialistas de Alemania, sino del que es adoptado hoy por todas las federaciones libres de la Asociación Internacional de los Trabajadores, principalmente por los obreros italianos, españoles, jurasianos, franceses, belgas, ingleses y, en parte, americanos, y que, en suma, sólo los alemanes no reconocen.

Estamos convencidos de que ese medio es el único, para los checos como para todos los demás pueblos eslavos que aspiran a su completa liberación de todo yugo, alemán o cualquier otro; aparte de ese medio no hay más que engaño; para los jefes deshonestos y ambiciosos de los partidos, honores y provecho pecuniario; para las masas obreras, la esclavitud.

La cuestión planteada ante la juventud intelectual checa y en general ante toda juventud eslava, es muy clara: ¿quiere explotar a su pueblo, enriquecerse con su trabajo y satisfacer, a sus espaldas, una ambición degradante? Entonces se une a los viejos partidos eslavófilos, con los Palatzky, los Rieger, los Brauner y compañía. Apresurémonos a añadir, sin embargo, que entre los jóvenes discípulos de esos jefes se encuentran también muchos ciegos, engañados que no buscan nada para sí mismos, sino que sirven, en manos de pícaros, de cebo para el pueblo. Una tarea poco envidiable, después de todo.

Por lo que se refiere a los que verdadera y sinceramente quieren la emancipación de las masas del pueblo, ésos irán con nosotros por la vía de la revolución social, porque no existe otra vía que pueda llevar a la conquista de la libertad del pueblo.

Hasta aquí sin embargo predomina en todos los países eslavos del occidente la vieja política, el estatismo más estrecho; era simplemente la comedia alemana la que se representaba traducida en lengua checa; y no solamente una comedia, sino dos: una checa, la otra polaca. ¿Quién no conoce la historia lamentable de las alianzas y de las rupturas consecutivas entre los hombres de Estado de Bohemia y de Galitzia y la serie de representaciones grotescas dadas por los diputados checos y galitzianos, sea juntos, sea aisladamente, en el Reichsrat austríaco? La base de todo eso era, y es, una intriga feudal jesuita. ¿Y es con esos medios tan mezquinos y viles que esos señores esperan libertad a sus conciudadanos? Singulares hombres de Estado, y su vecino el príncipe de Bismarck, ¿no debe divertirse en grande al ver ese juego de Estado?

Una vez, sin embargo, después de la derrota sufrida en Viena por ellos a consecuencia de una de las traiciones innumerables de sus aliados galitzianos, el triunvirato estatista checo, Palatzky, Rieger y Brauner, se decidió a una manifestación audaz. En ocasión de la Exposición Etnográfica eslava, abierta expresamente con ese fin en Moscú en 1867, fueron ellos mismos a ella y arrastraron consigo a un gran número de eslavos del occidente y del sur para ofrendar sus homenajes al zar blanco, al verdugo del pueblo eslavo y polaco. Fueron recibidos en Varsovia por los generales rusos, por los funcionarios rusos y por la damas de la aristocracia; y en esa capital polaca, rodeados del silencio sepulcral de toda la población polaca, esos eslavos amigos de la libertad abrazaron a esos rusos fratricidas, bebieron con ellos y gritaron hurras a la fraternidad eslava.

Todo el mundo sabe qué discursos se pronunciaron más tarde en Moscú y en Petersburgo. ¡En una palabra, no hubo adoración más desvergonzada de un poder salvaje y despiadado y una traición más criminal a la nación eslava, a la verdad y a la libertad que la practicada por esos liberales, demócratas y amigos venerables del pueblo! Y esos señores regresaron tranquilamente con todo su cortejo a Praga, y no se encontró allí nadie para decirles que habían cometido, no sólo una bajeza, sino una torpeza.

Sí, una torpeza, absolutamente inútil, porque no les ha servido para nada y no ha restablecido su reputación en Viena. La cosa está bien clara ahora; no pudieron restaurar la corona de Wenceslao con su antigua independencia y llegaron a esto: la nueva reforma parlamentaria les quitó esa última plataforma política en donde jugaban su juego de Estado.

Después de su derrota en Italia, el gobierno austríaco, forzado a soltar, por decirlo así, las riendas del reino de Hungría, se ocupó largo tiempo del modo de resolver la cuestión de su Estado cisleitano.

Sus propios instintos y las reclamaciones liberales y demócratas alemanas le inclinaban hacia la centralización; pero los eslavos, y sobre todo Bohemia y Galitzia, apoyándose en el —partido feudal—clerical, reclamaron a grandes gritos el sistema federativo. Esta indecisión continuó hasta el año presente. El gobierno se decidió por fin, con gran horror de los eslavos y con la alegría no menos grande de los liberales y demócratas alemanes, a restablecer en todos los dominios que componen el Estado cisleitano el antiguo régimen burocrático alemán.

Pero es preciso notar que el imperio austríaco no se ha vuelto más fuerte por eso. Perdió completamente su valor central. Todos los judíos y alemanes del imperio buscan en lo sucesivo su centro en Berlín. Al mismo tiempo una parte de los eslavos se vuelve hacia Rusia; otros, guiados por un instinto mucho más justo, buscan su salvación en la creación de una federación nacional. Nadie espera ya nada de Viena. ¿No está claro que el imperio austríaco, en suma, acabó y que si conserva aún la semejanza de una existencia, no es más que gracias a la paciencia prudente de Rusia y de Prusia que contemporizan y no quieren aún el reparto, pues cada una de ellas espera secretamente que en una ocasión propicia podrá apropiarse la parte del león?

Es indudable, por consiguiente, que Austria no está en estado de luchar contra el nuevo imperio pruso—germánico. Veamos si Rusia es capaz de hacerlo.

¿No es verdad, amigo lector, que Rusia ha hecho progresos inauditos desde todos los puntos de vista desde el advenimiento al trono del emperador reinante aún, Alejandro II?

Y en efecto, si queremos medir los progresos hechos por Rusia durante los últimos veinte años, no tenemos más que comparar la distancia que separa, desde todos los puntos de vista, esos tiempos, por ejemplo en 1856, de Europa con la distancia que los separa hoy: el progreso que es preciso constatar es sorprendente. Rusia, es verdad, no se ha levantado mucho, pero al contrario, la Europa occidental —oficial y oficiosa, burocrática y burguesa— se ha rebajado bastante, de modo que la distancia se ha disminuido considerablemente. ¿Cuál es el francés o alemán que se atreve, por ejemplo, a hablar del barbarismo y del salvajismo ruso después de los horrores perpetrados por los alemanes en Francia en 1870? ¿Cuál es el francés que se permite hablar de la villanía y de la venalidad de los funcionarios y de los estadistas rusos después de todo el lodo —que subió a la superficie y que faltó poco para ahogar el mundo burocrático y político francés? Y bien, no. Al considerar a los franceses y a los alemanes, los cretinos, canallas, ladrones y verdugos rusos no tienen ninguna razón para ruborizarse. Desde el punto de vista moral se ha instaurado en toda la Europa oficial y oficiosa un espíritu de bestialidad o al menos que se parece de muy cerca a la bestialidad.

La cosa es diferente desde el punto de vista de la potencia política, aunque también aquí, al menos en comparación con el Estado francés, nuestros patriotas rojos pueden estar orgullosos, porque desde el punto de vista político Rusia es indudablemente más independiente que Francia y superior a ella. Bismarck corteja a Rusia y tras Bismarck está la Francia vencida, que también se vuelve asidua. Toda la cuestión se resuelve en esto: ¿qué relación existe entre la potencia del imperio panruso y la potencia del imperio pangermánico, predominantes ciertamente, al menos en el continente europeo?

Los rusos, hasta el último de nosotros, sabemos lo que es, desde el punto de vista de su vida interior, ese gentil imperio panruso. Para un pequeño número, para algunos millares de individuos tal vez, a la cabeza de los cuales se encuentra el emperador con toda su familia augusta y con toda la servidumbre ilustre, ese imperio es una fuente inagotable de todas las riquezas, exceptuadas las de la inteligencia y de la ética humanas; para un círculo más grande —aunque aún minoría restringida—, compuesto de varias decenas de millares de individuos, de militares superiores y de funcionarios civiles y eclesiásticos, de ricos propietarios, de comerciantes, de capitalistas y de parásitos, es un protector generoso, benevolente e indulgente con el robo legal y bastante lucrativo; para la gran masa de los pequeños empleados —siempre insignificante en comparación con la gran masa del pueblo—, una nodriza avara; y para los millones innumerables del pueblo trabajador, es una madrastra siniestra, un opresor despiadado y un tirano homicida.

Tal era el imperio antes de la reforma agraria, tal ha permanecido, tal permanecerá. No es de ningún modo difícil para los rusos el tener la prueba. ¿Hay un ruso adulto que no lo sepa? La sociedad intelectual rusa se subdivide en tres categorías: en la de los que, sabiéndolo, hallan demasiado ventajoso admitir esa verdad indudable para ellos lo mismo que para todos; en la de los que no la admiten por miedo; y, en fin, en la de los que, desprovistos de toda otra audacia se atreven, al menos, a formular ésa. Existe aún una cuarta categoría, desgraciadamente demasiado poco numerosa y compuesta de hombres que están dedicados abnegadamente a la causa del pueblo y que no se contentan sólo con formularla.

Existe, sin embargo, una quinta categoría, que comprende un número bastante grande de individuos, pero que no ve nada y no comprende nada. Pero no vale la pena dirigirse a ellos.

Todo ruso que piense más o menos y que sea honesto debe comprender que nuestro imperio no puede cambiar su actitud hacia el pueblo. Se ha condenado, por su existencia misma, a ser su destructor, su opresor. El pueblo le odia por instinto, mientras que ese imperio le oprime inevitablemente, porque es sobre la miseria del pueblo sobre la que han construido su existencia y su fuerza. Para que pudiese garantizar el orden en el interior del país, para que mantuviese la unidad por la violencia y para conservar intacta la fuerza en el exterior del país —aunque sea sólo para su defensa, y no para fines de conquista—, ese imperio debe poseer un ejército enorme; con ese ejército le hace falta la policía, y necesita una burocracia innumerable, un clero oficial... En una palabra, un mundo oficial inmenso cuyo mantenimiento –sin hablar de sus talentos para el robo– oprime inevitablemente al pueblo.

Es preciso ser imbécil, ignorante o loco para imaginarse que una constitución cualquiera, aun la más liberal y la más democrática, puede mejorar las relaciones del Estado con respecto al pueblo; empeorar la situación, hacerla aún más grávida y ruinosa sería quizá difícil; ¡pero mejorarla es simplemente ridículo! En tanto que el imperio exista, consumirá al pueblo. Una constitución saludable para el pueblo no es posible más que con una sola condición: la destrucción del imperio.

Así, pues, no hablemos de su situación interior, pues estamos convencidos de que no puede ser peor; veamos, sin embargo, si alcanza verdaderamente el fin exterior que da un sentido político –y ciertamente no humano– a su existencia. Al precio de sacrificios enormes e innumerables, involuntarios, es verdad, pero tanto más crueles, ¿ha podido crear al menos una –fuerza armada capaz de batirse, por ejemplo, con la fuerza armada del nuevo imperio germánico?

Es en eso en lo que consiste, actualmente, la única cuestión *política* rusa; por lo que se refiere a la cuestión interior no tenemos más que una sola, la de la revolución social. Pero detengámonos ahora en el problema exterior y preguntémonos si Rusia es capaz de batirse contra Alemania.

Las cortesías mutuas, los juramentos, los abrazos y las lágrimas que se gastan actualmente entre ambas cortes imperiales –entre el tío de Berlín y el sobrino de Petersburgo–, no tienen ningún valor. Se sabe que en política todo eso tiene muy poco valor. La cuestión planteada por nosotros es promovida con una urgencia inminente por la nueva situación de Alemania, convertida repentinamente en un Estado enorme y omnipotente. La historia entera demuestra –y la lógica más racional lo confirma– que dos Estados de fuerzas iguales no pueden existir colindantes, que es contrario a su esencia, la cual halla invariable y necesariamente su expresión en la dominación; pero toda dominación niega la igualdad de fuerzas. Una de las fuerzas es obligada inevitablemente a dimitir y a rendirse ante la otra.

Es ahora una necesidad fundamental para Alemania. Después de una larga degradación política se ha convertido, en el continente de Europa, en un Estado omnipotente. ¿Puede sufrir que a su lado, ante sus barbas por decirlo así, subsista una potencia enteramente independiente de ella, a quien no ha vencido aún y que se atreve a igualarse a ellas? ¡Y qué potencia! ¡Una potencia rusa, es decir, la más odiosa!

Hay pocos rusos que no sepan en qué grado odian a Rusia los alemanes, todos los alemanes y sobre todo los burgueses alemanes, y bajo su influencia, ¡ay!, el pueblo alemán mismo. Odian y han odiado siempre a los franceses, pero ese odio no es nada en comparación con el que alimentan contra Rusia. Ese odio forma una de las más fuertes pasiones nacionales alemanas.

¿De qué modo se ha creado esa pasión nacional? Su origen fue bastante honorable. Fue la protesta incomparablemente más humana, después de todo, aunque alemana, de la civilización contra nuestra barbarie tártara. Luego, principalmente en 1820-30, esa pasión adquirió el carácter de una protesta de un liberalismo político más definido contra el despotismo político. Se sabe que en ese período los alemanes se consideraban seriamente liberales y tenían fe en su liberalismo. Odiaban a Rusia, como representante del despotismo que era. Es verdad que si hubiesen podido y querido ser justos, habrían debido, al menos, compartir igualmente ese odio entre Rusia, Prusia y Austria. Pero eso habría sido contrario a su patriotismo; es por eso que lanzaron toda la responsabilidad de la política de la Santa Alianza sobre Rusia.

Al principio de la década 1830–40, la revolución polaca ha suscitado la simpatía más viva de toda Alemania y su represión brutal reforzó la indignación de los liberales alemanes contra Rusia. Todo eso era muy natural y legítimo, bien que también aquí la justicia habría exigido que una cierta parte de esa indignación cayese sobre Prusia, que ayudó indudablemente a Rusia en su empresa repulsiva de la represión de los polacos; le ayudó, no por generosidad, sino porque su propio interés se lo dictaba, pues la emancipación del reino de Polonia y de Lituania habría tenido como consecuencia inevitable la sublevación de toda la Polonia prusiana, matando de ese modo en embrión la potencia creciente de la monarquía prusiana.

Pero surgió una nueva razón en la segunda mitad de la década 1830–40 en favor del odio de los alemanes contra Rusia, razón que dio a ese odio un carácter completamente nuevo, no ya liberal, sino político–nacional; la cuestión eslava estaba en el tapiz y bien pronto se constituyó, entre los eslavos austríacos y turcos, todo un partido que comenzó a esperar la ayuda de Rusia. Ya en 1820–30, una sociedad secreta de demócratas –principalmente la sección meridional de esa sociedad–, dirigida por Pestel, Muravief–Apóstol y Bestuyeff–Riumin, ha tenido la primera idea de una federación libre peneslavista. El emperador Nicolás se enamoró de esa idea, pero la comprendió a su modo. La Federación libre paneslavista se transformó en su pensamiento en un Estado paneslavista único y autocrático y, no es preciso decirlo, bajo su cetro de hierro.

A comienzos de la década 1830–40 y de 1840–50 fueron enviados agentes rusos de Petersburgo y de Moscú a todos los territorios eslavos, los unos oficialmente, los otros voluntarios –y gratuitos. Estos últimos pertenecían a la sociedad, muy lejos de ser secreta, de los eslavófilos de Moscú. Se emprendió una propaganda paneslavista entre los eslavos del oeste y del sur. Gran número de folletos aparecieron. Esos folletos fueron escritos en parte y en parte traducidos en alemán y sembraron bastante seriamente el espanto en las filas de los pangermanistas. Se dio el grito de alarma entre los alemanes.

La idea que Bohemia, ese antiguo país imperial que se encuentra en el corazón mismo de Alemania, pudiera separarse y convertirse en un país eslavo independiente o bien aún –¡Dios nos guarde!– en una provincia rusa, destruyó su apetito y su sueño, y desde entonces las maldiciones cayeron sobre Rusia; desde entonces –y hasta nuestros días– se levantó contra Rusia el odio de los alemanes. Ha asumido en la actualidad dimensiones enormes. Los rusos, por su parte, no preservan tampoco a los alemanes; ¿es posible, pues, que con la existencia de relaciones mutuas tan conmovedoras, esos dos imperios vecinos –panruso y pangermánico– puedan vivir largo tiempo en paz?

Y, sin embargo, hubo hasta aquí –y las hay suficientes en la hora actual– razones que deberían interesar a ambos en el deseo de paz. La primera de esas razones es Polonia. Hay que nombrar tres Estados ladrones que se repartieron entre sí a Polonia del modo más rapaz: el Estado austríaco, el Estado prusiano y el Estado panruso. Pero en el momento mismo del reparto y, más tarde, cada vez que la cuestión polaca se planteó de nuevo, el Estado menos interesado fue Austria. Se sabe que desde el comienzo la corte austríaca protestó incluso contra el reparto, y no es sino tras la solicitud apremiante de Federico II y Catalina II como la emperatriz María Teresa acabó por aceptar la parte que le fue concedida. Hasta vertió en esa ocasión algunas lágrimas ficticias que después se hicieron históricas, pero aceptó, no obstante, el bocado. ¿Cómo podía dejar de aceptarlo? Era una testa coronada para conquistar. Las leyes no son hechas para los reyes y sus apetitos no tienen fronteras. Federico II anota en sus memorias que el gobierno austríaco, habiéndose decidido a participar en el banditismo aliado cometido contra Polonia, desnichó un río desconocido y se apresuró a ocupar por sus tropas un trozo mucho mayor del que se le había acordado por el tratado.

Es notable, sin embargo, que Austria lloró y rogó al desvalijar, mientras que Rusia y Prusia realizaban sus pequeños negocios de bandidos burlándose y riendo. Se sabe que Catalina II y Federico II mantenían al mismo tiempo una correspondencia excesivamente espiritual y de las más filantrópicas con los filósofos franceses. Pero más notable aún fue que más tarde y hasta nuestros días, siempre que la degradada Polonia hizo una tentativa desesperada para emanciparse y restaurarse, las cortes de Prusia y de Rusia temblaron con una cólera loca y se apresuraron secreta o abiertamente a unir todos los esfuerzos para sofocar la insurrección, mientras que Austria, considerándose cómplice involuntario y arrastrada contra su voluntad, no sólo no sintió ninguna emoción ni se adhirió a sus medidas de represión, sino que, al contrario, en cada nueva insurrección polaca hizo como si quisiera apoyarla y, en un cierto grado, prestó ciertamente su ayuda. Tal fue el caso en 1831 y más aún en 1862, cuando Bismarck asumió abiertamente la misión de gendarme ruso; Austria, al contrario, permitió a los polacos —secretamente, está de más decirlo—, transportar armas a Polonia.

¿Cómo explicar esa diferencia de actitudes? ¿Por la nobleza, el humanitarismo y el espíritu de justicia de Austria? ¡No! La explicación hay que encontrarla en su propio interés simplemente. No en vano lloró María Teresa. Sentía que al atentar con los demás a la existencia política de Polonia, cavaba la tumba del imperio austríaco. ¿Qué habría podido serle más provechoso que la vecindad, en la frontera del noroeste, de ese Estado noble, poco inteligente, es verdad, pero fuertemente conservador y de ningún modo conquistador? No sólo ese Estado la habría libertado de una vecindad desagradable con Rusia, sino que la separaba también de Prusia y le serviría de protección inapreciable contra esas dos potencias conquistadoras.

Era preciso poseer toda la estupidez rutinaria y sobre todo la venalidad de los ministros de María Teresa, la arrogante estrechez de espíritu y la testarudez ferozmente reaccionaria del viejo Metternich (que también, como se sabe, estaba a sueldo de las cortes de San Petersburgo y de Berlín), era preciso estar condenado por la historia a la derrota para no comprenderlo.

El imperio panruso y el reino de Prusia habían comprendido muy bien sus ventajas recíprocas. El reparto de Polonia daba al primero la importancia de una gran potencia europea; el segundo se inició en la ruta en que alcanzó un predominio indiscutible. Y, sin embargo, lanzando un trozo sangriento de la Polonia desgarrada al imperio austríaco, voraz por naturaleza, prepararon ese mismo imperio para la inmolación, condenándolo a convertirse en víctima próxima de su apetito igualmente insaciable. En tanto que no hayan satisfecho esos apetitos, en tanto que no hayan repartido entre sí los dominios austríacos, permanecerán y estarán forzados a ser aliados y amigos, aun odiándose recíprocamente. Nada de asombroso tiene la previsión que el reparto mismo de Austria los hará echarse uno al cuello del otro; pero hasta entonces nada en el mundo podrá separarlos.

No tienen ningún interés en desgarrarse recíprocamente. El nuevo imperio pruso—germánico no tiene actualmente ni en Europa ni en ninguna otra parte del mundo ningún aliado, excepto Rusia, con los Estados Unidos de América, quizás, al lado de Rusia. Todos le temen y todos lo odian, todos se contentarían con su caída, porque los oprime a todos. Y sin embargo debe realizar aún muchas conquistas para poder llevar a cabo íntegramente el pan y la idea del imperio pangermánico. Deberá quitar a los franceses, no ya una parte, sino toda Lorena; deberá conquistar Bélgica, Holanda, Suiza, Dinamarca y toda la península escandinava; deberá también apoderarse de nuestras provincias bálticas, de tal manera como para poder ser el único dueño del mar Báltico. En una palabra, a excepción del reino húngaro, a quien dejará a los magyares, y de Galitzia, que cederá, junto con la Bucovina austríaca, a Rusia, deberá aspirar inevitablemente, obedeciendo a la fuerza misma de las cosas, a la conquista de toda Austria hasta Trieste inclusive, sin exceptuar, no es preciso decirlo, Bohemia, que el gabinete petersburgués no tendrá ninguna pretensión de poner en tela de juicio.

Estamos convencidos, y lo sabemos definitivamente, que han sido ya entabladas negociaciones más o menos secretas desde hace tiempo con respecto al reparto más o menos lejano del imperio austríaco, entre las cortes petersburguesa y alemana; –claro está, en esas ocasiones, como sucede siempre con las relaciones amistosas entre grandes potencias, se esfuerzan por engañarse mutuamente.

Por grande que sea la potencia del imperio pruso–germánico, es claro que no es bastante fuerte en sí mismo para realizar todas esas grandes empresas contra la voluntad de toda Europa. Es por eso que la alianza con Rusia constituye y constituirá aún largo tiempo una necesidad urgente.

Tal necesidad, ¿existe para Rusia?

Digamos de inmediato que nuestro imperio, más que ningún otro, es un Estado militar por excelencia, porque con el fin de crear en tanto que posible una fuerza inmensa, sacrificó desde el primer día de su existencia, y sacrifica hasta hoy, todo lo que constituye la vida y el progreso del pueblo.

Siendo un Estado militar, ese imperio no tiene más que un solo fin, una sola causa que justifica su existencia: conquistar. Aparte de ese objetivo, no es más que absurdo. Así, pues, las conquistas por todas partes y a todo precio, he ahí la vida normal de nuestro imperio. La cuestión que se plantea entonces es la de saber de qué lado será dirigida esa fuerza ávida de conquistas.

Dos caminos se abren ante ella: uno el camino occidental, el otro el camino oriental. El camino occidental está francamente dirigido contra Alemania. Es la vía paneslavista y al mismo tiempo la de la alianza con Francia contra las fuerzas unidas de la Alemania prusiana y del imperio austríaco con la neutralidad probable de Inglaterra y de los Estados Unidos.

¿Por cuál de esos dos caminos querrá ir nuestro imperio beligerante? Se dice que el heredero, paneslavista apasionado, que odia a los alemanes y es amigo abnegado de los franceses, se declara por el primero de esos caminos; al contrario, el emperador reinante, amigo de los alemanes, sobrino amante de su tío, se manifiesta por el segundo camino. Pero no se trata aquí de las direcciones en que sus sentimientos desbordan; la cuestión es más bien ¿dónde podrá ir el imperio con una esperanza de éxito sin correr el riesgo de romperse?

¿Puede comprometerse en el primer camino? Es verdad que encontrará en ese camino la alianza de Francia, alianza que está lejos de presentar actualmente ventajas y la fuerza material y moral que prometía hace tres o cuatro años. La unidad nacional de Francia se derrumbó definitivamente. En los límites de la llamada Francia indivisible existen actualmente tres o cuatro Francias diferentes positivamente hostiles entre sí: la Francia aristocrática y clerical, compuesta de nobles, de la rica burguesía y del clero; la Francia puramente burguesa, que abarca la burguesía pequeña y media; la Francia obrera, que comprende el proletariado de las ciudades y de las fábricas, y, por fin, la Francia campesina. A excepción de estas dos últimas, que podrían entenderse y que, en el sur de Francia comienzan ya a aproximarse, toda posibilidad de unanimidad ha desaparecido entre esas clases sobre todos los puntos, incluso cuando se trata de la defensa de la patria.

Lo hemos podido ver últimamente. Los alemanes están aún en Francia, ocupan Belfort en espera del último millar de millones. Tres o cuatro semanas apenas quedaban hasta la evacuación completa del país. Pero no, la mayoría del Parlamento de Versalles, compuesta de legitimistas, de orleanistas y de bonapartistas, reaccionarios hasta la demencia, hasta la locura, no han querido tener un poco de paciencia, han derrocado al señor Thiers, han puesto en su lugar al mariscal Mac Mahon, que promete, por la fuerza de las bayonetas, el restablecimiento del orden moral en Francia... La Francia estatista ha cesado de ser un país de vida, de inteligencia, de impulso generoso. Se diría que ha degenerado repentinamente y se ha vuelto el país por excelencia del lodo, de la bajeza, de la venalidad, de la brutalidad, de la traición, de la vulgaridad y de la imbecilidad estupefacta y sin límites. Y por encima de todo eso está la ignorancia, cuyo fin no se alcanza a ver. Se confiesa al Papa, al clero, a la inquisición, a los jesuitas, a Nuestra Señora de la Salette y a San Lauro. No es por bromear que busca su regeneración en la Iglesia católica y su misión en la defensa de los intereses católicos. Las procesiones religiosas han cubierto el país entero y ensordecen con sus letanías solemnes las protestas y las quejas del proletariado vencido. Diputados, ministros, prefectos, generales, profesores, jueces desfilan en esas procesiones con la velas en la mano, sin ruborizarse, sin ninguna fe en su corazón, pero únicamente porque la "fe es necesaria al pueblo". Por lo demás, hay toda una multitud de nobles –creyentes, ultramontanos y legitimistas, educados por los jesuitas, que piden en alta voz que Francia se consagre solemnemente a Cristo y a la madre inmaculada. Y mientras que la riqueza del pueblo o más bien el trabajo del pueblo, productor de todas las riquezas, es consagrado al saqueo de los tiburones de la Bolsa, a los especuladores, a los ricos propietarios y a los capitalistas; mientras que todos los hombres de Estado, los ministros, los diputados, los funcionarios de todo rango, civiles y militares, los abogados y, sobre todo, esos jesuitas devotos llenan sus bolsillos del modo más desvergonzado, toda la Francia se somete realmente a la dirección del clero. El clero se ha vuelto amo de toda la educación, de las universidades, de los liceos, de las escuelas comunales; los sacerdotes se han vuelto de nuevo confesores y guías espirituales del bravo ejército francés que pronto adquirirá toda la capacidad de combatir contra los enemigos del exterior, pero al contrario se convertirá en un enemigo, tanto más peligroso, para su propio pueblo.

¡He aquí, pues, la situación real de la Francia estatista! Había sobrepasado en un corto lapso de tiempo al Austria de Schwartzenberg (después de 1849), y sabemos bien cómo acabó esa Austria: por la derrota en España, la derrota en Bohemia y el desastre completo.

Es verdad que Francia, a pesar de su ruina reciente, es rica, mucho más rica que Alemania, que sacó una muy débil ventaja, desde el punto de vista industrial y comercial, de los cinco mil millones que Francia le pagó. Esa riqueza ha permitido al pueblo francés restaurar en un corto espacio de tiempo todos los signos exteriores de la fuerza y de la organización normal. No es, sin embargo, de ningún modo necesario considerar las cosas demasiado de cerca, basta remover un poco la superficie falsamente brillante para convencerse de que el interior está enteramente podrido, porque en todo ese enorme aparato del Estado no ha quedado una sola chispa de alma viviente.

La Francia estatista toca inevitablemente a su fin, y se engañará cruelmente el que cuente con su alianza. No encontrará nada en ella aparte de la impotencia y el espanto, se ha consagrado a Cristo, a la Virgen santa, a la razón divina y al absurdo humano; se ha dado en sacrificio a los ladrones y a los sacerdotes; y si le quedó aún una fuerza armada, no servirá más que –para reprimir y domar a su propio proletariado. ¿Qué ventaja se puede sacar de una alianza con ella?

Pero existe una razón excesivamente importante que no permitirá nunca a nuestro gobierno, esté a su frente Alejandro II o Alejandro III, seguir el camino occidental de la conquista paneslavista. Es un camino revolucionario, en este sentido, que lleva directamente a la rebelión de los pueblos, eslavos en su gran mayoría, contra sus soberanos *legales,* austríaco y pruso-alemán. Fue propuesto al emperador Nicolás por el príncipe Paskevitch.

La situación de Nicolás estaba llena de peligros; tenía contra él dos grandes potencias: Inglaterra y Francia. El Austria reconocida le amenazaba. Sólo Prusia, a quien había ofendido, quedaba fiel; y hasta ella, cediendo a la presión de los tres Estados, comenzaba a vacilar y le hacía, de acuerdo con el gobierno austríaco, advertencias serias. Nicolás, que basaba toda su gloria sobre todo en su inexorabilidad, debía ceder o morir. Era una vergüenza ceder, y no tenía ningún deseo de morir. En esa hora crítica se le hizo la proposición de levantar la bandera paneslavista; más aún: de disfrazar su corona imperial con el gorro frigio y llamar a la rebelión no sólo a los eslavos, sino también a los magyares, a los rumanos y a los italianos[5] .

El emperador Nicolás se volvió pensativo; es preciso hacerle, sin embargo, justicia: no vaciló mucho tiempo; comprendió que no podía clausurar su larga carrera marcada por un despotismo franco con una carrera revolucionaria. Prefería morir.

Tenía razón. No se podía ejercer el despotismo en el interior y provocar la revolución en el exterior de su país. Y eso era tanto más imposible para el emperador Nicolás, cuanto que al primer paso que hubiera dado se habría encontrado cara a cara con Polonia. ¿Se podía llamar a los pueblos eslavos y demás

---

5. Sabemos eso por Mazzini mismo, a quien por esa época los agentes oficiosos rusos en Londres pidieron una entrevista y le hicieron proposiciones...

a la rebelión y al mismo tiempo continuar sofocando a Polonia? ¿Qué era preciso hacer entonces con Polonia? ¿Emanciparla? Sin hablar del grado en que tal acto repugnaba a todos los instintos del emperador Nicolás, no se puede menos de admitir –que, para el estatismo panruso, la emancipación de Polonia era decididamente imposible.

Durante siglos se había dirigido la lucha entre las dos formas de Estado. La cuestión era: ¿quién va a vencer, la voluntad de la nobleza o el knut de los zares? A decir verdad nadie se ocupó del pueblo ni en uno ni en otro campo: en los dos se había considerado como el esclavo, el forzado, el productor de las riquezas y como el pedestal mudo del Estado. Se habría creído ante todo que los polacos iban a vencer. Tenían, para ellos, la educación, el arte militar y el valor; y como su ejército estaba compuesto sobre todo de la pequeña nobleza, luchaban como hombres libres, mientras que los rusos combatían como esclavos. Todas las probabilidades parecían estar de su parte. Y en efecto, durante bastante tiempo salieron victoriosos de toda guerra, saquearon provincias rusas enteras y, una vez, vencieron a Moscú y pusieron en el trono de los zares al hijo de su propio rey.

La fuerza que los expulsó de Moscú no era ni la potencia zarista, ni siquiera la fuerza de los boyardos, sino simplemente la fuerza del pueblo. En tanto que las masas del pueblo no participaron en la lucha, la probabilidad estaba del lado de los polacos. Pero en cuanto el pueblo se mostró en la escena, la primera vez en 1612, y la segunda vez bajo forma de una insurrección global de siervos pequeños rusos y lituanianos bajo el comando de Bogdan Khmelnitzky, la suerte los abandonó completamente. Desde entonces el Estado libre de los nobles comenzó a perecer y a debilitarse hasta su completa extinción.

El knut ruso ha vencido gracias al pueblo y simultáneamente, se entiende, en gran detrimento del pueblo, que, en señal de una real gratitud estatista, ha sido sometido a la esclavitud hereditaria por los nobles propietarios territoriales, esos sirvientes imperiales.

El emperador actual, el zar Alejandro II, ha libertado, se nos dice, a los campesinos. Sabemos lo que vale esa liberación.

Y, sin embargo, es justamente sobre las ruinas del Estado de los nobles polacos que se levantó el imperio panruso del knut.

Privadle de esa base, separad de él las provincias que han formado parte en 1772 del Estado polaco y el imperio panruso desaparecerá.

Desaparecerá porque, por la pérdida de esas provincias, las más ricas, las más fértiles y las más pobladas, la riqueza, no muy excesiva, y su fuerza serán disminuidas en la mitad. Esta pérdida será pronto seguida de la pérdida de las provincias bálticas; y suponiendo que el nuevo Estado polaco sea reconstruido no sólo sobre el papel, sino en la realidad, revivirá con una vida nueva y enérgica; el imperio perderá pronto toda la Pequeña Rusia que se convertirá sea en una provincia polaca, sea en un Estado independiente; perderá por esa misma razón su frontera del Mar Negro; será cortado por todas partes de Europa y será arrojado al Asia.

Otros son de opinión que el imperio podría dar a Polonia al menos Lituania. No, esto es imposible por estas mismas razones. Moscú y Polonia unidos servirán inevitablemente y, por decirlo así, con una necesidad infalible, de vasto punto de apoyo al patriotismo de Estado de los polacos para la conquista de las provincias bálticas y de Ucrania. Basta libertar el reino de Polonia y se ha dicho todo. Varsovia se unirá de inmediato con Vilna, con Grodno, con Minsk, quizá con Kief, sin hablar de Podolia y de Volinia.

¿Cómo hacer, pues? Los polacos son un pueblo de tal modo agitado que no se les puede dejar el menor rincón libre; las conspiraciones se desarrollarían de inmediato y las relaciones secretas se establecerían pronto con todas las provincias perdidas con el fin de restaurar el Estado polaco.

En 1841, por ejemplo, no quedaba más que una sola ciudad libre, la de Cracovia; y bien, Cracovia se hizo el centro de la empresa revolucionaria para toda Polonia.

¿No está claro que tal imperio no puede continuar existiendo más que a condición de sofocar a Polonia por el sistema Muravief? Decimos imperio y no decimos pueblo ruso, porque este último, estamos profundamente convencidos de ello, no tiene nada de común con el imperio; sus intereses y sus aspiraciones instintivas son absolutamente opuestas a los intereses y a las aspiraciones calculadas del imperio.

Tan pronto como el imperio caiga, los pueblos de la Gran Prusia, de la Pequeña Rusia, de la Rusia Blanca y los demás establecerán sus libertades, los planes ambiciosos de los patriotas de Estado polacos no tendrán para ellos nada de temibles; no pueden ser peligrosos más que para el imperio.

Es por eso que ningún emperador ruso, si está en posesión de sus cinco sentidos y si la necesidad de hierro no lo obliga, no aceptará jamás la liberación de la menor parte de Polonia. Pero entonces, no emancipando a los polacos, ¿puede llamar los eslavos a la insurrección?

Las razones que le impiden levantar la bandera de la insurrección paneslavista existen también hoy, con esta diferencia, que entonces esa vía prometía muchas más ventajas que hoy. Se habría podido, antes, contar con la rebelión de los magyares, de Italia, que se encontraban bajo el yugo odiado de Austria. Actualmente Italia habría quedado probablemente neutral, porque el Austria le daría, seguramente, sin muchas dificultades y para desembarazarse de ella, los pocos restos de tierra italiana que posee aún en sus dominios. En cuanto a los magyares se puede decir con seguridad que con toda la pasión que les sería inculcada por su propia actitud dominadora con respecto a los eslavos, habrían tomado el partido de los alemanes contra Rusia.

Por tanto, en caso de guerra paneslavista que promovería el emperador ruso contra Alemania, no tendría que contar más que con la cooperación más o menos activa de los eslavos solos, y más aún: de los eslavos austríacos únicamente, porque si se le metiera en la cabeza levantar los eslavos de Turquía, provocaría contra ella un nuevo enemigo, Inglaterra, esa protectora envidiosa de la existencia independiente del Imperio otomano. Pero no se cuenta en Austria más que 17 millones de eslavos, deducción hecha de los 5 millones de habitantes de Galitzia, donde los rusos más o menos simpatizantes habrían sido paralizados por los polacos hostiles, no quedan más que 12 millones sobre cuya insurrección habría quizá podido contar el emperador ruso, excepción hecha, se entiende, de todos los que son reclutados en el ejército austríaco y que, según los hábitos de todo ejército, combatirían contra el que se les indicase por la voz de mando.

Agreguemos que esos 12 millones no están concentrados siquiera en uno o varios puntos, sino que están diseminados en toda la extensión del imperio austríaco; hablan diferentes dialectos y están mezclados ya a los alemanes, ya a los magya-res, ya a los rumanos, ya, en fin, a la población alemana. Es mucho para mantener alerta al gobierno austríaco y a los ale-manes en general, pero demasiado poco para dar a los ejérci-tos rusos un apoyo serio contra las fuerzas unidas de la Alema-nia prusiana y de Austria.

¡Ay! El gobierno ruso sabe muy bien todo eso y lo compren-dió siempre; por esa razón no ha tenido ni tendrá jamás la in-tención de llevar a cabo una guerra paneslavista contra Austria que se transformaría inevitablemente en una guerra contra to-da Alemania. Pero si nuestro gobierno no ha tenido jamás tales intenciones, ¿por qué razón realiza, por intermedio de sus agentes, una propaganda puramente paneslavista en Austria? Por una razón muy simple que acabamos de indicar, y princi-palmente porque es muy agradable para el gobierno ruso –y muy ventajoso– tener un número tan grande de partidarios apasionados y al mismo tiempo ciegos –por no decir estúpidos– diseminados en todas las provincias austríacas. Tal situación paraliza, embrida, molesta al gobierno austríaco y refuerza la influencia de Rusia no sólo en Austria sino en toda Alemania. La Rusia imperial excita a los eslavos austríacos contra los magyares y los alemanes, sabiendo muy bien que al fin de cuentas traicionará a esos mismos magyares y alemanes. Juego abyecto, pero al mismo tiempo completamente estatista.

Por consiguiente, el imperio panruso encontrará pocos alia-dos y poco apoyo serio en Occidente en caso de una guerra pa-neslavista contra los alemanes. Examinemos ahora con quién debería entrar en lucha. Primeramente con todos los alemanes, prusianos y austríacos, luego con los magyares y en último lu-gar con los polacos.

Dejando aparte a los polacos y los magyares, veamos si la Rusia imperial es capaz de llevar a cabo una guerra contra las fuerzas unidas de toda la Alemania, prusiana y austríaca, aunq-ue solo fuera contra la Alemania prusiana. Decimos guerra ofensiva, porque está entendido que es Rusia la que la empren-derá en vista de la pretendida liberación –pero en verdad de la conquista– de los eslavos austríacos.

Es seguro, en primer lugar, que ninguna guerra ofensiva po-dría llegar a ser, en Rusia, una guerra nacional. Es una regla –casi general: los pueblos toman raramente una parte activa en las guerras emprendidas y conducidas por sus gobiernos más allá de las fronteras de su patria. Tales guerras no tienen generalmente un carácter político exclusivo, sino un interés religioso o revolucionario también. Tales fueron para los alemanes, para los holandeses, para los ingleses y aun para los suecos las guerras del siglo XVI entre partidarios de la Reforma y católicos. Tales fueron también para Francia las guerras revolucionarias de fin de siglo XVIII. Por lo que se refiere a la historia contemporánea no conocemos más que dos ejemplos excepcionales en que las masas del pueblo expresaron sus reales simpatías hacia guerras políticas emprendidas por sus gobiernos en vista del ensanchamiento de las fronteras de sus Estados o de otros intereses exclusivamente estatistas.

El primer ejemplo fue dado por el pueblo francés bajo Napoleón I. Ese ejemplo no es, sin embargo, muy concluyente, porque las tropas imperiales eran la prolongación directa –se habría podido decir el resultado natural– de las tropas revolucionarias, de modo que el pueblo francés continuó considerándolas aun después de la caída de Napoleón I, como una manifestación del mismo interés revolucionario.

El segundo ejemplo es mucho más concluyente; es el ejemplo de la embriaguez apasionada a que, podría decirse, se entregó todo el pueblo alemán en la gran guerra inepta emprendida por el Estado pruso–germánico nuevamente reconstituido contra el segundo imperio francés. En esa época histórica, apenas transcurrida, el pueblo alemán entero, todos los estratos de la sociedad alemana, con excepción quizá de un pequeño puñado de obreros, fueron inspirados por el interés político sólo en favor de la fundación y del ensanchamiento de las fronteras del Estado pangermanista. Hoy mismo ese interés predomina sobre todos los demás en el cerebro y en el corazón de todos los alemanes sin distinción de clase: es lo que constituye actualmente la fuerza específica de Alemania.

Para quien conoce un poco, se entiende, a Rusia es claro que ninguna guerra ofensiva emprendida por nuestro gobierno se convertirá en nacional en Rusia. Primeramente porque nuestro pueblo no sólo es extraño a todo interés de Estado, sino que le es aun instintivamente opuesto. El Estado es su prisión: ¿qué –necesidad tendría; pues, de fortificar su prisión? Además no existe ningún lazo entre el gobierno y el pueblo, ninguna alianza viva que pudiera unirlos, aunque sólo fuera por un minuto, por cualquier causa que fuera; no existe siquiera ni la capacidad ni la posibilidad de una comprensión recíproca; lo que es blanco para el gobierno es negro para el pueblo y, viceversa, lo que parece muy blanco al pueblo, lo que es su vida, su bienestar, es la muerte para el gobierno.

Se preguntará uno con Puchkin:

"La palabra del zar de los rusos ¿es impotente?".

Sí, impotente, cuando pide del pueblo lo que es hostil al pueblo. Que trate de lanzar este grito al pueblo: atad y matad a los propietarios, los funcionarios y los comerciantes, tomad todo lo que ellos poseen y repartidlo entre vosotros; un instante bastaría para que el pueblo ruso se levantase como un solo hombre y para que no quedara al día siguiente ningún rasgo de mercaderes, de funcionarios y de propietarios en toda la extensión de la tierra rusa. Pero en tanto que ordene al pueblo pagar impuestos y dar soldados al Estado y trabajar en provecho de los propietarios y de los comerciantes, el pueblo obedecerá de mala voluntad, bajo el yugo de la maza, como hoy, y no obedecerá cuando la ocasión se presente. ¿Dónde encontrar, pues, la influencia mágica y milagrosa de la palabra imperial?

¿Y qué habría podido decir el zar que hiciera apasionar su corazón o caldear su imaginación? El emperador Nicolás, al declarar en 1823 la guerra a la Sublime Puerta otomana bajo el pretexto de las injurias sufridas por nuestros correligionarios griegos y eslavos en Turquía, había tratado, por su manifiesto, leído al pueblo en las iglesias, de conmover en él el fanatismo religioso. El ensayo sufrió un completo fracaso. Si existe entre nosotros un espíritu religioso terrible y tenaz, no es más que entre los raskolniks (disidentes) que, menos que cualquier otro, reconocen el Estado y también al emperador. En cuanto a la iglesia ortodoxa oficial, no reina en ella más que un ceremonial monótono y rutinario al lado de una indiferencia profunda.

Al comienzo de la campaña de Crimea, cuando Inglaterra y Francia declararon la guerra, Nicolás trató de nuevo de estimular el fanatismo religioso del pueblo, con el mismo fracaso.

Recordemos lo que se decía en el pueblo durante esa guerra: "¡El francés pide que nos dé la libertad!". Había ejércitos del pueblo. Pero todo el mundo sabe cómo se los formó: con mucha frecuencia por decreto imperial y por orden de las autoridades.

Era el mismo reclutamiento, sólo que bajo otra forma, y realizado a la ligera. En muchos distritos se prometió a los campesinos darles la libertad una vez terminada la guerra.

¡He ahí, pues, el interés del Estado de nuestros campesinos! Entre los comerciantes y los nobles el patriotismo se expresaba de la manera más extraordinaria: mediante discursos desprovistos de inteligencia, por declaraciones sonoras de abnegación a la patria, y sobre todo por banquetes y excesos. Pero cuando llegó el tiempo para unos de dar dinero y para los otros de ir en persona a la guerra, a la cabeza de sus campesinos, hubo muy pocos voluntarios. Cada cual trataba de reemplazarse por algún otro. El llamado a las armas ha producido mucho ruido, pero no ha dado ningún resultado. Sin embargo, la guerra de Crimea no era siquiera una guerra ofensiva, era bien defensiva; habría podido y debido transformarse en nacional; ¿por qué no ha llegado a ser tal? Porque nuestras clases superiores están podridas, son abyectas, viles, porque el pueblo es enemigo natural del Estado.

¿Y es ese pueblo el que se espera levantar en nombre de la causa eslava? Existen entre nuestros eslavófilos hombres honestos que creen sinceramente que el pueblo ruso arde de impaciencia por volar en ayuda de los "hermanos eslavos" de quienes ni siquiera conoce la existencia. Se asombraría él mismo si se le dijera que es un pueblo eslavo. El señor Dukhinsky, con sus partidarios polacos y franceses, niega ciertamente que la sangre eslava corra por las venas del pueblo de la Gran Rusia, pecando así contra la verdad histórica y etnográfica. Pero el señor Dukhinsky, conociendo tan poco nuestro pueblo, ignora probablemente que ese pueblo se cuida muy poco de su origen eslavo. Tiene otra cosa de qué ocuparse, abrumado, hambriento y aplastado bajo el yugo del imperio llamado eslavo, pero, en verdad, tártaro—alemán.

No tenemos derecho a engañar a los eslavos. Los que les hablan de un interés cualquiera del pueblo ruso en la cuestión eslava, o bien se engañan, cruelmente ellos mismos, e bien mienten descaradamente, y mienten, no es preciso decirlo, con fines inmorales. Y si nosotros, socialistas revolucionarios rusos, llamamos al proletariado eslavo y a la juventud a obrar por una causa común, no les proponemos de ningún modo nuestro origen más o menos eslavo como terreno común para el trabajo.

Nosotros no reconocemos más que un solo terreno: el de la revolución social al margen de la cual no vemos salvación, ni para sus pueblos ni para el nuestro; creemos que es sobre ese terreno únicamente, a consecuencia de muchos rasgos idénticos en el carácter, en el destino histórico, en las inspiraciones pasadas y actuales de todos los pueblos eslavos, y también a consecuencia de su actitud idéntica ante las tendencias estatistas de la raza alemana, como pueden unirse fraternalmente, no para crear un Estado común, sino para destruir todos los Estados; no para constituir entre ellos un mundo cerrado, sino para entrar juntos en la arena mundial comenzando, necesariamente, por una alianza estrecha con los pueblos de raza latina que, lo mismo que los eslavos, están amenazados hoy por la política de conquista de los alemanes.

Y aun esa alianza contra los alemanes no durará más que hasta que éstos, reconociendo por su propia experiencia la miseria incalculable que ofrece al pueblo la existencia del Estado, aun el llamado popular, se desembaracen de su yugo y renuncien para siempre a su pasión desgraciada hacia el predominio estatista. Es entonces, y sólo entonces, cuando las tres razas principales que pueblan Europa, la raza latina, eslava y germánica se organizarán en una alianza libre, como hermanas.

Pero hasta entonces la alianza de los pueblos eslavos con los pueblos latinos contra las invasiones de que son igualmente amenazados por parte de los alemanes será una triste necesidad.

¡Extraño destino el de la raza alemana! Suscitando contra ella la aprensión general y el odio de todos, une a los pueblos. Es así como ha unido a los eslavos, porque no hay ninguna duda que el odio a los alemanes, arraigado profundamente en el corazón de todos los pueblos eslavos, ha contribuido más al éxito de la propaganda paneslavista que todos los sermones y todas las intrigas de los agentes de Moscú y de San Petersburgo. Y ahora ese odio atraerá probablemente al pueblo eslavo a la alianza con el pueblo latino.

Es en ese sentido que el pueblo ruso es un pueblo eslavo. No quiere a los alemanes, pero no hay que embaucarse: su enemistad ante los alemanes no se extiende hasta emprender por su propio impulso la guerra contra ellos. No se hará sentir más que cuando los alemanes mismos vayan a Rusia y tengan el propósito de jugar a los amos. Pero se desilusionará pronto el que cuente con una participación cualquiera de nuestro pueblo en una ofensiva contra Alemania.

Se deduce, pues, que si nuestro gobierno tiene alguna vez la intención de emprender una campaña cualquiera, deberá realizarla sin ninguna ayuda del pueblo, con sus propios medios estatistas, financieros y militares. ¿Pero esos medios son suficientes para entrar en guerra contra Alemania? Más que eso, ¿bastarán para llevar con éxito una guerra ofensiva contra ella?

Es dar pruebas de un patriotismo extremadamente ignorante y de un chauvinismo ciego el no reconocer que todos nuestros medios militares, con nuestro famoso ejército supuestamente innumerable, son nulos en comparación con los medios y el ejército que posee Alemania hoy.

El soldado ruso es valeroso, es verdad; pero los soldados alemanes no son cobardes tampoco; lo han demostrado en tres campañas sucesivas. Además, en una guerra ofensiva que Rusia podría emprender, los ejércitos alemanes tendrán que batirse en su territorio, en su país, apoyados por la rebelión patriótica y esta vez verdaderamente unánime de todas las clases y de toda la población de Alemania, apoyados también por su propio fanatismo patriótico; mientras que los guerreros rusos lucharán sin voluntad, sin pasión, no obedeciendo más que a las órdenes.

En cuanto a la comparación entre oficiales rusos y oficiales alemanes, la ventaja está, desde el punto de vista humanitario, de parte de nuestros oficiales, no porque sean los nuestros, sino porque la estricta equidad lo exige. A pesar de todos los esfuerzos de nuestro ministro de la guerra, el señor Miliutin, la gran masa de nuestros oficiales ha permanecido tal como ha sido siempre: grosera, ignorante y, casi desde todos los puntos de vista, absolutamente inconsecuente. El ejercicio, los excesos, las cartas, la embriaguez, los pequeños negocios cuando hay con quién hacerlos, y principalmente en las altas esferas, comenzando por el comandante de compañía, de escuadrón o de batería, el robo regular y casi legítimo: todo eso constituye hasta aquí la indulgencia cotidiana de la vida de nuestros oficiales en Rusia. Es un mundo extraordinariamente vacío y salvaje aunque hable en francés; pero en ese mundo, en medio del desorden y del caos grosero y estúpido de que está lleno, se puede encontrar el corazón humano, la capacidad de amar instintivamente y de emprender todo lo que es humano; en condiciones favorables y bajo una influencia saludable, la capacidad de volverse amigo consciente del pueblo.

En la casta de oficiales alemanes no hay nada exceptuado el uniforme, el reglamento militar y una arrogancia específica de los oficiales, compuesta de dos elementos: de una obediencia servil ante todo lo que es jerárquicamente superior y de una actitud insolente y desdeñosa ante todo el que, según ellos, les es inferior, del pueblo primero y después de todo el que no lleva uniforme militar, con excepción de los funcionarios civiles más elevados y nobles.

Ante su soberano, archiduque, rey y ahora emperador de toda la Alemania, el oficial alemán es un esclavo por convicción, por pasión. Al menor signo de su mano está dispuesto, siempre y en todas partes, a realizar las maldades más terribles, a quemar, a destruir y a degollar decenas, centenares de ciudades y de aldeas, no sólo extrañas, sino también propias.

Alimenta con respecto al pueblo no sólo el desprecio, sino también el odio, porque, haciéndole demasiado honor, lo considera siempre en estado de rebelión o dispuesto a rebelarse. Por lo demás no es el único en suponerlo; actualmente todas las clases privilegiadas –y el oficial alemán, y en general todo oficial de un ejército regular, puede ser considerado como el perro de guardia privilegiado de la clase privilegiada–, el mundo explotador entero en Alemania y fuera de Alemania, consideran al pueblo con espanto y con desconfianza lo que, desgraciadamente, no se justifica siempre, pero al menos demuestra en realidad que la fuerza consciente que demolerá este mundo comienza ya a despuntar en el seno de las masas populares.

Así, pues, lo mismo que el bravo perro de guardia, el pelo del oficial alemán se eriza al solo recuerdo de las multitudes del pueblo. Sus ideas sobre los deberes y derechos del pueblo son –de las más patriarcales. Según él, el pueblo debe trabajar de modo que los amos se vistan y se acomoden, obedecer sin discutir, pagar a las autoridades los impuestos de Estado y las contribuciones comunales, y a su vez hacer el servicio militar, lustrar sus botas, tener las bridas de su cabalgadura y, cuando él dé la orden y agite su sable, hacer fuego, degollar y sablear al primero que se presente, y, cuando se le ordene, ir a la muerte por el *Kaiser und Vaterland.* Después de la expiración del término del servicio militar activo, si está herido o estropeado, vivir de limosnas, y si volvió sano y salvo inscribirse en las reservas y quedar en ellas hasta la muerte, obedeciendo siempre a las autoridades, inclinándose ante los jefes, dispuesto a morir a la primera orden.

Toda manifestación del pueblo que contradiga ese ideal es capaz de impulsar al oficial alemán a la rabia. No es difícil figurarse en qué grado odia a los revolucionarios; y bajo ese nombre subentiende a todos los demócratas y aun a los liberales; en una palabra, a cualquiera que se atreva, en un grado o bajo una forma cualquiera, a hacer, a querer o a pensar lo contrario a la voluntad y al pensamiento augusto de Su Majestad Imperial el soberano de toda Alemania.

Se puede uno figurar con qué odio especial gratificó a los revolucionarios socialistas, incluso a los demócratas socialistas de su país. El solo recuerdo lo pone rabioso y no considera decente hablar de otro modo de ellos que con la espuma en los labios; ¡ay de aquel de entre ellos que caiga en sus manos!; y es preciso decir que, desgraciadamente, muchos demócratas socialistas han pasado últimamente en Alemania por las manos de los oficiales alemanes. No teniendo derecho a triturarlos, a desmenuzarlos o a fusilarlos en el acto, no atreviéndose a dejar libre curso a sus manos, se esfuerza por descargar sobre ellos toda su bilis rabiosa y vulgar, de abrumarlos a insultos, por medio de la palabra, del gesto, de la maquinación. Pero si se le hubiera permitido, si el comando hubiese ordenado, ¡con qué celo furioso y sobre todo con que orgullo de oficiales habrían asumido la misión del verdugo!

Considerad bien ese bruto civilizado, ese verdugo por vocación, ese lacayo por convicción. Si es joven encontraréis en vuestro asombro, en lugar de un espantajo, un rubio adolescente, –con una tez lisa y rosa, un comienzo de bigote, modesto, silencioso y aun tímido, altivo –la arrogancia se adivina– y necesariamente sentimental. Conoce de memoria a Schiller y a Goethe, y toda la literatura humanista del gran siglo pasado ha circulado por su cerebro sin dejar el menor pensamiento humano en su alma.

Los alemanes y sobre todo los funcionarios y oficiales alemanes tuvieron que resolver un problema que se habría creído insoluble: unir la educación al barbarismo, la erudición a la servilidad. Eso los hace socialmente horribles y al mismo tiempo excesivamente ridículos; con respecto a las masas del pueblo son malhechores sistemáticos y despiadados; pero, al contrario, se convierten en hombres preciosos por lo que respecta al Estado.

Los ciudadanos alemanes lo saben y soportan patrióticamente toda especie de insultos de su parte, porque reconocen en ellos su propia naturaleza y sobre todo porque consideran a esos perros imperiales privilegiados que los muerden a menudo como el baluarte más sólido del Estado pangermánico.

No se podría figurar uno nada más deseable para un ejército regular que el oficial alemán. Un hombre que reúne en él la erudición y la grosería, la grosería y la bravura, un estricto espíritu de ejecución y la capacidad de iniciativa, la regularidad con la brutalidad y la brutalidad con una honestidad original, una cierta exaltación —unilateral y negativa, es verdad—, con una rara obediencia a la voluntad de los jefes; un hombre que es capaz siempre de degollar o desmenuzar en pequeños trozos decenas, centenas y millares de seres humanos al menor signo de los jefes, silencioso, modesto, dócil, lleno de calma, siempre en continencia militar ante sus superiores, y altivo, desdeñoso y frío, y si es preciso también cruel hacia el soldado; un hombre cuya vida está contenida en estas dos palabras: obedecer y ordenar; un hombre tal es inapreciable para el ejército y para el Estado.

En cuanto al adiestramiento de los soldados —uno de los fines principales en la organización de un buen ejército— llega en el ejército alemán a una perfección sistemática, profundamente reflexiva y prácticamente ensayada y realizada. El principio fundamental colocado en la base de toda disciplina consiste en el aforismo siguiente que hemos oído repetir aun recientemente por numerosos oficiales prusianos, sajones, bávaros y otros de origen alemán que, desde la época de las campañas francesas, se pasean en masa por Suiza para estudiar, sin duda, las localidades y para hacer planos que pudieran servir para más tarde. He aquí el aforismo: "Para adueñarse del alma del soldado es preciso ante todo adueñarse de su cuerpo".

¿Cómo hacer para adueñarse de su cuerpo? Por medio del ejercicio incesante. No creáis que los oficiales alemanes desprecian la marcha; lejos de ello, ven en ella uno de los medios para desentumecer los miembros y para adueñarse del cuerpo del soldado, después de lo cual viene el manejo de las armas, la limpieza de los uniformes; es preciso que el soldado esté ocupado de la mañana a la noche y que no cese de sentir sobre él y sobre cada uno de sus pasos la mirada severa y fríamente magnetizante de sus jefes. En invierno, cuando tiene más tiempo a su disposición, los soldados son enviados a la escuela donde se les enseña a escribir, a leer, a contar, pero donde se les fuerza sobre todo a repetir de memoria el código militar penetrado de adoración hacia el emperador y de desprecio para el pueblo: presentar las armas al emperador y tirar sobre el pueblo; tal es la quintaesencia del adiestramiento moral y político del soldado.

El soldado que queda tres, cuatro o cinco años en tal lugar no puede salir de él más que deforme. El resultado es el mismo para los oficiales, aunque bajo una forma diferente. Se quiere hacer de los soldados un bastón inconsciente; en cuanto al oficial debe transformarse en un bastón consciente, un bastón por convicción, por pensamientos, por interés, por pasión. Su mundo es la sociedad de los oficiales, ni un paso fuera de ese mundo, y toda la colectividad graduada, penetrada del espíritu descrito más arriba, vigila a cada uno. ¡Ay del desgraciado que, llevado por la inexperiencia o por un sentimiento humano cualquiera, se permita asociarse a otra sociedad! Si esa sociedad es, desde el punto de vista político, insignificante, se burlarán simplemente de él. Pero si tiene una línea política que no está de acuerdo con la línea general de los oficiales, digamos liberal democrática –no hablo ya de social revolucionaria– entonces –el desgraciado está perdido. Cada camarada se convertirá en su denunciante.

El comando superior prefiere, en general, que los oficiales gasten todo su tiempo entre sí y trata de dejarles, como ocurre con los soldados, el menos tiempo libre posible. El adiestramiento de los soldados y la vigilancia incesante de éstos ocupa ya las tres cuartas partes de la jornada; el resto debe ser consagrado a su perfeccionamiento en las ciencias militares. Un oficial, antes de ganar el grado de mayor debe sufrir varios exámenes; además se le encomiendan trabajos urgentes sobre diferentes cuestiones y es por el resultado de esos trabajos como se juzga de sus probabilidades de promoción.

Como vemos, el mundo militar en Alemania, por lo demás lo mismo que en Francia, constituye un mundo absolutamente concentrado en sí mismo y este estado de cosas es una garantía segura de que será un enemigo del pueblo.

Pero el mundo militar alemán tiene una enorme ventaja en relación al mismo mundo francés o, en general, europeo: los oficiales alemanes sobrepasan a todos los oficiales del mundo por la profundidad y la amplitud de sus conocimientos, por los conocimientos teóricos y prácticos de la ciencia militar, por la abnegación ardiente a toda prueba y completamente pedante en la profesión militar, por la regularidad, la puntualidad, la maestría, la paciencia obstinada y también una honestidad relativa.

Es gracias a esas cualidades de organización que el ejército alemán existe en realidad y no sólo sobre el papel como era el caso bajo Napoleón III en Francia, como es siempre el caso entre nosotros. Además, siempre gracias a esas ventajas alemanas, el control administrativo, civil y sobre todo militar es organizado de modo que sea imposible un engaño duradero. Entre nosotros, al contrario, de arriba a abajo y de abajo a arriba una mano lava la otra y en consecuencia se vuelve imposible llegar a la verdad.

Profundizad todo eso y preguntaos: ¿es posible que el ejército ruso pueda esperar un éxito de una guerra ofensiva contra Alemania? Responderéis que Rusia puede poner en pie a un millón de soldados. Concedido, pero no habrá quizás un millón de tropas bien organizadas y bien armadas; sin embargo, –supongamos que haya un millón; la mitad deberá ser dejada diseminada sobre la enorme extensión del imperio para conservar el orden en el seno del pueblo feliz que podría bien rabiar de gordo. ¿Qué ejército será preciso para Ucrania, Lituania y Polonia sólo? Será mucho si podéis arrojar sobre Alemania un ejército de medio millón.

Rusia no ha dispuesto nunca de tal ejército.

Pero Alemania os encontrará con un ejército de un millón, ejército que, por su organización, su adiestramiento, sus conocimientos, su espíritu y su armamento es el primero del mundo. Y tras él estará acampado el enorme ejército del pueblo alemán entero que, tal vez, no se habría sublevado contra los franceses si no hubiera sido Francisco de Prusia, en lugar de Napoleón III, el vencedor en la última guerra, pero que, repitámoslo otra vez, se sublevará como un solo hombre contra la invasión rusa.

Diréis que en caso de necesidad Rusia, es decir, el imperio panruso, podrá poner en pie de guerra otro millón de hombres; ciertamente sí, pero sólo en el papel. No tiene más que firmar un úkase de un nuevo reclutamiento por tantos y tantos miles. Tendréis con eso vuestro millón. Pero, ¿cómo reunirlo? ¿Quién va a recogerlo? ¿Vuestros generales de la reserva, ayudas de campo generales, ayudas de campo del emperador, vuestros jefes de batallones de reserva y de guarnición, todos en el papel? ¿Vuestros gobernadores, funcionarios? ¡Dios mío, pero cuántas decenas, incluso centenas de millares de hombres harán morir de hambre antes de reunirlos! ¿Y dónde encontraréis en fin un número suficiente de oficiales para organizar ese nuevo ejército de un millón, y con qué lo armaréis? ¿Con bastones? No tenéis bastante dinero para armar coma es preciso un solo millón y amenazáis ya con armar un segundo millón. Ni un solo banquero os prestará dinero, y aunque lo diese, son necesarios años enteros para armar un millón.

Comparemos vuestra pobreza y vuestra impotencia con la riqueza alemana y con la fuerza alemana. Alemania, en donde tres mil millones han sido gastados para pagar los diversos gastos, para remunerar a los príncipes, los hombres de Estado, los generales, los coroneles, los oficiales –no a los soldados, se entiende– y también para los traslados en el interior del país y en –el extranjero. Quedan dos mil millones que son empleados exclusivamente en el armamento de Alemania, en la creación de nuevas o en la fortificación de las viejas e innumerables fortalezas, en la fabricación de nuevos cañones, fusiles, etc. Sí, toda Alemania se ha transformado hoy en un arsenal terrible y erizado por todas partes. Y vosotros, armados tan medianamente, ¿esperáis derrotarla?

En el primer paso, en cuanto mostréis las narices en territorio alemán, seréis despiadadamente derrotados y vuestro ejército ofensivo se transformará de inmediato en un ejército defensivo; las tropas alemanas pasarán la frontera del imperio panruso.

Pero entonces, al menos, ¿suscitarán contra sí mismos la insurrección general del pueblo ruso? Sí, los alemanes pondrán el pie en tierra rusa y se dirigirán, por ejemplo, directamente a Moscú; pero no cometerán esa torpeza y tomarán la ruta del norte, hacia Petrogrado, pasando por las provincias bálticas; hallarán bastantes amigos, no sólo en la burguesía, entre los pastores protestantes y los judíos, sino también entre los barones descontentos y en sus hijos, los estudiantes, y por ellos entre numerosos generales, oficiales, funcionarios superiores y subalternos de las provincias bálticas que abundan en Petersburgo y se han diseminado por toda Rusia. Más que eso, sublevarán contra el imperio ruso la Polonia y la pequeña Rusia.

Es verdad que entre todos los enemigos opresores de Polonia desde el primer día de su reparto, Prusia se ha demostrado el enemigo más importuno, el más sistemático y por tanto el más peligroso; Rusia obró bárbaramente, como una fuerza salvaje; degolló, ahorcó, torturó, desterró millares a Siberia, pero no pudo, a pesar de todo, rusificar la parte de Polonia que le tocó y no pudo hacerlo hasta aquí, no obstante las ordenanzas de Muravief; Austria, por su parte, no ha podido tampoco germanizar la Galitzia, y no lo intentó siquiera. La prensa, como el verdadero representante del espíritu alemán y de la gran causa alemana, de la germanización violenta y artificial de las tierras alemanas, procedió inmediatamente a la germanización, costara lo que costara, del distrito de Dantzig y del ducado de Posnania, sin hablar de la provincia de Konigsberg que había poseído ya hacía algún tiempo.

Serían muy largos de enumerar los medios que empleó para conseguir su fin; uno de ellos —la colonización extendida por los campesinos alemanes de las tierras polacas— ocupó un puesto importante. La emancipación completa de los campesinos en 1807 con el derecho de rescate de la tierra, con toda especie de facilidades para realizar ese rescate, ha contribuido también mucho a hacer popular al gobierno prusiano aun a los ojos de los campesinos polacos. Después fueron fundadas las escuelas rurales, y la lengua alemana fue introducida. Gracias a medidas semejantes sucedió que ya en 1843 más de un tercio del ducado de Posnania estaba completamente germanizado. Lo mismo en las grandes ciudades. Desde el comienzo de la historia polaca, se habló la lengua alemana gracias a la cantidad de burgueses y artesanos alemanes y sobre todo de judíos a quienes se concedió allí una amplia hospitalidad. Se sabe que desde los tiempos más lejanos la mayor parte de las ciudades de esa región de Polonia eran administradas por el llamado derecho magdeburgués.

Es así como Prusia alcanza su objetivo en períodos pacíficos. Y cuando el patriotismo polaco promovió o trató de promover un movimiento popular, no se detuvo en ninguna medida decisiva y bárbara. Hemos tenido ya ocasión de notar que cuando se trataba de reprimir rebeliones polacas no sólo en sus propios confines sino también en el reino de Polonia, Prusia no cesó de probar su lealtad inalterable y su más ardiente fomento de los intereses del gobierno ruso. Los gendarmes prusianos, perdón, los oficiales generosos de Prusia de toda arma, de la guardia y del ejército, se encarnizaban con una pasión extraordinaria sobre los polacos que buscaban abrigo en los dominios prusianos, los cercaban con una alegría maliciosa y los entregaban a los gendarmes rusos expresando a menudo la esperanza de que serían ahorcados en Rusia. Bajo este aspecto Muravief, el ahorcador, se conquistó los elogios del príncipe Bismarck. Prusia repetía siempre los mismos excesos, pero los hacía avergonzadamente, a escondidas, y descalificaba, cuando tenía ocasión, sus propios actos. El príncipe de Bismarck fue el primero que echó abajo la máscara. No sólo confesó con cinismo altamente, sino que se vanaglorió en el Parlamento prusiano y ante la diplomacia europea, de que el gobierno prusiano empleaba toda su influencia sobre el gobierno ruso para persuadirle a estrangular a Polonia, sin detenerse en ningún medio sanguinario, y que Prusia habría estado siempre dispuesta a prestar la ayuda más activa a Rusia.

No hace mucho, en fin, el príncipe de Bismarck expresó en el Parlamento la decisión irrevocable del gobierno de desarraigar lo que quedaba aún de nacionalidad polaca en las provincias polacas que disfrutan actualmente de la administración pruso–germánica.

Desgraciadamente, como lo hemos notado ya, los polacos de Posnania, lo mismo que los polacos de Galitzia, ligaron más estrechamente que nunca su causa nacional a la cuestión de la hegemonía del poder espiritual del Papa. Los jesuitas, los ultramontanos, las órdenes monásticas y los obispos se hicieron sus abogados. Los polacos no tendrán mucho que regocijarse de tal alianza y de tal amistad, como no se han regocijado en el siglo XVII. Pero eso no es asunto nuestro, sino suyo, de los polacos.

Hemos recordado todo esto para mostrar sólo que los polacos no tienen enemigo más peligroso y más terrible que el príncipe de Bismarck. Se diría que el objetivo de su vida era hacer tabla rasa de todos los polacos. Y, sin embargo, eso no le impedirá apelar a los polacos para la rebelión contra Rusia cuando los intereses de Alemania lo exijan. Y a pesar del odio que los polacos alientan contra él y Prusia, por no hablar de toda Alemania, odio que los polacos no quisieron confesárselo, aunque en el fondo de su corazón vive, lo mismo que en el de los otros pueblos eslavos, el mismo odio histórico contra los alemanes; a pesar del hecho que no olvidarán jamás las injurias sangrientas que han debido soportar de parte de los alemanes prusianos, los polacos se sublevarán, sin embargo, al llamado de Bismarck.

En Alemania, así como en Prusia, existe desde hace tiempo un partido político numeroso y serio; existen más bien tres: el partido progresista liberal, el partido democrático puro y el partido socialdemócrata, que constituyen, entre los tres, la mayoría absoluta en los Parlamentos alemán y prusiano, y aun más decisiva en la sociedad; esos partidos, previendo y en parte deseando, y aun provocando, la guerra de Alemania contra Rusia, comprendieron que la rebelión y el restablecimiento de —Polonia *en ciertos límites* serían una condición indispensable de esa guerra.

No es preciso decir que ni el príncipe de Bismarck ni ninguno de esos partidos habrían consentido nunca en vender a Polonia todas las provincias que Prusia le había quitado. Sin hablar de Konigsberg, no le habrían jamás devuelto ni el menor trozo de la Prusia occidental. Aun en el ducado de Posnania, conservarán para ellos una parte considerable bajo el pretexto que está completamente germanizada y no dejarán a los polacos más que muy poco de toda la parte de Polonia que ha caído en manos de Prusia. Al contrario, les darán toda la Galitzia, con Lemberg y Cracovia, visto que toda esa parte pertenece a Austria, y les darán con más celeridad aún las tierras en el fondo de Rusia que no tendrán fuerza para acaparar y conservar. Al mismo tiempo propondrán a los polacos el dinero necesario bajo forma de empréstito polaco garantizado por Alemania, armas y el apoyo militar. ¿Quién puede dudar por un momento que no sólo los polacos consentirán, sino que se aferrarán con alegría a la proposición alemana? Su situación es desesperada en tal grado que habrían aceptado toda proposición, aunque fuera cien veces peor.

Todo un siglo ha transcurrido desde el reparto de Polonia y no pasó un año durante todo ese período que no haya visto manar sangre mártir de los patriotas polacos. Cien años de lucha ininterrumpida, de rebeliones desesperadas. ¿Existe otro pueblo que pueda vanagloriarse de tal bravura?

¿Qué no intentaron los polacos? Conspiraciones de los nobles, complots burgueses, bandas armadas, rebeliones populares, todos los engaños diplomáticos, en fin, la ayuda misma de la Iglesia. Lo han ensayado todo y se han aferrado a todo, pero todo se ha quebrantado, todo ha traicionado. ¿Cómo se rehusarán cuando Alemania misma, su enemigo más peligroso, les proponga su ayuda en ciertas condiciones?

Se encontrarán eslavófilos, sin duda, que los acusarán de traición. ¿Traición de qué? ¿De la alianza eslava, de la causa eslava? Pero ¿dónde se ha manifestado esa alianza, en qué consiste esa causa? ¿No se ha manifestado quizás en el viaje de los señores Palatzky y Rieger a Moscú, a la Exposición Paneslavista y para arrodillarse ante el zar? ¿De qué modo y cuándo, por –qué obra han expresado los eslavos, en tanto que eslavos, su simpatía fraternal hacia los polacos? ¿Sería por esos mismos señores Palatzky y Rieger y todo su numeroso cortejo eslavo del oeste y del sur que se abrazaron en Varsovia con los generales rusos que apenas habían tenido tiempo de lavarse de la sangre polaca y que bebieron a la gloria de la fraternidad eslava y a la salud del zar–verdugo?

Los polacos son mártires y héroes; tienen un pasado de gloria; mientras que los eslavos son niños y toda su importancia está en el porvenir. El mundo eslavo, la cuestión eslava, eso no es un hecho, es una esperanza, y una esperanza que no podría realizarse más que por medio de la revolución social; y hacia esa revolución no se mostró hasta aquí más que un débil deseo de parte de los polacos, no hablando ciertamente más que de los patriotas, pertenecientes sobre todo a la clase intelectual y, generalmente, a la nobleza.

¿Qué puede haber, pues, de común entre el mundo eslavo aún inexistente y el mundo patriótico polaco más o menos acabado? Y en efecto, a excepción de un puñado de individuos que tratan de crear una cuestión eslava en el espíritu polaco y en la tierra polaca, los polacos en general no se ocupan de ningún modo en esas cuestiones; se entienden mejor con los magyares y se sienten más próximos a ellos; tienen ciertos puntos de semejanza con ellos y muchos recuerdos históricos en común; lo que les separa sobre todo, y de un modo categórico de los eslavos occidentales y meridionales, es la simpatía de esos pueblos hacia Rusia, es decir, hacia aquel de los enemigos que odian menos que a los demás.

En Polonia y en el seno de la emigración polaca, como en todos los países por otra parte, una vida política se divide algunas veces en muchos partidos políticos. Estaba el partido aristocrático, clerical y monárquico—constitucional; estaba el partido de la dictadura militar; el partido de los republicanos moderados, admiradores de los Estados Unidos; el partido de los republicanos rojos, de imitación francesa; por fin, el partido no muy numeroso de los demócratas sociales, sin hablar de los partidos místicos sectarios o más bien eclesiásticos. Pero no había, en suma, más que profundizar un poco en cada uno para convencerse de que todos tienen la misma base; la aspiración apasionada, en todos, hacia el restablecimiento del Estado polaco en las fronteras de 1772. Aparte de las contradicciones mutuas que se manifestaban a causa de las luchas intestinas entre los jefes de los partidos, la diferencia principal entre ellos consistía en que cada uno de esos partidos estaba seguro que el fin común –el restablecimiento de la antigua Polonia– no puede ser alcanzado más que tomando el camino especialmente recomendado por él.

Se podría decir que antes de 1850 la gran mayoría de la emigración polaca era revolucionaria precisamente porque la mayoría creía que el restablecimiento de la Polonia independiente resultará inevitable del triunfo de la revolución de Europa. Y bien, se puede decir que en 1848 no hubo un solo movimiento en toda Europa en donde no participasen y donde con frecuencia no dirigiesen los polacos. Nos recordamos la sorpresa de un alemán sajón al respecto: en todas partes donde hay desórdenes se encuentran inevitablemente polacos.

En 1850, a consecuencia de la derrota general, esa fe en la revolución se debilitó; la estrella napoleónica comenzó a brillar y buen número de emigrantes polacos, la gran mayoría entre ellos, se hicieron bonapartistas frenéticos y feroces. ¡Oh dios!, ¡qué no esperaban de la ayuda de Napoleón III! Ni su traición infame y manifiesta de 1862–63 pudo matar en ellos esa esperanza. No desapareció más que con Sedan.

Después de esa catástrofe no quedó a la esperanza polaca más que un solo refugio, el de los jesuitas y ultramontanos.

Los patriotas polacos de Austria, la mayoría de los patriotas polacos en general, se arrojaron sobre Galitzia, se arrojaron con desesperación. Pero figuraos que Bismarck, su enemigo encarnizado, obligado por la situación de Alemania, los llama a levantarse contra Rusia; les hará entrever una esperanza lejana; más aún, les dará dinero, armas y el apoyo militar ¿Podrán rehusar esas ofertas?

Es verdad que a cambio de ese apoyo se les exigirá la abdición formal de la mayor parte de las antiguas tierras polacas que se encuentran actualmente en manos de Prusia. Eso será muy doloroso para ellos, pero obligados por las circunstancias y en la esperanza de una victoria segura sobre Rusia, consolados, en fin, por la idea que, siempre que Polonia sea restablecida, podrán volver a conquistarlo todo, se sublevarán todos y, desde su punto de vista, tendrán mil veces razón.

Es verdad que una Polonia restablecida con ayuda de los ejércitos alemanes, bajo la protección del príncipe de Bismarck, será una curiosa Polonia. Pero más vale una Polonia singular que ninguna Polonia; y después de todo, se dirán ciertamente los polacos, se podrá libertarse también de la protección del príncipe de Bismarck.

En una palabra, los polacos consentirán en todo y Polonia se rebelará, Lituania se sublevará y después de algún tiempo la Rusia Blanca se sublevará. Los patriotas polacos, hay que decirlo, son malos socialistas y no se ocuparán, ciertamente, entre ellos, en su país, de propaganda socialista revolucionaria, y, aunque quisieran, su protector, el príncipe de Bismark, no se lo permitiría: están demasiado cerca de Alemania, ¡tal propaganda podría infiltrarse en la Polonia prusiana! Pero lo que no será posible hacer en Polonia se hará en Rusia y contra Rusia. Para los alemanes, como para los polacos, sería de gran utilidad si se pudiese promover en Rusia una rebelión campesina, realizarla no sería verdaderamente muy difícil. Recordaos la masa de polacos y de alemanes diseminados por toda Rusia; la gran mayoría, si no todos, serán aliados naturales de Bismarck y de los polacos. Figuraos la situación siguiente: nuestros ejércitos, derrotados por completo, huyen en desorden; en el norte los alemanes los persiguen en dirección a San Petersburgo; los polacos avanzan por el oeste y por el sur hacia Simolensk y la Pequeña Rusia y, simultáneamente, la rebelión triunfal de los campesinos de Rusia y de la Pequeña Rusia, incitada por la propaganda exterior e interior.

He ahí por qué se podrá decir con seguridad que ningún gobierno, que ningún zar, al menos que esté loco, levantará la bandera paneslavista ni declarará jamás la guerra a Alemania.

Habiendo primeramente vencido a Austria y luego a Francia, el nuevo y gran imperio germánico rebajará irremisiblemente al grado de potencias secundarias y dependientes de él, no sólo a esos dos Estados, sino también, más tarde, a nuestro imperio panruso que habrá sido separado de Europa para siempre. Hablamos, se entiende, del imperio y no del pueblo ruso que, cuando sea preciso, hallará y se abrirá su camino.

En cuanto al imperio panruso, las puertas de Europa le están cerradas para siempre; las llaves de esas puertas son guardadas por Bismarck, que por nada del mundo las dará al príncipe Gortchakof.

Pero si las puertas del noroeste le están cerradas para siempre, ¿no quedarán abiertas, y por lo mismo más segura y ampliamente, las del sur y del sureste: Bukhara, Persia y Afganistán, hasta la India oriental y, en fin, el objetivo final de todos los designios y de todas las aspiraciones, Constantinopla? Desde hace mucho tiempo los políticos rusos, los partidarios celosos de la grandeza y de la gloria de nuestro imperio querido, examinan la cuestión de la transferencia de la capital del norte al sur, de los bordes austeros e inhospitalarios del mar Báltico a los bordes siempre floridos del mar Negro y del Mediterráneo; en otras palabras, de Petersburgo a Constantinopla.

Existen, es verdad, algunos patriotas insaciables que quisieran conservar Petersburgo y el predominio en el mar Báltico, y al mismo tiempo adueñarse de Constantinopla. Pero ese deseo está tan lejano de la realización que ellos mismos, no obstante su buena fe en la omnipotencia del imperio panruso, comienzan a renunciar a la esperanza de verla realizada; además, acaba de producirse un acontecimiento que ha debido abrirles los ojos: la anexión de Holstein, Schleswig y Hannover al reino de Prusia convertido de ese modo en una potencia marítima del norte.

Es un axioma universalmente conocido que ningún Estado puede entrar en el rango de potencia de primer orden si no tiene vastas fronteras marítimas que le garanticen la comunicación directa con el resto del mundo y le permitan participar directamente en el movimiento mundial material tanto como social, político y moral. Esta verdad es tan evidente que no hay necesidad de demostrarla. Supongamos un Estado fuerte, de educación superior y de los más dichosos –en el sentido en que es posible hablar de la dicha general en el Estado– e imaginemos que algunas circunstancias lo aíslen del resto del mundo. Podéis estar seguros que después de cincuenta años a lo sumo –el espacio de dos generaciones– todo será estancamiento: la fuerza se debilitará, el estado cultural caerá al nivel de la imbecilidad; en cuanto a la dicha, exhalará el olor de un queso de Limburg.

Echad una ojeada sobre China; era de gran intelectualidad, instruida y, probablemente, feliz a su modo: ¿por qué se ha vuelto como marchitada, cuando el menor esfuerzo de las potencias marítimas europeas basta para subordinarla a su inteligencia y, si no a su dominación, al menos a su voluntad?

Es porque durante esos siglos ha quedado estancada; y ha quedado así porque en esos siglos, gracias en parte a sus instituciones interiores y en parte al curso de la vida del mundo que se desenvolvió a una distancia lejana, no ha podido desflorarla.

Muchas condiciones hacen que un pueblo atrincherado en un Estado pueda participar en el movimiento universal; a éstas pertenecen la inteligencia natural y la energía innata, la instrucción, la capacidad para el trabajo productivo y la libertad interior más vasta, más bien imposible, diríamos, para las grandes masas del Estado. Pero a estas condiciones hay que agregar también la de la navegación marítima, del comercio marítimo, porque las comunicaciones marítimas por su velocidad y también por su libertad en el sentido que los mares no están apropiados por nadie, superan a todos los otros medios más conocidos, sin exceptuar el ferrocarril. La aeronáutica, tal vez, se volverá un día aún más cómoda bajo todos los aspectos y será tanto más importante cuanto que nivelará el desenvolvimiento de la vida en todos los países. Hasta aquí, sin embargo, no se puede hablar seriamente de ella y la navegación marítima permanecerá como el medio principal del progreso de los pueblos.

Llegará el tiempo en que no habrá ya Estado –todos los esfuerzos del partido social revolucionario de Europa tienden hacia su destrucción–; llegará el tiempo en que sobre las ruinas de los Estados políticos se fundará, en plena libertad y por la organización de abajo a arriba, la unión fraternal libre de las federaciones, abarcando sin ninguna distinción, como libres, los hombres de todas las lenguas y de todas las nacionalidades: entonces la ruta hacia el mar estará generalmente abierta para todos; para los habitantes costeños directamente, y para los que viven a distancia del mar por medio de los ferrocarriles, emancipados completamente de la tutela de Estado, de todo impuesto, de toda concesión, de todas las limitaciones, obstáculos, prohibiciones, permisos o aplicaciones. Incluso los habitantes costeños tendrán entonces un gran número de ventajas naturales no sólo de orden material, sino también intelectuales y morales. El contacto directo con el mercado marítimo y con el movimiento universal de la vida en general desarrolla en un grado extraordinario, y nivela todo lo que queráis, las relaciones; los habitantes del interior del país, privados de esas ventajas, vivirán y se desarrollarán más indolentemente y más lentamente que los ribereños.

He ahí por qué la navegación aérea tiene tal importancia. El aire atmosférico es un océano que se infiltra por todas partes, sus riberas están en todas partes de manera que, respecto de él, todos los hombres, aun los que viven en las comarcas más alejadas son sin excepción habitantes ribereños. Pero en tanto que la navegación aérea no reemplace a la navegación marítima, los habitantes ribereños serán, bajo todos los aspectos, los iniciadores y compondrán la aristocracia de la humanidad.

La historia entera, y principalmente la mayor parte del progreso en historia, es debida a los pueblos ribereños. El primer pueblo creador de la civilización son los griegos: y bien, Grecia entera puede ser considerada como ribera. La antigua Roma se ha convertido en un Estado poderoso y mundial desde el día en que se ha vuelto un Estado marítimo. Y en la historia moderna, ¿a quién debemos la resurrección de las libertades políticas, de la vida social, del comercio, de las artes, de la ciencia, del pensamiento libre, en una palabra, de la regeneración de la humanidad? A Italia, que, lo mismo que Grecia, está casi enteramente rodeada de costas. ¿Quién ha heredado después de Italia el puesto de vanguardia del movimiento universal? Holanda, Inglaterra, Francia y, por fin, América del Norte.

Examinemos, al contrario, Alemania. ¿Por qué, a pesar de las cualidades indudables de que están dotados sus pueblos, así como la asiduidad extraordinaria en el trabajo, las capacidades de reflexión, el espíritu científico, el sentimiento estético que dio nacimiento a grandes artistas, pintores y poetas, y un trascendentalismo profundo que dio filósofos no menos famosos, por qué, preguntamos, quedó Alemania tan lejos de Francia y de Inglaterra bajo todos los aspectos, con excepción de uno solo, en el que las superó a todas, el desenvolvimiento del orden estatista burocrático, policial y militar, y por qué, desde el punto de vista comercial, se encuentra hoy aún por debajo –de Holanda y desde el punto de vista industrial por debajo de Bélgica?

Se nos dirá que es porque no disfrutó nunca de libertad, que no tuvo nunca amor a la libertad o deseo de libertad. Eso sería justo en cierto grado, pero no es la única razón. Una razón, tan importante, es la ausencia de un gran litoral. En el siglo aún, en la época del florecimiento de la Hansa, Alemania no carecía de litoral, al menos en el oeste. Holanda y Bélgica le pertenecían aún y fue durante ese siglo cuando el comercio de Alemania prometió un desenvolvimiento bastante amplio. Pero ya en el siglo XIV las ciudades de los Países Bajos, impulsadas por su espíritu emprendedor y audaz y por su amor a la libertad, comenzaron visiblemente a separarse de Alemania y a huirle. Esa separación fue definitivamente consumada en el siglo XVI y el gran imperio, sucesor inepto del imperio romano, se convirtió en un Estado casi completamente terrestre. No le quedó más que una pequeña ventana estrecha entre Holanda y Dinamarca, que está lejos de ser suficiente para que un país tan grande pueda respirar libremente. Es como consecuencia de ese estado de cosas que Alemania se volvió somnolienta y llegó a parecerse de cerca a la inmovilidad de China.

Desde esa época el movimiento político de *vanguardia* de Alemania para la fundación de un nuevo Estado poderoso se concentró en el pequeño electorado brandemburgués. Y en efecto, los electores de Brandenburg, que aspiraban sin cesar a adueñarse del litoral del mar Báltico, han prestado un servido considerable a Alemania, crearon, por decirlo así, las condiciones de su grandeza presente, se hicieron dueños primero de Konigsberg y después, en la época del primer reparto de Polonia, se apoderaron de Dantzig. No fue, sin embargo, bastante; era preciso obtener Kiel y, en general, todo el Schleswig y Holstein.

Esas nuevas conquistas fueron obtenidas por Prusia con los aplausos de toda Alemania. Todos fuimos testigos de la pasión con que los alemanes −de todos los Estados separados, de los del norte, del sur, del oeste y del este, de los Estados centrales−, siguieron desde 1848 el desarrollo de la cuestión Schleswig−Holstein; y se engañaron mucho los que explicaban esa pasión en el sentido del interés por los sufrimientos de sus hermanos −alemanes que eran sofocados, se hacía creer, bajo el despotismo danés. El interés era muy diferente: era el interés de Estado, el interés pangermánico para la conquista de fronteras navales y de comunicaciones marítimas, en una palabra, el interés de la creación de una poderosa flota alemana.

La cuestión de una flota alemana había sido promovida ya en 1840 y 1841, y nos recordamos con qué entusiasmo fue recibida por toda Alemania la oda de Herwegh *La flota alemana.*

Debemos repetirlo aún otra vez, los alemanes son un pueblo eminentemente estatista; ese estatismo predomina en ellos sobre todas las demás pasiones y sofoca absolutamente en ellos el instinto de la libertad. Y es ese estatismo el que, en la hora actual, constituye su grandeza específica; sirve y servirá aún por un cierto tiempo de sostén abnegado y directo para todos los planes ambiciosos del soberano de Berlín. En él se apoya con una mano de hierro el príncipe de Bismarck.

Los alemanes son un pueblo instruido y saben bien que sin fronteras marítimas bien establecidas no se puede hablar de un Estado poderoso. Y es por esa razón que declaran todavía hoy contra toda verdad histórica, etnográfica y geográfica, que

Trieste era, es y será una ciudad alemana, que el Danubio entero es alemán. Hacen todo lo que pueden por acercarse al mar. Y si la revolución social no los detiene, se puede estar seguro de que, antes de veinte, de diez o de menos años –los acontecimientos se suceden hoy tan rápidos unos tras otros–, que en corto espacio de tiempo conquistarán toda la Dinamarca *alemana,* toda la Holanda *alemana,* toda la Bélgica *alemana.* Todo eso se encuentra, por decirlo así, en la lógica natural de su situación política y de sus aspiraciones instintivas.

Una de las etapas ha sido atravesada ya en esa ruta.

Prusia, actualmente encarnación, cerebro y al mismo tiempo brazo de Alemania, se ha fortificado sólidamente en el mar Báltico y simultáneamente en el mar del Norte. La independencia de Bremen, Hamburg, Lübeck, Mecklenburg y Oldenburg es una comedia inocente e insignificante. Todo eso, junto con Holstein, Schleswig y Hannover forma parte de Prusia, y Prusia, enriquecida con el dinero francés, construye dos flotas poderosas: una en el Báltico, otra en el mar del Norte; y gracias al canal de navegación que está en tren de –abrirse para unir los dos mares, esas dos flotas no formarán pronto más que una sola. Y no pasarán muchos años sin que las flotas danesa y sueca se vuelvan más poderosas que la flota rusa en el Báltico. Y entonces el predominio ruso en el mar Báltico desaparecerá... ¡en el mar Báltico! ¡Adiós Riga, adiós Reval, adiós Finlandia y adiós Petersburgo junto con su Kronstadt inaccesible!

Todo esto parecerá una chochez para todos los patriotas chauvinistas habituados a exagerar las fuerzas panrusas, una fábula desagradable; y sin embargo no es más que la conclusión absolutamente exacta de los hechos ya realizados, basada en una evaluación legítima del carácter y de las capacidades de los alemanes y de los rusos, sin mencionar los medios financieros, el número relativo de funcionarios de toda categoría, honestos, abnegados e inteligentes y sin mencionar siquiera la ciencia que da un predominio decisivo a todas las empresas alemanas sobre las rusas.

El servicio gubernamental alemán da resultados feos, desagradables, horribles, pero, al menos, positivos y serios.

El servicio gubernamental ruso da resultados igualmente desagradables y feos y que asumen, con frecuencia, una forma más salvaje aún, y a pesar de eso vacíos e insignificantes.

Tomemos un ejemplo: supongamos que en un momento dado los gobiernos de Alemania y de Rusia asignan una misma suma, digamos un millón, para llevar a cabo una empresa cualquiera, supongamos la construcción de un nuevo navío. ¿Qué diréis: se robará en Alemania? Tal vez un centenar de miles, pongamos que se sustraen doscientos mil; pero los ochocientos mil que quedan se destinarán al trabajo realizado que se hará con una puntualidad y un talento que distinguen a los alemanes. ¿Cómo ocurrirá en Rusia? Primeramente la mitad de la suma será sustraída, una cuarta parte desaparecerá debido a la negligencia y a la ignorancia, de manera que habrá que contentarse si con la cuarta parte que queda se hace algún batiburrillo que servirá tal vez para ser expuesto, pero de ningún modo para ser empleado.

¿Cómo sería capaz, pues, la flota rusa de resistir a la flota alemana, o cómo las fortificaciones rusas, como las de Kronstadt, han de sostener el fuego de los cañones alemanes que pueden lanzar obuses no sólo de hierro, sino también de oro?

¡Adiós el predominio sobre el Báltico! ¡Adiós toda la importancia política y la fuerza de la capital del norte, elevadas por Pedro sobre pantanos finlandeses! Si nuestro venerable gran canciller, el príncipe Gortchakof, no ha perdido por completo su brújula, habría debido decirse todo eso en los días que la Prusia aliada saqueaba impunemente. Se habría debido comprender que desde el día en que Prusia, apoyándose actualmente en toda Alemania y formando en una unidad indisoluble con esta última una potencia continental excesivamente fuerte, en una palabra, que desde que el nuevo imperio germánico, creado bajo la égida del cetro prusiano, ocupó en el mar Báltico su posición actual y amenazantes para todas las otras potencias bálticas, habría acabado la dominación de la Rusia petersburguesa sobre ese mar, que la gran creación política de Pedro el Grande sería destruida y con ella la potencia misma del Estado panruso se derrumbaría en el caso que, como compensación por la pérdida de la gran ruta marítima del norte, no se le abriese una nueva ruta en el sur.

Está claro que son los alemanes los que van ahora a dominar el Báltico. Es verdad que la entrada en ese mar se encuentra aún en manos de Dinamarca. Pero ¿no se ve ya que ese pobre Estado no tendrá pronto otra elección que la de convertirse en primer lugar en un Estado libremente federado para ser pronto totalmente *devorado* por la centralización del Estado pangermánico? Eso significaría que en un corto lapso de tiempo el mar Báltico se transformaría en un mar exclusivamente alemán, y que Petersburgo deberá perder todo valor político.

El príncipe Gortchakof habría debido saberlo cuando consintió en el reparto del reino danés y en la anexión a Prusia del Schleswig y de Holstein. Y por la fuerza misma de los acontecimientos somos llevados al dilema siguiente: o bien ha traicionado a Rusia o bien se aseguró, en cambio del sacrificio de la dominación del Estado panruso en el noroeste, un compromiso formal del príncipe de Bismarck de ayudar a Rusia a conquistar un nuevo poder en el sureste.

Para nosotros la existencia de tal acuerdo, la existencia de una alianza defensiva y ofensiva concluida entre Rusia y Prusia casi inmediatamente después de la paz de París o, al menos, durante la insurrección polaca de 1863, cuando casi todas las potencias europeas, a excepción de Prusia, arrastradas por el ejemplo de Francia y de Inglaterra, protestaron altamente y oficialmente contra el barbarismo ruso, para nosotros, decimos, un acuerdo formal y obligatorio para ambos firmatarios entre Prusia y Rusia está fuera de toda duda; sólo la existencia de tal alianza puede explicar la seguridad plácida y, se podría decir, despreocupada con que Bismarck comenzó la guerra contra Austria y contra una gran parte de Alemania, con el peligro de una intervención francesa, y más que eso, una guerra de las más determinadas contra Francia. La menor manifestación hostil de parte de Rusia, como el movimiento de los ejércitos rusos hacia la frontera prusiana, habría sido suficiente para detener, en una y otra guerra, sobre todo en la segunda, la marcha del ejército conquistador de Prusia. Recordemos que al fin de la primera guerra toda Alemania, sobre todo su parte septentrional, estaba absolutamente desprovista de tropas, que la no intervención de Austria en favor de Francia no tenía otra razón que la de notificar a Rusia que si Austria ponía su ejército en movimiento, enviaría sus tropas contra ella, y que Italia e Inglaterra no han intervenido más que porque Rusia no lo quiso. Si no se hubiera declarado una aliada tan firme del emperador prusogermánico, los alemanes no había tomado nunca París.

Bismarck, sin embargo, estaba aparentemente seguro de que Rusia no lo traicionaría. ¿En qué podía estar basada esa certidumbre? ¿Sería en los lazos de familia y en la amistad personal de los dos emperadores? Pero Bismarck es un hombre demasiado inteligente y demasiado práctico para tener en cuenta sentimientos en política. Supongamos también que nuestro emperador, dotado, como se sabe, de un corazón sensitivo y de una facilidad extraordinaria para verter lágrimas, haya podido ser impulsado por sentimientos semejantes; pero entonces el gobierno de que está rodeado, la corte, el heredero que parece que odia a los alemanes y en fin nuestro patriota de Estado venerado, el príncipe Gortchakof, todos juntos, la opinión pública y la fuerza de las cosas le habrían recordado siempre que el Estado es guiado por los intereses y no por los sentimientos.

Bismarck no pudo por tanto ser guiado por la identidad de los intereses rusos y prusianos. Tal identidad no existe y no podría existir; no se encuentra más que en una sola cuestión, en la cuestión polaca. Pero esa cuestión está ya resuelta desde hace mucho tiempo; en todas las otras relaciones nada puede ser tan hostil a los intereses del Estado panruso como la formación, a su lado, de un grande y poderoso imperio pangermánico. La existencia de dos grandes imperios, uno al lado del otro, entraña la guerra, que no puede terminar de otro modo que por la destrucción de uno o de otro.

Esa guerra, lo repetimos, es inevitable, pero puede ser alejada si los dos imperios reconocen que están aún insuficientemente afirmados en sus países respectivos y que no están todavía bastante ensanchados para hacerse una guerra decisiva, una guerra a vida o muerte. Entonces, aunque odiándose mutuamente, continuarán prestándose ayuda y apoyo, cambiando servicios entre ellos, mientras que cada uno espera hacer el mejor uso de esa alianza involuntaria y ganar más fuerzas y medios para la lucha futura inevitable: tal es, en suma, la situación recíproca de Rusia y de la Alemania prusiana.

El imperio germánico está lejos de haberse afirmado dentro y fuera de sus fronteras. En el interior representa una unión extraña de un número de Estados independientes —pequeños y medianos— condenados, es verdad, a ser destruidos, pero que existen aún y tratan de salvar a todo precio los restos de su independencia declinante. En el exterior es Austria humillada, pero no definitivamente abatida, la que se eriza contra el nuevo imperio lo mismo que la Francia vencida, pero, por esa razón, inconciliable. Además, el nuevo imperio germánico está lejos de haber redondeado suficientemente sus fronteras. Obedeciendo a una necesidad interior propia de los Estados militares, prepara nuevas conquistas y nuevas guerras. Habiéndose fijado como fin el restablecimiento del imperio de la Edad Media en sus fronteras primitivas –y hacia ese fin lo conduce infaliblemente el patriotismo pangermánico– que obsesiona a toda la sociedad alemana, piensa en la anexión de toda Austria, de parte de Hungría, sin exceptuar ciertamente Trieste, sin excluir Bohemia, toda la Suiza alemana, una parte de Bélgica, toda Holanda y Dinamarca, necesarias para el establecimiento de su poder naval. He ahí planes gigantescos cuya realización levantará contra él una parte considerable de la Europa occidental y meridional y que por consiguiente serían absolutamente imposibles sin el asentimiento de Rusia. Se deduce, pues, que una alianza rusa es indispensable para el nuevo imperio germánico.

Por su parte, el imperio panruso no puede pasarse sin una alianza pruso–germánica. Habiendo renunciado a nuevas anexiones y expansiones en el noroeste, debe volverse hacia el sureste. Habiendo cedido a Prusia la hegemonía sobre el Báltico, deberá conquistar y asegurar su potencia en el mar Negro, de otro modo sería separado de Europa. Pero a fin de hacer efectivo y útil su potencia sobre el mar Negro, deberá apoderarse de Constantinopla sin la cual no sólo puede serle impedido su desembocadura en el Mediterráneo, sino también la entrada en el mar Negro quedaría abierta siempre a las flotas y ejércitos enemigos, como fue el caso de la campaña de Crimea.

Así, pues, el único objetivo a que aspira más que nunca la política anexionista de nuestro gobierno, es Constantinopla. La realización de ese objetivo está en oposición directa con los intereses de toda la Europa meridional, sin exceptuar Francia; le son opuestos los intereses ingleses, así como los de Alemania, pues la dominación sin límites de Rusia en el mar Negro pone todo el litoral del Danubio bajo la dependencia directa de Rusia.

Y a despecho de todo eso no hay duda que Prusia, obligada a apoyarse en la alianza rusa para ejecutar sus planes anexionistas en el oeste, ha prometido formalmente su apoyo a Rusia en su política del suroeste; no se puede dudar tampoco que aprovechará la primera ocasión para traicionar su promesa.

No se debe contar con una violación del tratado desde el comienzo de su ejecución. Hemos visto qué apoyo ardiente ha prestado el imperio pruso—germánico al imperio panruso en la cuestión de la abolición de las condiciones del tratado de París vejatorias para Rusia y no hay ninguna duda que continuará apoyándolo con tanto ardor en la cuestión de Khiva. Además, es ventajoso para los alemanes que los rusos se vayan todo lo lejos posible hacia el este.

Pero ¿cuál ha sido la razón que obligó al gobierno ruso a emprender una expedición contra Khiva? ¡No hay que suponer que la haya emprendido en defensa de los intereses de los comerciantes rusos y del comercio ruso! Si fuera ésa la razón se habría podido preguntar entonces: ¿por qué no emprendió expediciones semejantes en el interior mismo de Rusia, contra sí misma, como, por ejemplo, contra el gobernador general de Moscú y contra todos los gobernadores y todos los prefectos que molestan y roban, como se sabe, del modo más desvergonzado y por todos los medios posibles al comercio ruso y a los comerciantes rusos?

¿De qué utilidad puede ser, pues, para nuestro gobierno la anexión de un desierto arenoso? Ciertamente responderán, tal vez, que nuestro gobierno ha emprendido esa expedición a fin de ejecutar la noble misión de Rusia de introducir en Oriente la civilización occidental. Pero tal explicación no serviría más que para discursos académicos u oficiales o para libros, folletos o periódicos de doctrina que están siempre llenos de fruslerías elevadas y que dicen siempre lo contrario de lo que se hace y de lo que existe, esta explicación no puede, de ningún modo, satisfacernos. ¡Figuraos al gobierno petersburgués guiado en sus empresas y en sus actos por la conciencia de la misión civilizadora de Rusia! Para el que conoce más o menos el carácter y los motivos de nuestros gobernantes tal suposición es más que suficiente para hacer morir de risa.

No hablemos tampoco de la inauguración de nuevas vías comerciales hacia la India. La política comercial es la política de Inglaterra; Rusia no tuvo nunca una.

El Estado ruso es, sobre todo, podría decirse, exclusivamente, un Estado militar. Todo está subordinado en él al interés único de la potencia de un poder opresivo. El soberano, el Estado; he ahí lo principal; todo lo demás, el pueblo, incluso los intereses de casta, la prosperidad de la industria, del comercio y de lo que se ha habituado a llamar civilización, no son más que medios para alcanzar ese objetivo único. Sin un cierto grado de civilización, sin la industria y sin el comercio ningún Estado, y sobre todo ningún Estado moderno puede existir, porque las llamadas riquezas nacionales están lejos de ser las del pueblo, mientras que las riquezas de las clases privilegiadas constituyen una fuerza. Todo eso está absorbido en Rusia por el Estado que, a su vez, se convierte en alimentador de una enorme clase del Estado, de las clase militar, civil y eclesiástica. El robo habitual al fisco, la sustracción de los fondos públicos y el saqueo del pueblo son la expresión más exacta de la civilización estatista rusa.

No hay, pues, nada de asombroso en el hecho que entre otras y más importantes razones que impulsaron al gobierno ruso a emprender la expedición contra Khiva, se encontrasen también las llamadas razones comerciales; era preciso abrir para el mundo de funcionarios siempre creciente y al cual adjuntamos también a nuestros comerciantes, un nuevo terreno, darles nuevos territorios que robar. Pero no hay que esperar de esta parte un acrecentamiento considerable de las riquezas y de la fuerza para el Estado. Se puede estar seguro, al contrario, que desde el punto de vista financiero la empresa dará más pérdidas que beneficios.

¿Por qué se ha marchado, pues, contra Khiva? ¿Fue para dar una ocupación a las tropas? Durante decenas de años el Cáucaso sirvió de escuela militar; pero una vez pacificado ha sido preciso descubrir una nueva escuela, y entonces se inventó esa campaña de Khiva.

Pero tal explicación no resiste tampoco a la crítica, aun suponiendo que el gobierno ruso es en el más alto grado incapaz y estúpido. La experiencia ganada por nuestras tropas en el desierto de Khiva no es de ninguna manera aplicable a una guerra contra el Occidente, y por otra parte es demasiado costosa, de modo que las ventajas adquiridas están lejos de compensar las pérdidas y los gastos.

¿Pero tal vez el gobierno ruso tuvo la idea, sin burla alguna, de conquistar la India? No pecamos de fe abundante en la sabiduría de nuestros gobernantes petersburgueses, pero no podemos, sin embargo, admitir que se ocupen de un objetivo tan absurdo. ¡Conquistar la India! ¿Para quién, para qué y con qué medios? Sería preciso para ello hacer marchar al menos la cuarta parte, si no la mitad, de la población rusa hacia el Oriente; y además ¿para qué conquistar la India que no podría conseguirse más que subyugando primero la tribu guerrera y numerosa del Afganistán? Pero la conquista del Afganistán, armado y en parte dirigido por los ingleses, será tres o cuatro veces más difícil al menos que liquidar Khiva.

Si se trata de conquistar, ¿por qué no comenzar con China? La China es muy rica y bajo todos los aspectos no es más accesible que la India, porque no hay nada ni nadie entre ella y Rusia. No hay más que ir y tomarla, si se puede.

Aprovechando el revoltijo y las guerras intestinas que se convirtieron en la enfermedad crónica de China, se habría podido ampliar bastante notoriamente la invasión de ese país y, según parece, el gobierno ruso trama algo en ese sentido; se esfuerza visiblemente por separar Mongolia y Manchuria de China y tal vez un buen día nos llegue la noticia de que las tropas rusas han invadido la frontera occidental de China. Es una empresa excesivamente peligrosa que recuerda trágicamente las victorias famosas de los romanos sobre los pueblos germánicos, victorias que han culminado, como se sabe, en el saqueo y la sumisión del imperio romano por las bárbaras tribus germánicas.

China, por sí sola, cuenta, según unos cuatrocientos y según otros aproximadamente seiscientos millones de habitantes, que encuentran ya demasiado estrechas las fronteras del imperio para ellos y que comienzan a emigrar en grandes masas, unos a Australia, otros a través del océano Pacífico a California, otros, en fin, se encaminan hacia el norte y el noroeste. ¿Y entonces? Entonces Siberia, todo el territorio que se extiende desde la Mancha de Tartaria hasta las montañas del Ural y hacia el mar Caspio cesará de ser ruso.

Pensad que ese territorio enorme, con una superficie de 12.220.000 kilómetros cuadrados, que supera en más de veinte veces la de Francia (528.600 kilómetros cuadrados), no cuenta hasta aquí más que con unos seis millones de habitantes, de los cuales 2.600.000 solamente son rusos, estando todo el resto compuesto por aborígenes de origen tártaro, con un número de tropas insignificante. ¿Será posible detener la invasión de las masas chinas que no sólo inundarán la Siberia, incluso nuestras nuevas posesiones en el Asia central, sino que pasarán el Ural hasta los bordes del Volga?

Tal es el peligro que nos amenaza casi inevitablemente de parte del este. Es un error despreciar las masas chinas. Se vuelven amenazantes por la proporción misma de su número, amenazantes a causa de su crecimiento excesivo que hace casi imposible su existencia ulterior en los confines de China; amenazantes también porque no hay que juzgarlas según los comerciantes chinos con quienes los comerciantes europeos hacen negocios en Shanghai, en Cantón, en Maimatchin. Las masas del pueblo que viven en China, en provincias, están menos lisiadas por la civilización china, son incomparablemente más enérgicas y además son siempre belicosas, educadas en las costumbres guerreras debido a las guerras intestinas interminables en que perecen decenas y centenares de millares de habitantes. Es preciso notar también que en estos últimos tiempos han comenzado a practicar el empleo de armas modernas y a conocer la disciplina europea, ese florón y última palabra oficial de la civilización estatista de Europa. Agregad a esa disciplina y a esa práctica de las armas modernas el barbarismo primitivo de las masas chinas, con ausencia, en ellas, de todo espíritu de protesta humana, de todo instinto de libertad, con el hábito de la obediencia más servil —y todo eso se une actualmente bajo la influencia de una multitud de aventureros militares, americanos y europeos, que han inundado la China después de la última expedición franco—inglesa en 1860—, y tomad también en consideración la cifra inmensa de la población obligada a buscar una salida; comprenderéis entonces la inminencia del peligro que nos amenaza por la parte del este.

¡Y bien! El gobierno ruso juega con ese peligro como un niño inocente. Movido por un deseo absurdo de ensanchar sus fronteras, no puede tomar en consideración que Rusia está tan débilmente poblada, es tan pobre y tan impotente que no ha podido hasta aquí —ni podrá nunca— poblar el territorio nuevamente adquirido del Amur donde, en una extensión de 2.100.000 kilómetros (casi cuatro veces más de lo que tiene Francia) tiene en total, incluso el ejército y la flota, 65.000 habitantes. Y ante una tal importancia, ante una miseria en masa del pueblo ruso entero, reducido por la administración del país a un estado de tal modo desesperado que no le queda otra salida y otra salvación que la rebelión más destructiva, ¡es en tales condiciones que el gobierno ruso espera implantar su hegemonía sobre todo el continente asiático!

A fin de que pudiese avanzar con las menores probabilidades de éxito, no sólo debería volver las espaldas a Europa y renunciar a toda intervención en los asuntos europeos –y el príncipe de Bismarck no quisiera nada mejor en este momento– sino que debería poner en movimiento toda su fuerza armada en dirección a Siberia y el Asia Central y marchar a la conquista del Oriente como hizo Tamerlán con todo su pueblo. Pero el pueblo siguió a Tamerlán, mientras que el pueblo ruso no seguirá ciertamente al gobierno ruso.

Volvamos a la India. Por absurdo que sea, el gobierno ruso no puede alimentar ninguna esperanza de conquista en la India y fortificar en ella su nueva hegemonía. Inglaterra ha conquistado la India primeramente con sus compañías comerciales, mientras que tales compañías no existen entre nosotros, y si existen en alguna parte no es más que sobre el papel, en la forma. Inglaterra realiza su enorme explotación de la India o su comercio obligatorio con ella por mar, mediante una formidable flota comercial y de guerra, mientras que nosotros no poseemos esas flotas y en lugar del mar tenemos un desierto interminable que nos separa de la India. No puede, pues, pensarse en la conquista de la India.

Pero ya que no conquistar, podemos destruir o al menos quebrantar la dominación de Inglaterra excitando rebeliones indígenas contra esta última y dando nuestro apoyo a esas rebeliones, sosteniéndolas si la necesidad se presenta con nuestra intervención militar.

Podemos hacerlo ciertamente, aunque nos costaría, a nosotros que no somos ricos ni en dinero ni en hombres, un gasto enorme de hombres y de dinero. Pero ¿por qué sufrir todos esos gastos? ¿Sería sólo para procurarse el placer inocente de perjudicar a los ingleses sin ninguna ventaja, al contrario, en nuestro detrimento positivo? No, es porque los ingleses se nos atraviesan. ¿Dónde? En *Constantinopla*. En tanto que Inglaterra conserve su fuerza no consentirá jamás, y por nada del mundo, que Constantinopla se convierta en nuestras manos en la capital no ya del imperio panruso solamente, y ni siquiera del imperio eslavo, sino del imperio oriental.

Y es por eso que el gobierno ruso ha emprendido la expedición contra Khiva, es por eso que aspira desde hace mucho tiempo a apoderarse de la India. Busca un punto de apoyo desde el cual pudiera dar un golpe a Inglaterra y no encontrando otro, la amenaza en la India. Espera, de ese modo, preparar a los ingleses a la idea de que Constantinopla debe ser una ciudad rusa, obligarles a consentir en esa anexión más que nunca indispensable para la Rusia estatista.

Su hegemonía en el mar Báltico ha sido perdida para siempre. No es el Estado panruso, soldado por la bayoneta y por el knut, odiado por toda la masa del pueblo encerrado y encadenado en él, comenzando por el pueblo de la Gran Rusia, desmoralizado, desorganizado y arruinado por una burda arbitrariedad autóctona, por la tontería autóctona y por el banditismo autóctono; no es la fuerza armada de ese Estado existente más bien en el papel que en la realidad, y aun por los desarmados –en tanto que nos falta aún audacia– la que podrá luchar contra la potencia terrible y excelentemente organizada del imperio germánico nuevamente surgido. Es preciso, pues, renunciar al mar Báltico y esperar la hora en que todas las provincias bálticas se convertirán en una provincia alemana. Sólo una revolución del pueblo sería capaz de impedir ese proceso. Pero tal revolución significa la muerte del Estado y no es a ella a donde irá nuestro gobierno a buscar su salvación.

No le quedará otra solución que la alianza con Alemania, porque obligada a renunciar en provecho de los alemanes al mar Báltico, debe buscar en el mar Negro una nueva base para su potencia o simplemente para su existencia política y su razón de ser; pero no podría adquirirla sin el permiso y la ayuda de los alemanes.

Los alemanes han prometido esa ayuda. Sí, estamos seguros, se han comprometido, por un tratado formalmente concluido entre Bismarck y el príncipe Gortchakof a prestarla al Estado ruso; pero no lo harán nunca, y estamos también seguros de ello. No lo harán porque no pueden abandonar a Rusia su litoral danubiano y su comercio danubiano y también porque no entra en sus intereses el favorecer el establecimiento de una nueva hegemonía rusa, del gran imperio paneslavista en el sur de Europa. Sería algo semejante a un suicidio de parte del imperio pangermánico. Pero dirigir e impulsar los ejércitos rusos hacia el Asia Central, hacia Khiva con el pretexto de que es el camino más directo hacia Constantinopla, es otro asunto.

No dudamos en modo alguno que nuestro patriota de Estado y diplomático venerable, príncipe Gortchakof, y su patrón ilustre, el emperador Alejandro Nikolaevitsch, han jugado, en todo ese asunto deplorable, el papel más ridículo y que el famoso patriota alemán y pícaro de Estado, Bismarck, los ha engañado con más habilidad que engañó a Napoleón III.

Pero el asunto está liquidado y es imposible cambiarlo. El nuevo imperio germánico se ha levantado, majestuoso y temible, burlándose de sus envidiosos y de sus enemigos. No son las fuerzas podridas rusas las que podrán derribarlo; sólo una revolución realizará esa labor, y en tanto que la revolución no pueda triunfar en Rusia o en Europa, es la Alemania estatista la que triunfará y la que comandará a todos; y el Estado ruso, lo mismo que todos los Estados continentales de Europa, no existirá en lo sucesivo más que con su permiso y por su obra y gracia.

Todo esto es en verdad excesivamente ultrajante para todo corazón de patriota del Estado ruso, pero el hecho temible queda en pie; los alemanes, más que ningún otro pueblo, se han vuelto nuestros amos y no en vano todos los alemanes de Rusia han festejado tan calurosa y tan lealmente las victorias de los ejércitos alemanes en Francia y todos los alemanes de San Petersburgo han recibido tan triunfantemente a su nuevo emperador pangermánico.

Actualmente no ha quedado en todo el continente europeo más que un Estado verdaderamente independiente: Alemania.

Es así. Entre todas las potencias continentales, no hablemos, claro está, de las potencias solamente, porque no se necesita decir que las pequeñas y medianas están condenadas a una dependencia inevitable primero y, después de un cierto tiempo, a la ruina; entre todos esos Estados de primera magnitud sólo el imperio germánico representa todas las condiciones de la independencia más completa; los demás dependen de él. Y no es sólo porque ha ganado en el curso de estos últimos años victorias brillantes sobre Dinamarca, sobre Austria y sobre Francia; no sólo porque se ha hecho amo de las municiones de guerra de esta última; porque le obligó a pagarle cinco mil millones; porque por la adhesión de Alsacia y Lorena ha podido adquirir frente a ella una posición militar excelente desde el punto de vista defensivo y ofensivo; y no sólo también porque el ejército alemán, por el número, el armamento, la disciplina, la organización, la pronta ejecución y la ciencia militar no sólo de sus oficiales, sino también de sus suboficiales y soldados, sin hablar de la perfección comparativamente inegable de su estado mayor, sobrepasa, en la hora actual, absolutamente a todos los ejércitos existentes en Europa; no sólo porque la gran masa de la población ajena está compuesta de hombres que pueden leer y escribir, amantes del trabajo y productores de las riquezas, bastante instruidos, por no decir eruditos, y al mismo tiempo tranquilos, obedientes frente a las autoridades y a las leyes, y porque la administración alemana y la burocracia han realizado casi el ideal que pretenden, en vano: alcanzar la burocracia y la administración de todos los demás Estados.

Todas esas ventajas han contribuido ciertamente y contribuyen aún a los éxitos asombrosos del nuevo Estado pangermánico, pero no es entre ellos donde hay que buscar la razón principal de su fuerza aplastante actual. Se podría incluso decir que todas esas ventajas no son más que manifestaciones de la razón más general y más profunda que está en la base de toda la vida pública alemana. Esta razón es el *instinto social,* que constituye el rasgo característico del pueblo alemán. Ese instinto se descompone en dos elementos visiblemente opuestos, pero siempre inseparables: por una parte el instinto servil de la obediencia a todo precio, de la sumisión plácida y prudente a la fuerza triunfante con el pretexto de las obediencia a las llamadas autoridades legales; por otra parte, y simultáneamente, el instinto autoritario de subyugar sistemáticamente a todo el que es más débil, del comando y de la opresión sistemática. Esos dos instintos han llegado a un grado considerable de desarrollo casi en cada alemán, con excepción, naturalmente, del proletariado, cuya situación excluye la posibilidad de satisfacer el segundo instinto al menos, y no separándose nunca, sino completándose y explicándose recíprocamente, deben ser considerados como la base de la sociedad patriótica.

La historia entera de Alemania está imbuida de la obediencia clásica a las autoridades de los alemanes de todas las clases y categorías; sobre todo lo observamos en la historia moderna que representa una serie ininterrumpida de hazañas de humildad y de paciencia.

Una verdadera deificación del poder estatista se ha elaborado en el corazón alemán, una deificación que ha creado gradualmente una teoría y una práctica burocráticas que, gracias a los esfuerzos de los sabios alemanes, se convierten luego en los fundamentos de toda la ciencia política predicada hasta nuestros días en las universidades de Alemania.

La historia habla también de las aspiraciones anexionistas y opresivas de la raza alemana, comenzando por los cruzados y los barones alemanes de la Edad Media hasta el último burgués filisteo de nuestros días.

Y nadie ha experimentado en sus espaldas tan amargamente esas aspiraciones como la raza eslava. Se podría decir que toda la misión histórica de los alemanes, al menos en el norte y en el este y naturalmente, según los alemanes, consistió y parece consistir aún en el aniquilamiento, en la sumisión y la germanización violenta de las razas eslavas.

Esa larga y dolorosa historia, cuyo recuerdo está profundamente guardado en los corazones eslavos, se resentirá sin duda alguna en la última lucha inevitable de los eslavos contra los alemanes si la revolución social no les lleva antes la paz.

Para evaluar correctamente las tendencias anexionistas de toda la sociedad alemana basta echar un vistazo rápido sobre el desenvolvimiento del patriotismo alemán desde 1815.

Desde 1525, la época de la represión sanguinaria de la rebelión de los campesinos, hasta la segunda mitad del siglo XVIII, época de su renacimiento literario, Alemania ha quedado sumida en un sueño letárgico, interrumpido de tanto en tanto por los cañonazos, las escenas horribles y los sufrimientos de una guerra despiadada de que ha sido con mucha frecuencia el teatro y la víctima. Se despertó entonces con espanto, pero se volvió pronto a dormir mecida por los sermones luteranos.

Durante ese período, es decir, durante más de dos siglos y medio, se ha desarrollado definitivamente, precisamente bajo la influencia de esa propaganda, su carácter obediente y servilmente paciente en un grado heroico. Fue entonces cuando se formó y se instaló en toda la vida, en el cuerpo y en el alma de todo alemán, el sistema de la obediencia pura y simple y de la deificación de la autoridad. Al mismo tiempo se desarrolló la ciencia administrativa y pedantescamente sistematizada y la práctica burocrática inhumana y mecánica. Cada funcionario alemán se convirtió en el sacrificador del Estado, dispuesto a degollar –no con el cuchillo, sino con la pluma de la oficina– en el altar del servicio del Estado. Simultáneamente la nobleza distinguida de Alemania, incapaz para cualquier otra cosa que para las intrigas serviles y para el servicio militar, propuso su improbidad cortesana y diplomática y su espada mercenaria al mejor postor de las cortes de Europa; y el ciudadano alemán, obediente hasta la muerte, sufrió, trabajó y se consoló pensando en la inmortalidad del alma. El poder de los soberanos innumerables que se habían repartido a Alemania era ilimitado. Los profesores se abofeteaban recíprocamente y luego se denunciaban a las autoridades. Los estudiantes, que repartían su vida entre la ciencia muerta y la cerveza, eran dignos de sus maestros. En cuanto a las masas trabajadoras, nadie hablaba de ellas, nadie pensaba en ellas.

Tal era la situación en Alemania incluso durante la segunda mitad del siglo XVIII, cuando repentinamente, como por un milagro, se elevó en esa inmensa extensión de grosería y de bajeza una literatura admirable, creada por Lessing y clausurada por Goethe, Schiller, Kant, Fichte y Hegel. Se sabe que esa literatura se fundó, al principio, bajo la influencia directa de la gloriosa literatura francesa de los siglos XVII y XVIII, primeramente clásica, luego filosófica. Pero desde sus primeros pasos adquirió, en las obras de su iniciador Lessing, un carácter, un tenor y una forma absolutamente independientes que surgieron, por decirlo así, de las profundidades mismas de la vida intuitiva de Alemania.

Según nuestra opinión esa literatura forma el mérito más grande y quizás el mérito único de la Alemania contemporánea. Por su amplitud atrevida y al mismo tiempo amplia, ha dado un impulso progresivo a la inteligencia humana y abrió nuevos horizontes al pensamiento. Su mayor mérito consiste en que, quedando por una parte enteramente nacional, fue al mismo tiempo una literatura en el más alto grado humanitario, lo que por lo demás constituye en general la nota característica de toda o de casi toda la literatura europea del siglo XVIII.

Pero al mismo tiempo que la literatura francesa, por ejemplo, en las obras de Voltaire, de J. J. Rousseau, de Diderot y otros enciclopedistas aspiraba a transportar todas las cuestiones sociales del dominio de la teoría al de la práctica, la literatura alemana conservó con castidad y con severidad su carácter abstractamente teórico y sobre todo panteísta. Ésa fue la literatura del humanismo práctico y metafísico, desde cuya altura los iniciados miraban con desprecio la vida real; con un desprecio por lo demás bien merecido, pues la vida cotidiana alemana era vulgar y disgustante.

Es así como la vida alemana se repartió entre dos esferas opuestas, negándose la una a la otra, aunque completándose recíprocamente. La una de un humanismo superior y amplio pero absolutamente abstracta; la otra de una vulgaridad y de una bajeza históricamente hereditarias y lealmente serviles. Fue en ese desdoblamiento en el que sorprendió a los alemanes la revolución francesa.

Se sabe que esa revolución fue recibida con bastante aprobación y hasta con una simpatía positiva, se podría decir, por casi toda la Alemania literaria. Goethe arrugó un poco la frente y murmuró que el ruido de los acontecimientos inauditos había llegado a destiempo e interrumpió el hilo de sus ocupaciones sabias y artísticas y de sus meditaciones poéticas; pero el gran partido de los representantes o de los partidarios de la literatura moderna, de la metafísica y de la ciencia aclamaron con alegría la revolución de la que esperaban la realización de sus ideales. La francmasonería, que había desempeñado un papel muy serio a fines del siglo XVIII y que había ligado con una fraternidad invisible pero suficientemente real a los hombres del progreso de todos los países de Europa, estableció un lazo vivo entre los revolucionarios franceses y los noble pensadores de Alemania.

Cuando los ejércitos revolucionarios, después de haber resistido heroicamente a Brunswick, que fue obligado a huir vergonzosamente, pasaron por primera vez el Rhin, fueron saludados por los alemanes como liberadores.

Esta actitud simpática de los alemanes ante los franceses no duró mucho. Los soldados franceses –como compete a los franceses–, fueron naturalmente muy corteses y merecían, como republicanos, todas las simpatías; pero no por eso eran menos soldados, es decir representantes no invitados y servidores de la violencia. La presencia de tales libertadores se hizo pronto insoportable para los alemanes y sus simpatías se enfriaron considerablemente. Además, la revolución misma había tomado, más bien, un carácter tan enérgico que no podía de ningún modo ser considerada compatible con las ideas abstractas y los hábitos de meditación filistea de los alemanes. Heine cuenta que hacia el fin, el filósofo de Konigsberg, de toda Alemania, Kant, había conservado sus simpatías hacia la revolución francesa, a pesar de la matanza de septiembre, a pesar de la ejecución de Luis XVI y de María Antonieta y a pesar del terror de Robespierre.

Además, la república fue reemplazada primero por el Directorio, luego por el Consulado y por fin por el Imperio; los ejércitos republicanos se convirtieron en un instrumento ciego y largo tiempo victorioso de la ambición napoleónica, grandiosa hasta la demencia, y a fin de 1806, después de la derrota de Jena, Alemania fue definitivamente subyugada.

Su nueva vida comienza desde 1807. ¿Quién no conoce la historia maravillosa del renacimiento rápido del reino de Prusia y, por él, de toda Alemania? En 1806 toda la fuerza del Estado, creada por Federico II, por su padre y por su abuelo, fue destruida. El ejército, organizado y disciplinado por el gran mariscal fue destruido. Toda Alemania y toda Prusia, con excepción de Konigsberg, fueron sometidas por las tropas francesas y en realidad administradas por prefectos franceses; la existencia política del reino de Prusia no fue conservada más que gracias al ruego de Alejandro I, emperador de todas las Rusias.

En esa situación única se encontró un grupo de hombres, patriotas prusianos o más bien alemanes, ardientes, inteligentes, bravos, buenos, resueltos que, con la experiencia obtenida de la revolución francesa, habían concebido la idea de salvar a Prusia y a Alemania por medio de vastas reformas liberales. En otro momento, por tanto, antes de la derrota de Jena e incluso antes de 1815, cuando la reacción autocrática y burocrática se instauró de nuevo, esos hombres no se habrían atrevido a pensar en tales reformas. El partido militar y la corte les habrían sofocado y el rey Federico Guillermo III, tan virtuoso como torpe, no sabiendo limitados sus derechos ilimitados y determinados por Dios, los habría encerrado en Spandau a la primera palabra que hubieran pronunciado.

Pero la situación se volvió diferente en 1807. El partido militar burocrático y aristocrático fue destruido, confundido y envilecido en tal grado que perdió todo valor, y el rey recibió tan hermosa lección que el más tonto se habría vuelto inteligente, al menos por algún tiempo. El barón Stein se hizo primer ministro y con una mano firme comenzó a romper el antiguo orden y a introducir una nueva organización de Prusia.

Su primer acto fue la liberación de los campesinos de su estado de adquirir tierra a título de bien personal. Su segundo acto fue la abolición del privilegio de la nobleza y la nivelación de todas las clases ante la ley en los servicios civiles y militares. En tercer lugar reorganizó la administración provincial y municipal sobre las bases del principio electoral; pero su obra más importante fue la reorganización completa del ejército o más bien la transformación del pueblo prusiano entero dividido en tres categorías: el ejército activo, el Landwehr y el Sturmwehr. En último lugar el barón Stein abrió las puertas y dio asilo en las universidades de Prusia a todo lo que había de inteligente, de ardiente y de viviente en Alemania e invitó a la universidad de Berlín al célebre Fichte, que acababa de ser expulsado de Jena por el duque de Weimar, amigo y protector de Goethe, por haber predicado el ateísmo.

Fichte comenzó sus cursos por un discurso apasionado dirigido sobre todo a la juventud alemana, pero publicado más tarde bajo el título *Discurso a la nación alemana,* en el que previó claramente la grandeza política futura de Alemania y expresó su convicción patriótica de que la nación alemana está llamada a ser el supremo representante –más que eso, el gobernador y, por decirlo así, la gloria– de la humanidad; ilusión en que han caído otros pueblos también, mucho antes de los alemanes, y con más derecho, tales como los antiguos griegos, los romanos y en nuestro tiempo los franceses, pero que, habiendo arraigado profundamente en la conciencia de cada alemán, ha asumido hoy en Alemania dimensiones excesivamente deformes y groseras. En cuanto a Fichte, tenía en su caso al menos un carácter verdaderamente heroico; Fichte hizo su declaración bajo la bayoneta francesa, en un momento en que Berlín era administrado por un general napoleónico y en que, en sus calles, repercutía el tambor francés. Además, la ideología elevada por el gran filósofo al grado de orgullo patriótico respiraba realmente el humanismo, ese humanismo profundo y en parte panteísta de que está impregnada la gran literatura alemana del siglo XVIII. Pero los alemanes contemporáneos, aunque guardando las grandes pretensiones de su filosofía patriota, renunciaron a su humanismo. No lo comprendieron simplemente y estuvieron dispuestos incluso a burlarse del pensamiento del filósofo. El patriotismo de Bismarck o del señor Marx les es mucho más accesible.

Todo el mundo sabe que los alemanes se sirvieron de la derrota completa de Napoleón en Rusia, de su desgraciada retirada o más bien de su fuga con los restos de su ejército, para rebelarse a su vez; se glorifican siempre, naturalmente, de esa rebelión, absolutamente en vano. No hubo en suma ninguna rebelión popular independiente; pero cuando Napoleón, deshecho, no era ya peligroso y terrible, entonces los cuerpos de ejército alemanes, primero el cuerpo prusiano y luego el cuerpo austríaco, que se habían dirigido al principio contra Rusia, se volvieron luego contra Napoleón y se asociaron al ejército victorioso ruso que lo perseguía. El legítimo pero hasta entonces desgraciado rey de Prusia, Federico Guillermo III, abrazó en Berlín, con los ojos llenos de lágrimas de enternecimiento y de gratitud, a su libertador, el emperador de todas las Rusias, y lanzó poco después una proclama llamando a sus súbditos a la rebelión legítima contra Napoleón ilegítimo e insolente. Obediente a la voz de su rey y padre, la juventud alemana, pero en especial la prusiana, se levantó y organizó legiones que fueron incorporadas al ejército regular. El consejero privado prusiano y el famoso espía y denunciador oficial no se engañó mucho cuando, en el folleto que promovió la indignación de todos los patriotas y que fue publicado en 1815, escribió, negando toda acción independiente del pueblo en la lucha por la liberación, "que los ciudadanos prusianos no tomaron las armas más que cuando recibieron la orden del rey, y que no hubo en eso nada de heroico ni de extraordinario, que no fue más que la simple ejecución del deber de todo súbdito abnegado".

En todo caso Alemania fue libertada del yugo francés y, cuando la guerra fue terminada por fin, se dedicó a la obra de reorganización interior bajo la dirección suprema de Austria y de Prusia. Lo primero que había que hacer era mediatizar el número de los pequeños dominios que de ese modo se transformaron de Estados independientes en Estados titulares y en súbditos ricamente recompensados con el dinero a cuenta del millar de millones obtenido de los franceses.

La segunda preocupación fue establecer las relaciones recíprocas entre los soberanos y sus súbditos.

En tiempo de lucha, cuando la espada de Napoleón estaba suspendida sobre todos y cuando los soberanos, grandes y pequeños, tuvieron necesidad del apoyo fiel y abnegado de sus pueblos, éstos dieron toda suerte de promesas. El gobierno prusiano y todos los demás después de él habían prometido una constitución. Pero ahora que la desgracia había pasado, los gobiernos se persuadieron de la ineficacia de una constitución. El gobierno austríaco, dirigido por el príncipe de Metternich, declaró abiertamente su decisión de volver al antiguo orden patriarcal. Ese bravo emperador Francisco José, que gozaba de una enorme popularidad entre los burgueses vieneses, lo declaró francamente en una audiencia que había acordado a los profesores del liceo de Leibach:

"Ahora existe la moda de nuevas ideas, dijo: yo no puedo alabarla y no la alabaré nunca. Conservad las antiguas concepciones; vuestros precursores se sentían felices con ellas, ¿por qué no podríamos nosotros ser también felices con ellas? Yo no tengo necesidad más que de súbditos honrados y obedientes, pero de ningún modo de sabios. La preparación de tales súbditos, he ahí vuestro deber. El que me sirve debe enseñar lo que yo ordeno. El que no puede o no quiere hacerlo, que se vaya, porque de otro modo me desembarazaré de él...".

El emperador Francisco José ha mantenido su palabra. Una arbitrariedad sin límites reinó en Austria hasta 1848. Se prosiguió del modo más severo el sistema administrativo cuyo fin principal era amodorrar y embrutecer a los ciudadanos. El pensamiento estaba adormecido y quedó estacionario en las universidades mismas. En lugar de la ciencia viviente se enseñó una rutina de épocas pasadas. No existía ninguna literatura a excepción de las novelas de fabricación local, de contenido escandaloso, y las poesías más bien malas; las ciencias naturales estaban cincuenta años en retardo en relación con la situación contemporánea en el resto de Europa. No existía vida política alguna. La agricultura, la industria y el comercio fueron atacados de una inmovilidad china. El pueblo, las masas laboriosas se encontraban completamente esclavizadas. Y si no hubiera sido por Italia y en parte por Hungría que turbaron el sueño bienaventurado de los leales súbditos austríacos por sus agitaciones sediciosas, se habría podido tomar todo ese imperio por un enorme reino de los muertos.

Apoyándose en ese reino, Metternich dirigió todos sus esfuerzos durante esos treinta años para llevar a Europa a un estado semejante. Se convirtió en la piedra angular, en el alma, en el inspirador de la reacción europea y su principal preocupación debía ser naturalmente la destrucción de todas las tentativas liberales en Alemania.

Lo que le inquietó más fue Prusia, un Estado nuevo, joven, que no había ocupado su puesto en las filas de las grandes potencias más que a fines del siglo último gracias al genio de Federico II, gracias a Silesia que había separado de Austria y luego gracias al reparto de Polonia, gracias a la liberación valerosa del barón Stein, de Scharnhorst y de otros amigos del renacimiento de Prusia que se habían puesto por esa razón a la cabeza del movimiento de liberación de toda Alemania. Se habría dicho que todas las circunstancias, todos los acontecimientos que se han sucedido últimamente, todas las pruebas, los éxitos y las victorias y el interés mismo de Prusia debían impulsar a su gobierno a continuar derechamente su camino que le fue tan saludable. Es lo que temía justamente mucho y es lo que debía temer el príncipe Metternich.

Ya en tiempo de Federico II, cuando toda Alemania, caída en el último grado de la sumisión intelectual y moral, se hizo víctima de la administración arbitraria, grosera y cínica, de las intrigas y de las depredaciones de las cortes depravadas, Prusia pudo realizar el ideal de una administración honesta y todo lo equitativa posible. No hubo más que un solo tirano, inexorable y terrible, es verdad: la razón estatista o la lógica de la utilidad del Estado a la cual debía darse en sacrificio absolutamente todo y ante la cual todo debía inclinarse. Pero al contrario existía una arbitrariedad depravada menor que en todos los demás Estados alemanes. El súbdito prusiano era esclavo del Estado, encarnado en la persona del rey, pero no el juguete de su corte, de las dueñas y de los favoritos, como ocurría en el resto de

Alemania. Es por eso que ya entonces toda Alemania consideraba a Prusia con un respeto particular.

Ese respeto aumentó considerablemente y se transformó en verdadera simpatía después de 1807 cuando el Estado prusiano, conducido al borde de su destrucción casi completa, comenzó a buscar su salvación y la salvación de Alemania en las reformas liberales, y cuando, después de una serie de transformaciones felices, el rey de Prusia no sólo llamó a su pueblo sino a toda Alemania a la rebelión contra el conquistador francés, prometiendo, a la conclusión de la guerra, dar a sus súbditos una amplia constitución liberal. Hasta se fijó la fecha en que debía ser realizada esa promesa, el 1 de septiembre de 1815. Esa promesa real, solemne, fue proclamada públicamente el 22 de mayo de 1815, después del regreso de Napoleón de la isla de Elba y en la víspera de la batalla de Waterloo y no fue más que una repetición de la promesa colectiva hecha por todos los Estados europeos, reunidos en congreso en Viena, cuando la noticia de la vuelta de Napoleón los afectó a todos con un terror pánico. Esa promesa fue introducida, como uno de los párrafos más importantes, en las actas de la *Confederación germánica* que acababa de fundarse.

Algunos de los pequeños soberanos de la Alemania central y del sur han mantenido bastante honestamente su promesa. En cuanto a la Alemania del norte, donde predominaba decididamente el elemento militar y burocrático de la nobleza, el antiguo régimen aristocrático quedó intacto, directa y enérgicamente protegido por Austria.

De 1815 a 1819 toda Alemania había esperado que, contrariamente a Austria, Prusia tomaría bajo su protección poderosa la aspiración general hacia las reformas liberales. Todas las circunstancias y el interés evidente del gobierno prusiano parecían deber inclinar a Prusia de ese lado. Sin hablar de la promesa solemne del rey Federico Guillermo III, hecha pública en mayo de 1815, todas las pruebas sufridas por Prusia desde 1807, su restablecimiento maravilloso que debía sobre todo al liberalismo de su gobierno, habrían debido reforzarla en esa dirección. Existía en fin una consideración más importante aún, que habría debido comprometer al gobierno de Prusia a declararse el protector franco y decisivo de las reformas liberales;

es la rivalidad histórica de la joven monarquía prusiana con el antiguo imperio austríaco.

¿Quién se colocará a la cabeza de Alemania, Austria o Prusia? Tal es la cuestión que los acontecimientos transcurridos plantean con la fuerza de la lógica de su situación recíproca. Alemania, esclava habituada a la obediencia, no pudiendo ni deseando vivir en libertad, buscó un amo poderoso, un soberano supremo a quien poder darse enteramente y que, reuniéndola en un solo cuerpo único e indivisible, le diera una posición de honor entre las grandes potencias de Europa. Un amo semejante habría podido ser el emperador de Austria tanto como el rey de Prusia. Los dos juntos no podían romper ese puesto sin paralizarse y sin condenar, por eso mismo, a Alemania a su impotencia pasada.

Austria habría, naturalmente, empujado a Alemania hacia atrás. No habría podido obrar de otro modo. Habiendo vivido su tiempo y llegado a tal grado de debilitamiento senil en que el menor movimiento se vuelve mortal y en que la inmovilidad se convierte en una condición para sostener la existencia decrépita, habría debido apoyar –por su propia salvación– ese principio mismo de inmovilidad no sólo en Alemania, sino en toda Europa. Todo síntoma vital en el pueblo, toda aspiración progresiva en algún rincón del continente europeo era para ella un insulto, una amenaza. Al morir habría querido que todos muriesen con ella. En cuanto a la vida política, como en cualquier otra, marchar reculando y patinar en el mismo lugar significa morir. Se comprende, pues, que Austria empleara sus últimas fuerzas –bastante considerables desde el punto de vista material– para sofocar despiadada e infaliblemente el menor movimiento en Europa en general y sobre todo en Alemania.

Pero justamente porque esa política de Austria le era indispensable, la política de Prusia habría debido ser diametralmente opuesta. Después de las guerras napoleónicas, después del congreso de Viena que la redondeó considerablemente a expensas de Sajonia, de la que separó toda una provincia, sobre todo después de la batalla de Waterloo ganada por los ejércitos aliados, de Prusia bajo el comando de Blücher, y de Austria bajo el comando de Wellington, después de la segunda entrada triunfal de los ejércitos rusos en París, Prusia se convirtió en la quinta de las grandes potencias de Europa. Pero desde el punto de vista de las fuerzas efectivas, de la riqueza de Estado, del número de los habitantes y aun de la situación geográfica, estaba lejos de parecerse a ellas. Stettin, Dantzig y Koenigsberg, sobre el mar Báltico, eran demasiado insuficientes para crear no sólo una flota de guerra, sino también una flota importante de comercio. Demasiado desigualmente extendida y separada de las provincias renanas que acababa de adquirir por las posesiones extranjeras, Prusia presentaba, desde el punto de vista militar, fronteras excesivamente incómodas de la parte de la Alemania del sur: de Hannover, de Holanda, de Bélgica y de Francia, cosa muy fácil, y la defensa bastante difícil. Y, en fin, el número de sus habitantes en 1815 apenas llegaba a 15 millones.

A pesar de esa debilidad material, más marcada aún en tiempos de Federico II, el genio administrativo y militar del gran rey pudo crear un valor político y una fuerza armada para Prusia. Pero esta obra ha sido reducida a la nada por Napoleón. Después de la batalla de Jena ha sido preciso volverlo a crear todo de nuevo y hemos visto que únicamente con una serie de reformas, las más valerosas y liberales, los patriotas de Estado, instruidos e inteligentes, han podido devolver a Prusia no sólo su antiguo prestigio y su antigua fuerza, sino reforzado considerablemente. Y los han ensanchado, en efecto, en tal grado, que Prusia pudo ocupar el último puesto entre las grandes potencias, pero eso fue insuficiente para que pudiera quedar largo tiempo allí si no continuaba aspirando sin descanso a ampliar su rol político, su influencia moral así como el engrandecimiento y el desarrollo de sus fronteras.

Para alcanzar esos resultados se presentaron dos vías diferentes a Prusia. Una, a primera vista al menos, era popular; la otra, puramente estatista y militar. Tomando la primera ruta Prusia habría debido ponerse valerosamente a la cabeza del movimiento constitucionalista de Alemania. El rey Federico Guillermo III, siguiendo el sublime ejemplo de Guillermo de Orange (1688) habría debido inscribir sobre su bandera: "Por la fe protestante y por la libertad de Alemania", y convertirse de ese modo en el campeón declarado entre el catolicismo y el despotismo austríacos. Al tomar la segunda vía, violando su palabra real solemne y renunciando definitivamente a todas las reformas liberales ulteriores en Prusia, habría debido, con igual franqueza, colocarse de parte de la reacción en Alemania y al mismo tiempo concentrar toda la atención y todos los esfuerzos sobre el perfeccionamiento de la administración interior y del ejército en vista de conquistas futuras posibles.

Había una tercera vía, descubierta, es verdad, desde hacía mucho tiempo por los emperadores romanos, los Augusto y sus sucesores, pero perdida de vista desde entonces y descubierta de nuevo sólo en estos últimos tiempos por Napoleón III y completamente desencombrada y mejorada por su discípulo, Bismarck. Es la vía del patriotismo estatista, militar y político enmascarado y decorado por las formas más amplias y al mismo tiempo más inocentes de la representación del pueblo.

Pero esa vía era aún totalmente desconocida en 1815. Nadie sospechaba entonces la verdad, hoy reconocida por los déspotas más tontos, que las formas llamadas constitucionales o representativas no son de ningún modo un obstáculo al despotismo estatista, militar, político y financiero; al contrario, legalizan el despotismo y, dándole el aspecto de administración por el pueblo, pueden acrecentar considerablemente su fuerza y potencia interior.

No se sabía entonces y no se podía saberlo, porque la ruptura definitiva entre la clase explotadora y el proletariado explotado estaba lejos de ser tan clara para la burguesía y para el proletariado mismo como lo es hoy.

Entonces todos los gobiernos y los burgueses mismos consideraban que el pueblo apoyaba a la burguesía y que esta última no tenía que hacer más que un signo para que el pueblo entero se sublevase con ella contra el gobierno. Hoy no es lo mismo: la burguesía, en todos los países de Europa, tiene más que nadie miedo a la revolución social y sabe muy bien que contra esa amenaza no tiene otra ayuda que el Estado; es por eso que quiere y exige siempre un Estado *poderoso o,* hablando simplemente, una dictadura militar y para engañar mejor a las masas del pueblo quiere que esa dictadora sea revestida de las formas representativas que le permitan explotar las masas del pueblo *en nombre del pueblo mismo.*

Pero en 1815 ni ese miedo ni esa política astuta existían en ninguno de los Estados de Europa. Al contrario, la burguesía era en todas partes sincera e ingenuamente liberal. Creía aún que al obrar en su propio favor obraba para todos; es por eso que no temía al pueblo, que no temía incitarlo contra el gobierno. De ahí que todos los gobiernos, que se apoyaban todo lo posible en la nobleza, consideraban a la burguesía con hostilidad, como una clase revolucionaria.

No hay ninguna duda que en 1815, como también más tarde, habría bastado la menor declaración liberal de parte de Prusia, o que el rey de Prusia diese la sombra de una constitución burguesa a sus súbditos para que toda Alemania le reconociese como su jefe. En ese período los alemanes de la Alemania no prusiana no tenían aún tiempo de desarrollar en ellos ese fuerte odio contra Prusia que se evidenció más tarde, y sobre todo en 1848. Al contrario, todos los países alemanes la consideraban con esperanza, esperando de ella precisamente la palabra libertadora, y habrían bastado la mitad de las *instituciones liberales y representativas* de que dotó el gobierno prusiano estos últimos tiempos, sin perjudicar de manera alguna el poder despótico, a los alemanes prusianos y también no prusianos para que al menos toda la Alemania no austríaca reconociera la hegemonía prusiana.

Es precisamente lo que temía más Austria, porque eso habría bastado para colocarla ya en ese período en la situación precaria e inextricable en que se encuentra actualmente. Al perder el primer puesto en la unión germánica, cesaría de ser una potencia alemana. Hemos visto que los alemanes no constituyen más que la cuarta parte de toda la población del imperio austríaco. En tanto que las provincias alemanas, así como ciertas provincias eslavas de Austria, como Bohemia, Moravia, Silesia y Styria, tomadas en conjunto, formaban uno de los anillos de la Unión germánica, los alemanes austríacos, apoyándose en el resto de los habitantes numerosos de Alemania, habían podido encarar en cierto grado todo el imperio como un imperio alemán. Pero apenas fuera consumada la separación del imperio de la Unión germánica –como ocurre hoy– su población alemana de nueve millones, aún menor entonces, sería demasiado débil para poder conservar en su seno el predominio histórico. No quedaba, pues, a los alemanes austríacos otro recurso que renunciar a la sujeción de los Habsburgo y unirse al resto de Alemania. Hacia esa solución precisamente es hacia la que tienden unos inconscientemente y otros conscientemente; esa aspiración condena al imperio austríaco a una muerte próxima.

Siempre que la hegemonía de Prusia se instale en Alemania, el gobierno austríaco estará obligado a arrancar sus provincias alemanas de la estructura general de Alemania, primero porque al dejarlas en el seno de la Unión germánica las sometería y se sometería él mismo por su intermedio, a la dominación suprema del rey de Prusia, y luego porque en consecuencia el imperio austríaco sería dividido en dos partes: una, alemana, que reconoce la hegemonía de Prusia, y la otra que no la reconoce, lo que significaría también la ruina del imperio.

Es verdad que había otro medio, que el príncipe de Schwartzenberg quiso ensayar ya en 1850, pero que no le salió bien, a saber: incorporar como un solo Estado indivisible a todo el imperio con Hungría, Transilvania, con todas las provincias eslavas italianas, en el seno de la Unión germánica. Esa tentativa no podía triunfar, porque Prusia se habría opuesto con todas sus fuerzas, y con Prusia la mayor parte de Alemania se habría opuesto igualmente, como lo han hecho en 1850, lo mismo que Rusia y Francia; y en fin, las tres cuartas partes de la población austríaca hostil a Alemania —los eslavos, los magyares, los rumanos, los italianos— se habrían rebelado, porque para ellos el único pensamiento de que pudieran llegar a ser alemanes les parecía una ignominia.

Prusia y toda Alemania se habrían naturalmente opuesto a tal tentativa cuya realización destruiría a la primera y la privaría de su carácter específicamente alemán; por lo que se refiere a la última, a Alemania, cesaría de ser la patria de los alemanes y se contentaría con un aglomerado caótico e involuntario de nacionalidades variadas. En cuanto a Rusia y a Francia, se habrían opuesto, porque Austria, al subordinarse a Alemania, se convertiría repentinamente en la potencia más formidable del continente de Europa.

No quedaba, pues, más que una salida a Austria: no sofocar a Alemania por su incorporación global a ella, pero al mismo tiempo no permitir a Prusia colocarse a la cabeza de la Unión germánica. Siguiendo tal política podía contar con la ayuda eficaz de Francia y de Rusia. En cuanto a la política de esta última hasta estos tiempos últimos, es decir hasta la guerra de Crimea, consistió precisamente en sostener sistemáticamente la rivalidad recíproca entre Austria y Prusia de tal modo que ni la una ni la otra pudiesen tomar la hegemonía, y en suscitar al mismo tiempo la desconfianza y el miedo entre los Estados, pequeños y medios de Alemania, y protegerlos contra Austria y contra Prusia.

Pero como la influencia de Prusia sobre el resto de Alemania tenía, sobre todo, un carácter moral y estaba basada más bien en la esperanza que bien pronto el gobierno prusiano, que había últimamente dado tantas pruebas de sus aspiraciones patrióticas, ilustradas y liberales, daría entonces, fiel a su promesa, una constitución a sus súbditos y por eso mismo se pondría a la cabeza del movimiento de vanguardia de toda Alemania, la tarea principal del príncipe Metternich debía dirigirse a que el rey de Prusia no pudiese dar a sus súbditos esa constitución, y se colocara más bien, junto con el emperador de Austria, a la cabeza del movimiento reaccionario de Alemania. Halló, para la realización de esa labor, el apoyo caluroso de Francia, donde reinaban los Borbones, y del emperador Alejandro, gobernado por Araktcheyef.

El príncipe Metternich encontró un apoyo tan caluroso en Prusia misma, con algunas pequeñas excepciones, casi en toda la nobleza prusiana en la burocracia superior —militar y civil— y, en fin, en el rey mismo.

El rey Federico Guillermo III era un hombre muy bueno, pero era rey, es decir, como compete a un rey, tirano por naturaleza, por su educación y por su hábito. Además, era religioso e hijo creyente de la Iglesia evangélica; y el primer artículo de esa Iglesia dice que "todo poder viene de Dios". Creía sinceramente en su unión divina, en su derecho o más bien en su deber de ordenar y en la obligación de cada súbdito de obedecer y de ejecutar sin el menor razonamiento.

Semejante inclinación intelectual no podía acomodarse con el liberalismo. Es verdad que en tiempo de turbaciones dio todo un montón de promesas liberales a sus fieles súbditos. Pero no lo ha hecho más que por razones de Estado ante las cuales, como ante la ley suprema, incluso el soberano, está obligado a inclinarse. Pero ahora que las desgracias han pasado no hay ninguna necesidad de mantener una promesa cuya realización sería perjudicial al pueblo.

El arzobispo Eilert lo ha explicado bien en uno de sus sermones: "El rey —dijo— ha obrado coma padre inteligente. El día de su cumpleaños o de su curación, conmovido por el amor a sus hijos, les hizo diversas promesas; después, con la calma necesaria, las modificó y restaura su poder natural y salvador". A su alrededor toda la corte, todo el cuerpo de los generales y toda la burocracia superior estaban imbuidos del mismo espíritu. Durante las desgracias que provocaron contra Prusia, se rebajaron y sufrieron en silencio las reformas ineluctables del barón Stein y de sus principales colaboradores. Pero ahora que el peligro ha pasado, se pusieron a intrigar y a gritar más alto que nunca.

Eran reaccionarios sinceros, no menos que el rey mismo, aun más que el rey. No sólo no comprendían el patriotismo alemán, sino que lo odiaban con toda su alma. La bandera alemana les repugnaba y les parecía ser la bandera de la rebelión. No conocían más que su querida Prusia a quien, por lo demás, estaban dispuestos a arruinar una segunda vez siempre que no se hiciese la menor concesión a los liberales odiosos. La idea de reconocer a la burguesía algunos derechos políticos, y sobre todo el derecho de crítica y de control, la idea de una comparación posible entre unos y otros, los ponía rabiosos y les inspiraba una indignación indescriptible. Deseaban y querían el ensanchamiento y el redondeamiento de las fronteras prusianas, pero sólo por la anexión. Desde el comienzo el objetivo que se propusieron era claro: contrariamente al partido liberal que aspiraba hacia la germanización de Prusia, querían siempre la prusificación de Alemania.

Además, comenzando por su jefe, el amigo del rey, el príncipe de Wittgenstein, convertido en primer ministro, estaban todos a sueldo del príncipe Metternich. Contra ellos no se levantaba más que un pequeño grupo de hombres, amigos y colaboradores del barón Stein, ya dimisionario. Ese puñado de patriotas de Estado continuaba haciendo esfuerzos increíbles para retener al rey en la ruta de las reformas liberales, pero no encontrando en ninguna parte un apoyo, exceptuando la opinión pública, que era despreciada por el rey, por la corte, por la burocracia y por el ejército, fue derrotado pronto. El oro de Metternich, la vía reaccionaria independiente tomada por los círculos superiores en Alemania demostraron que eran los más fuertes.

No quedaba, pues, más que una sola vía para Prusia a fin de realizar los proyectos puramente liberales: el perfeccionamiento y el aumento gradual de los medios administrativos y financieros así como de las fuerzas militares en vista de futuras conquistas en Alemania propia, es decir, la conquista gradual de Alemania entera.

Esta vía estaba, por lo demás, en completo acuerdo con la tradición y el fondo mismo de la monarquía prusiana militar, burocrática, policial, en una palabra, estatista, es decir, legalmente violenta en todas las manifestaciones exteriores e interiores. Desde que comenzó a formarse en los círculos alemanes oficiales *el ideal del despotismo razonable e ilustrado* que regía en Prusia hasta 1848. Ese ideal era más hostil a las aspiraciones liberales del patriotismo pangermánico de lo que lo era el oscurantismo despótico del príncipe Metternich.

Contra la reacción que halló también su expresión poderosa en la política interior y exterior de Austria y de Prusia se ha erigido naturalmente en casi toda Alemania, pero sobre todo en el sur, la lucha de parte del partido patriótico liberal. Fue una especie de duelo que perduró bajo diferentes formas, pero con resultados casi siempre idénticos y siempre excesivamente deplorables para los liberales alemanes, en el curso de cincuenta y cinco años, de 1815 a 1870. Se puede dividir esa lucha en varios períodos:

1º Período de liberalismo y de la galofobia de los teuto–normandos, desde 1815 a 1830.

2º Período de la imitación evidente del liberalismo francés, de 1830 a 1840.

3º Período del liberalismo económico y del radicalismo, de 1840 a 1848. 4º Período, por lo demás muy corto, de la crisis decisiva que se terminó con la muerte del liberalismo alemán, de 1848 a 1850. 5º Período iniciado por una lucha obstinada, la última lucha, por decirlo así, del liberalismo moribundo contra el estatismo en el parlamento prusiano en toda Alemania, de 1850 a 1870.

El liberalismo alemán del *primer período,* de 1815 a 1830, no era un fenómeno separado. No era, en suma, más que la rama nacional y bastante original del liberalismo europeo en general que había comenzado en todos los rincones de Europa, de Madrid a Petersburgo y de Alemania a Grecia, una lucha bastante enérgica contra la reacción monárquica, aristocrática y clerical que hacía estragos en toda Europa y que triunfó con la vuelta de los Borbones sobre los tronos de Francia, España, Nápoles, Parma; del Papa, y con él de los jesuitas en Roma, del rey piamontés en Turín, y con la instauración de los austríacos en Italia.

El representante principal y oficial de esa reacción verdaderamente internacional fue la santa alianza concluida primeramente entre Rusia, Prusia y Austria y a la que se adhirieron más tarde todas las potencias europeas, pequeñas y grandes, con excepción de Inglaterra, de Italia y de Turquía. Su comienzo fue romántico. La primera idea de una alianza tal nació en la imaginación mística de la célebre baronesa de Krüdener que gozaba de los favores del joven emperador filogenista Alejandro I, que está lejos de haber terminado aún su vida. La había persuadido que era el ángel blanco enviado por los cielos para salvar a Europa desdichada de las garras del ángel negro, Napoleón, y para instaurar el orden divino sobre la tierra. Alejandro Pavlovitsch creyó con gusto en esa misión y propuso en consecuencia a Prusia y a Austria concertar una *santa alianza*. Tres monarcas que han recibido la unción divina y que apelaron al testimonio de la Santa Trinidad, prestaron mutuamente juramento de una fraternidad absoluta e indisoluble y proclamaron como objetivo de la alianza el triunfo de la voluntad divina, de la moral, de la justicia y de la paz en la tierra. Se prometieron obrar siempre de común acuerdo, ayudándose mutuamente por consejos y por actos en toda lucha suscitada contra ellos por el espíritu de las tinieblas, es decir por las aspiraciones de los pueblos hacia la libertad. Esa promesa significaba en realidad que emprenderían una guerra solidaria y despiadada contra todas las manifestaciones del liberalismo en Europa, apoyando hasta el fin y a todo precio las instituciones feudales abatidas y destruidas por la revolución.

Mientras que Alejandro era el portavoz y el representante melodramático de la santa alianza, su jefe verídico era el príncipe Metternich. Entonces, como en tiempo de la gran revolución y como hoy, Alemania fue la piedra angular de la reacción europea.

Gracias a la santa alianza la reacción se hizo internacional a consecuencia de lo cual las rebeliones mismas contra ella asumieron también un carácter internacional. El período entre

1815 y 1830 fue, en Europa occidental, el último período heroico de la burguesía.

El restablecimiento violento del poder absoluto de la monarquía y de las instituciones feudal–clericales que despojaron esa clase respetable de todas las ventajas que había conquistado durante la revolución, debía volver a hacer de ella una clase más o menos revolucionaria. En Francia, en Italia, en España, en Bélgica, en Alemania se habían formado sociedades burguesas secretas cuyo fin era derribar el orden que acababa de triunfar. En Inglaterra, de acuerdo con los hábitos de ese país que era el único en donde el constitucionalismo había echado raíces profundas y vitales, esa lucha general del liberalismo burgués contra el feudalismo resucitado adquirió el carácter de una agitación legal y de revoluciones parlamentarias. En Francia, Bélgica, Italia y España debía adquirir una forma puramente revolucionaria que tuvo su repercusión incluso en Rusia y en Polonia. En todos esos países, toda sociedad secreta descubierta y destruida por el gobierno fue inmediatamente reemplazada por otra; todas tenían el mismo propósito, la rebelión con las armas en la mano, la organización de la rebelión. Toda la historia de Francia, desde 1815 a 1830, consistió en una serie de tentativas para derribar el trono de los Borbones; después de muchos descalabros los franceses alcanzaron su objetivo por fin en 1830. Todos conocen la historia de las revoluciones española, napolitana, piamontesa, belga y polaca en 18301831 y la sublevación decabrista en Rusia. En todos esos países, en unos con éxito, en otros sin éxito, las sublevaciones tuvieron un carácter muy serio; se vertió mucha sangre, muchas víctimas preciosas fueron inmoladas; en una palabra, la lucha fue seria, a menudo heroica. Veamos ahora lo que pasaba durante ese tiempo en Alemania.

En todo ese primer período de 1815 a 1830, dos acontecimientos más o menos notables del espíritu liberal pueden notarse en Alemania. Uno fue el célebre banquete de Wartburg (Wartburger Burschenschaft) en 1817. Cerca del castillo de Wartburg, que había servido en su tiempo de asilo secreto a Lutero, se reunieron 500 estudiantes de todos los rincones de Alemania con la bandera nacional alemana tricolor y con bandas de los mismos colores a la espalda.

Hijos espirituales del profesor patriótico y del cantor Arndt, que compuso el célebre himno "Wo ist das deutsche Vaterland", y de un padre igualmente patriótico de todos los escolares alemanes, Jan, que en las cuatro palabras: "Altivo, piadoso, alegre, libre" había expresado el ideal de la juventud alemana de cabellos rubios y largos, los estudiantes del norte y del sur de Alemania encontraron necesario reunirse para declarar en alta voz, ante toda Europa y sobre todo ante todos los representantes de Alemania, las peticiones del pueblo alemán. ¿En qué consistían sus peticiones y sus declaraciones?

Estaba entonces en Europa de moda la constitución monárquica. La imaginación de la juventud burguesa no podía ir más lejos, ni en Francia, ni en España, ni siquiera en Italia, ni en Polonia. En Rusia sólo la sección de los decabristas conocida con el nombre de *Sociedad del Sur,* bajo la dirección de Pestel y de Muravief–Apóstol, pedían la destrucción del imperio ruso y la fundación de una república federal eslava, y la restitución de la tierra al pueblo.

Los alemanes no pensaban en nada semejante. Para tal obra, condición primera e indispensable de toda revolución seria, tenían entonces tan pocas inclinaciones como ahora. No pensaban siquiera en levantar una mano sediciosa y sacrílega contra ninguno de sus numerosos padres soberanos. Todo lo que deseaban era un parlamento alemán único colocado por encima de los parlamentos separados y un emperador de toda la Alemania colocado como representante de la unidad nacional por encima de todos los soberanos separados. La petición, como vemos, es excesivamente moderna y, agreguémoslo, barroca en el más alto grado. Querían una federación monárquica y soñaban al mismo tiempo con la potencia de un Estado germánico único, lo que es visiblemente absurdo. Basta sin embargo someter el programa alemán a un examen detallado para convencerse de que su absurdo aparente procede de un malentendido. Ese malentendido consiste en la suposición errónea que los alemanes pedían, al mismo tiempo que la potencia y la unidad nacionales, la libertad también.

Los alemanes no habían sentido nunca necesidad de la libertad. La vida le es simplemente imposible sin un gobierno, es decir sin un poder y una voluntad supremos, sin una mano de hierro que los mande. Cuanto más fuerte es esa mano, más orgullosos están y más alegre se vuelve la vida para ellos. No, es la ausencia de la libertad lo que los entristece –no habrían podido hacer ningún uso de ella–, sino la ausencia de una potencia nacional una e indivisible en presencia de la existencia indudable de una cantidad de pequeñas tiranías. La pasión que los anima, su objetivo único, es crear un Estado pangermánico enorme y brutalmente omnipotente, ante el cual temblarían todos los demás pueblos.

Es por eso que es muy natural que no hayan querido nunca una revolución popular. Bajo este aspecto los alemanes han probado ser extraordinariamente lógicos. Y en efecto, la potencia estatista no puede ser el resultado de una revolución popular, podría ser el resultado de una victoria obtenida por una clase cualquiera sobre una rebelión del pueblo, como se vio en Francia; pero incluso en este país, la culminación de un Estado poderoso exigió el puño enérgico y despótico de Napoleón. Los liberales alemanes odiaban el despotismo de Napoleón, pero estaban dispuestos a adorar la fuerza estatista, prusiana o austríaca, siempre que quisiera transformarse en una fuerza pangermánica.

La célebre canción de Arndt: "Wo ist das deutsche Vaterland" permaneció hasta nuestros días el himno nacional de Alemania; expresa completamente esa afirmación apasionada hacia la creación de un Estado poderoso. Pregunta: "¿Dónde está la patria del alemán? ¿Prusia? ¿Austria? ¿Alemania del norte o del sur? ¿Del oeste o del este? Y responde: "No, no, su patria debe ser mucho más amplia". Se extiende por todas partes, "donde suena la lengua alemana y donde cantan las canciones de Dios en los cielos".

Y como los alemanes –una de las naciones más fecundas del mundo– envían sus colonistas a todas partes y llenan las capitales de Europa y de América y aun de Siberia, se deduce que pronto todo el globo terrestre deberá inclinarse ante el poder del emperador pangermánico. Tal fue el sentido del banquete de Wartburg. Buscaban para ellos y pedían un amo pangermánico que, estrechándolos en su puño de acero, fortalecido con su obediencia apasionada y voluntaria, forzara a toda Europa a temblar ante él.

Veamos actualmente de qué modo expresaron su descontento. Cantaron primero en ese banquete de Wartburg la célebre canción de Lutero: "Nuestro dios, nuestra gran fortaleza", después: "Wo ist das deutsche Vaterland"; gritaron "vivas" a algunos patriotas alemanes y silbaron a los reaccionarios; en fin hicieron un auto de fe de algunos folletos reaccionarios. Y eso fue todo.

Más notables fueron otros dos hechos que tuvieron lugar en 1819; el asesinato del espía ruso Kotzebue por el estudiante Sand y la tentativa de asesinato del pequeño dignatario de Estado del pequeño ducado de Nassau, von Ibel, hecha por el joven farmacéutico Karl Lehning. Los dos actos fueron excesivamente estúpidos, pues no podían aportar ningún fruto. Pero en todo caso han manifestado una sinceridad de pasión, un heroísmo de sacrificio y unidad de pensamiento, de palabra y de acción sin lo cual el revolucionarismo cae inevitablemente en la retórica y se convierte en una mentira repugnante.

Con excepción de esos dos hechos –el asesinato político realizado por Sand y la tentativa de Lehning–, todas las otras declaraciones de liberalismo alemán no pasaron los limites de la retórica más ingenua y, además, excesivamente ridícula. Ese fue el período del teutonismo salvaje. Los hijos de los filisteos, ellos mismos futuros filisteos, los estudiantes alemanes, se imaginaron ser los germanos de los tiempos antiguos, tales como los describían Tácito y Julio César, los descendientes guerreros de Arminio, los habitantes vírgenes de los bosques espesos. Han concebido en consecuencia un desdén profundo, no hacia su mundo burgués mezquino, lo que habría sido lógico, sino hacia Francia, hacia los franceses y en general hacia todo lo que llevaba la impresión de la civilización francesa. La francofobia se convirtió en una enfermedad epidémica en Alemania. La juventud universitaria se complacía en continuar los hábitos del antiguo germano, como nuestros eslavófilos de 1840–1860 y extinguían su ardor juvenil en una cantidad inconmensurable de cerveza, mientras que los duelos incesantes se terminaban generalmente por rasguños en el rostro que probaban su bravura guerrera. En cuanto al patriotismo y al llamado liberalismo, hallaban su expresión y su satisfacción más completa en cantar hasta desgañitarse las canciones patrióticas guerreras, entre las cuales no se excluía el himno nacional. ¿Dónde está la patria del alemán? La canción profética consumada o en tren de serlo por el imperio pangermánico ocupaba el primer puesto.

Comparando esas declaraciones con las declaraciones hechas en el mismo período por el liberalismo en Italia, en España, en Francia, en Bélgica, en Polonia, en Rusia, en Grecia, habrá que admitir que no había nada más inocente y más ridículo que el liberalismo alemán que, en sus manifestaciones más llamativas, estaba imbuido de ese sentimiento servil de obediencia, de fidelidad o, hablando con más cortesía, de esa veneración divina a los jefes y a la autoridad, cuyo espectáculo arrancó a Werner la exclamación enfermiza conocida de todos y ya citada por nosotros: "Otros pueblos son a menudo esclavos, pero nosotros, los alemanes, somos siempre lacayos"[6].

Y en efecto, el liberalismo alemán, con excepción de raros individuos y ocasiones, no fue más que una manifestación específica de la ambición servil alemana. No era más que la expresión censurada del deseo general de sentir sobre sí la fuerte mano imperial. Pero esa exigencia leal parecía un acto de rebelión a los gobiernos y era perseguida como tal.

Eso encuentra su explicación en la rivalidad entre Austria y Prusia. Cada una de ellas habría ocupado de buena gana el trono suprimido por Barbarroja, pero ni la una ni la otra podían permitir que ese trono fuera ocupado por su rival gracias a lo cual, con el apoyo simultáneo de Rusia y de Francia, obraban de acuerdo con estas últimas, bien que en razón a consideraciones completamente diferentes, y Austria y Prusia se pusieron a perseguir como manifestaciones de un liberalismo extremo las aspiraciones generales de todos los alemanes hacia la creación de un imperio pangermánico, único y poderoso.

El asesinato de Kotzebue fue la señal para una reacción de las más feroces. Comenzaron congresos y conferencias primeramente de los soberanos alemanes, de los ministros alemanes y luego se acudió a los congresos internacionales, en donde participaron el emperador Alejandro I y el embajador de Francia. Por una serie de medidas decretadas por la Unión alemana,

---

6.La servilidad de lacayos es la esclavitud voluntaria. ¡Cosa extraña! Parecería imposible que haya una esclavitud más abyecta que la de los rusos; pero no existió nunca entre los estudiantes rusos tal actitud servil ante los profesores y las autoridades como la que existe en nuestros días entre los estudiantes alemanes.

los pobres lacayos liberales fueron atados de pies y manos. Les fue prohibido entregarse a ejercicios gimnásticos y cantar canciones patrióticas; no se les dejó más que la cerveza. La censura fue establecida en todas partes. Y en consecuencia Alemania se pacificó repentinamente, los *Burschen* obedecieron sin la sombra siquiera de una protesta, y durante once años, de 1819 a 1830, no hubo en toda la extensión del territorio alemán, la menor manifestación de una vida política cualquiera.

Ese hecho es de tal modo significativo que el profesor Müller, autor de una historia bastante detallada y verídica de los cincuenta años que van de 1816 a 1865, contando todas las circunstancias de esa pacificación repentina y verdaderamente milagrosa, gritó: "¿Se necesita aún más pruebas de que Alemania no está madura para una revolución?".

El *segundo período* del liberalismo alemán comienza en 1830 y se termina hacia 1840. Es el período de la imitación casi ciega de los franceses. Los alemanes cesan de comer galos y, al contrario, vuelven todo su odio contra Rusia.

El liberalismo alemán se despertó de su sueño de once años, no por su propio movimiento, sino gracias a las tres jornadas de julio en París que dieron el primer golpe de gracia a la Santa Alianza por el destierro de su rey legítimo. Poco después estalló la revolución en Bélgica y en Polonia. Italia también se estremeció, pero traicionada por Luis Felipe a los austríacos, debió soportar un yugo más pesado aún. Una guerra intestina se desencadenó en España entre cristianos y carlistas. En esas condiciones no se podía menos que despertar en Alemania.

Ese despertar fue tanto más fácil cuanto que la revolución de julio espantó mortalmente a los gobiernos alemanes, sin exceptuar al de Austria y al de Prusia. Hasta el momento mismo del advenimiento del príncipe de Bismarck con su rey emperador al trono germánico, todos los gobiernos alemanes, a pesar de todas las formas exteriores de la fuerza militar, política y burguesa, fueron desde el punto de vista moral excesivamente débiles y estuvieron desprovistos de toda fe en ellos mismos.

Este hecho indudable parece muy extraño dada la ternura y la fidelidad hereditarias de la raza germánica. ¿Qué tenía por consiguiente que inquietarse y temer el gobierno? Los gobiernos sentían, sabían que los alemanes, obedeciéndoles como compete a súbditos leales, no podían al mismo tiempo soportarlos. ¿Qué han hecho entonces para sofocar el odio de una raza que está tan dispuesta a adorar a sus jefes? ¿Cuáles eran, en suma, las causas de ese odio?

Hubo dos: la primera consistía en el predominio del elemento aristocrático en la burocracia y en el ejército. La revolución de julio destruyó los restos del predominio feudal y clerical en Francia; en Inglaterra también, a consecuencia de la revolución de julio, triunfó la reforma liberal–burguesa. En general, desde 1830 comienza el triunfo completo de la burguesía en Europa, pero no en Alemania. Aquí, hasta estos últimos años, es decir hasta el advenimiento del aristócrata Bismarck, fue el partido feudal el que continuó reinando. Todos los puestos superiores así como la mayoría de los puestos secundarios en las instituciones del Estado, en la burocracia y en el ejército, estaban en sus manos. Todos saben con qué desprecio tratan a los burgueses los aristócratas arrogantes de Alemania, los príncipes, los condes, los barones y hasta los simples "von". Se conoce las célebres palabras de Windischgraetz, el general austríaco que bombardeó Praga en 1848 y Viena en 1849:

"El hombre no comienza más que en el barón".

Ese predominio de la nobleza era tanto más ultrajante para los burgueses alemanes cuanto que esa nobleza se encontraba bajo todos los aspectos, desde el punto de vista de las riquezas como desde el de su desenvolvimiento intelectual, en una situación incomparablemente inferior a la clase burguesa. Y sin embargo, ordenaba a todos y en todas partes. Los burgueses no poseían más que el derecho a pagar y obedecer. Todo eso es extremadamente desagradable para los burgueses. Y a pesar de toda la premura que ponían en adorar a sus soberanos legítimos, no querían sufrir gobiernos que se encontraban casi exclusivamente en manos de la nobleza.

Hay que notar, sin embargo, que habían intentado varias veces, sin llegar a su propósito, sacudir el yugo de la nobleza que sobrevivió a los años tempestuosos de 1848 y 1849 y que hoy sólo comienza a sufrir una destrucción sistemática de parte del aristócrata de Pomerania, el príncipe de Bismarck.

Otra causa, y más importante, del odio de los alemanes frente a sus gobiernos, ha sido ya tratada por nosotros. Los gobiernos eran adversarios de la unión de Alemania en un Estado poderoso. Se desprendía de ahí que todos los instintos burgueses y políticos de los patriotas alemanes sentían esa afrenta. Los gobernantes lo sabían y desconfiaban, por consiguiente, de sus súbditos, les temían a pesar de los esfuerzos continuos de éstos, tendientes a probar su sumisión ilimitada y su completa inocencia.

A consecuencia de tales malentendidos los gobiernos fueron seriamente conmovidos por los resultados de la revolución de julio; lo fueron en tal grado que bastaba el menor tumulto inocente y sin trascendencia, el menor *putsch* (según la expresión alemana) para obligar a los reyes de Sajonia y de Hannover y a los duques de Hesse, Darmstadt y de Brunswick a dar una constitución a sus súbditos. Además Prusia y Austria, y aun el príncipe Metternich que hasta entonces fue el alma de la reacción en toda Alemania, aconsejaban ahora a la Unión alemana no oponerse a las peticiones *legítimas* de los súbditos alemanes. En los parlamentos del sur de Alemania los jefes de los partidos que se denominaban liberales han comenzado a pedir de nuevo altamente un emperador para toda Alemania.

Todo dependía de la salida de la revolución polaca. Si triunfaba la monarquía prusiana, separada de su apoyo en el noroeste y obligada a perder, si no todas al menos una parte considerable de sus posesiones polacas, sería forzada a buscar un nuevo punto de apoyo en Alemania misma, y como entonces ésta no estaba aún en situación de adquirirla por la conquista, debía ganar la complacencia y la amistad del resto de Alemania por medio de reformas liberales y apelando resueltamente a todos los alemanes a agruparse en torno de la bandera imperial... En una palabra, se habría podido ya entonces realizar lo que, aunque por vías diferentes, se hizo hoy, pero que hubiera podido realizarse más pronto en formas más liberales. En lugar de tener Prusia que devorar a Alemania, como pasa hoy, habría podido darse la impresión entonces de Alemania devorando a Prusia. Eso habría parecido sólo así porque en realidad es siempre Alemania la que tendría que ser subyugada por la fuerza de la organización estatista de Prusia.

Pero los polacos, abandonados y traicionados por toda Europa, fueron a fin de cuentas vencidos a pesar de su resistencia heroica. Varsovia capituló y con ella se derrumbaron todas las esperanzas del patriotismo alemán. El rey Federico Guillermo III, que había prestado tan considerables servicios a su cuñado, el emperador Nicolás, estimulado por su victoria, rechazó su máscara y comenzó, más que en el pasado, a perseguir a los patriotas pangermánicos. Habiendo reunido entonces todas sus fuerzas, hicieron su última declaración solemne que, si no poderosa, hizo al menos mucho ruido en la época y ha permanecido en la historia moderna de Alemania conocida bajo el nombre de *fiesta de Hambach* de mayo de 1832.

En Hambach, en el Palatinado bávaro, 30.000 ciudadanos, hombres y mujeres, se reunieron esta vez. Los hombres con bandas tricolores terciadas en los hombros, las mujeres con echarpes tricolores y todos, naturalmente, bajo la bandera tricolor. No se habló ya, en esa reunión, de la federación de los países alemanes y de las razas alemanas, sino de la centralización pangermánica. Muchos de los oradores –como por ejemplo el Dr. Wirth– hasta pronunciaron la palabra república germánica e incluso la de república federal europea de los Estados Unidos de Europa.

Pero ésas no fueron más que palabras; palabras de cólera, de rencor, de desesperación, suscitadas en los corazones alemanes por la mala voluntad evidente o por la impotencia de los soberanos alemanes para crear un imperio pangermánico; palabras excesivamente elocuentes pero tras las cuales no había ni voluntad ni organización, y por consiguiente tampoco fuerza.

Y sin embargo, la reunión de Hambach no pasó del todo sin dejar rastros. Los campesinos del Palatinado bávaro no se contentaron con palabras. Se armaron de horcas y de hoces y se fueron a destruir castillos de nobles, aduanas e instituciones gubernamentales, quemando todos los documentos, rehusando pagar los impuestos y exigieron que se les diera la tierra y que reinara la libertad completa. Esa rebelión campesina, muy semejante por sus primeros actos a la insurrección general de los campesinos alemanes de 1525, puso en gran espanto no sólo a los conservadores, sino también a los liberales y a los republicanos alemanes mismos, cuyo liberalismo alemán no podía en forma alguna asociarse con una rebelión popular verdadera. Pero con general satisfacción, esa tentativa repetida de una insurrección campesina fue sofocada por las tropas bávaras.

Pero otra consecuencia de la *fiesta de Hambach* fue el ataque absurdo, aunque excesivamente valeroso y por eso digno de respeto, de 70 estudiantes armados contra la guardia principal que protegía el edificio de la Unión alemana en Francfort. Esa empresa era absurda, porque la Unión alemana habría debido ser atacada, no en Francfort, sino en Berlín o en Viena, y porque 70 estudiantes estaban lejos de bastar para romper la fuerza de la reacción en Alemania. Es verdad que habían confiado que tras ellos y con ellos se sublevaría toda la población de Francfort y no sospecharon que el gobierno fue prevenido de la tentativa insensata algunos días antes. En cuanto al gobierno, no había creído necesario prevenirla, sino al contrario, la dejó producirse para tener más tarde un buen pretexto para la destrucción definitiva *de los revolucionarios y de las tendencias revolucionarias* en Alemania.

Y en efecto la reacción más terrible se manifestó después del atentado de Francfort en todos los países de Alemania. Una comisión central se había erigido en Francfort bajo cuyo control obraban comisiones especiales en todos los Estados, grandes y pequeños. En la comisión central figuraban naturalmente los inquisidores de Estado austríacos y prusianos. Fue una verdadera fiesta para los funcionarios alemanes y para las fábricas de papel de Alemania, pues fue cubierto de escritura un número incalculable de papel. Más de 1.800 personas fueron arrestadas en toda Alemania; se encuentran en ese número muchos hombres respetados, profesores, médicos, abogados, en una palabra toda la flor de la Alemania liberal. Muchos huyeron, pero muchos quedaron en las fortalezas hasta 1840, otros hasta 1848.

Nosotros hemos visto una parte considerable de esos liberales *a ultranza* en marzo de 1848 en el *preparlamento* y luego en la *asamblea nacional.* Todos, sin excepción, se demostraron reaccionarios frenéticos.

Después de la fiesta de Hambach la rebelión de los campesinos del Palatinado, el atentado de Francfort y el gran proceso que siguió, todo movimiento político se detuvo en Alemania; un silencio de tumba siguió, continuando sin la menor interrupción hasta 1848. En cambio, el movimiento se trasladó al terreno literario.

Hemos visto ya que, al contrario del primer período (1815 a 1830), período de francofobia fanática, este segundo período del liberalismo alemán (1830–1840) lo mismo que el tercer período (hasta 1848) podría ser denominado puramente francés, al menos en relación con las letras y con la literatura política. Dos judíos se encontraron a la cabeza de ese movimiento: uno el genial poeta Heine; el otro el panfletista noble de Alemania, Borne. Ambos fueron a París en los primeros días de la revolución de julio, donde, uno por sus versos, el otro por sus cartas de París, comenzaron a predicar a los alemanes las teorías francesas, las instituciones francesas y la vida parisiense.

Se puede decir que han producido un cambio completo en la literatura alemana. Las librerías y las bibliotecas se llenaron de traducciones y de bastante malas imitaciones de los dramas, melodramas, comedias y novelas francesas. El joven mundo burgués comenzaba a pensar, a sentir, a hablar, a peinarse, a vestirse a la francesa. Por lo demás eso no lo ha vuelto de ningún modo más cortés; se ha vuelto sólo más ridículo.

Pero al mismo tiempo la tendencia más seria, más sólida y sobre todo incomparablemente más compatible con el espíritu alemán, arraigó en Berlín. Como se constata a menudo en la historia, la muerte de Hegel, que siguió de cerca a la revolución de julio, fortificó en Berlín, en toda Prusia y más tarde en toda Alemania, el predominio de su idea metafísica, el reino del hegelianismo.

Renunciando, por un cierto tiempo al menos, y por razones ya mencionadas, a la unificación de Alemania en un solo Estado indivisible por medio de reformas liberales, Prusia no podía y no quería, sin embargo, renunciar completamente al predominio moral y material sobre todos los demás Estados y países alemanes. Al contrario, aspiraba continuamente a agrupar a su alrededor los intereses intelectuales y económicos de toda Alemania. Hizo uso para el efecto de dos medios: del desenvolvimiento de la Universidad de Berlín y de la *Unión aduanera*.

Durante los últimos años del reino de Federico Guillermo III, el ministro de la Instrucción Pública fue el consejero privado von Altenstein, hombre de Estado que pertenecía a la escuela liberal del barón Stein, de Wilhelm von Humboldt y otros. En tanto que le fue posible emprender algo en ese período reaccionario y contra todos los demás ministros prusianos, sus colegas, contra Metternich que, sofocando toda luz intelectual, esperaba consolidar el reino de la reacción en Austria y en toda Alemania, von Altenstein intentó, quedando fiel a las viejas tradiciones liberales, reunir en la Universidad de Berlín todos los hombres de vanguardia, todas las celebridades de la ciencia alemana, de suerte que mientras el gobierno prusiano, de común acuerdo con Metternich y estimulado por el emperador Nicolás, sofocaba a todo precio el liberalismo y a los liberales, Berlín se convirtió en el centro, el foco brillante de la vida científica e intelectual de Alemania.

Hegel, que había sido invitado por el gobierno prusiano ya desde 1818 a ocupar la cátedra de Fichte, murió a fines de 1831. Pero dejó tras sí, en las universidades de Berlín, de Konigsberg y de Halle toda una escuela de jóvenes profesores, editores de sus obras y partidarios ardientes y comentadores de su doctrina. Gracias a sus esfuerzos infatigables, esa doctrina se difundió pronto no sólo por toda Alemania, sino también por muchos países de Europa y hasta en Francia, donde fue introducida, mutilada e irreconocible, por Víctor Cousin. Encadenó a Berlín, como una fuente de nueva luz, por no decir una nueva revelación, un gran número de espíritus alemanes y no alemanes. El que no ha vivido en esa época no podrá jamás comprender hasta qué grado tuvo ese sistema filosófico una fascinación poderosa en 1830–1850. Se creyó que se había encontrado y comprendido por fin lo absoluto, buscando siempre, y que se podía comprar al por mayor o en detalle en Berlín.

La filosofía de Hegel fue, realmente, un fenómeno considerable en la historia del desenvolvimiento del pensamiento humano. Fue la última palabra definitiva de ese movimiento panteista y abstractamente humanitario del espíritu alemán que comenzó con las obras de Lessing y llegó a su desarrollo más profundo en las de Goethe; fue un movimiento que creó un mundo infinitamente vasto, rico, superior y, se podría decir, completamente racional, pero que permaneció tan extraño a la tierra y a la vida real como lo estaba el cielo cristiano y teológico. En consecuencia, este mundo, como la fàta morgana, no alcanzando a los cielos y no tocando la tierra, suspendido entre el cielo y la tierra, transformó la vida misma de sus partidarios, de sus habitantes reflectores y poetizantes en una serie ininterrumpida de imágenes y de experiencias sonambúlicas, los hizo incapaces de vivir y, lo que aún es peor, los condenó a hacer en la vida actual todo lo contrario de lo que adoraban en el ideal poético o metafísico.

Es así como se explica el hecho notable y bastante general que nos llama la atención hasta hoy en Alemania, que los admiradores ardientes de Lessing, de Schiller, de Goethe, de Kant, de Fichte y de Hegel han podido y pueden aún servir de ejecutores sumisos y hasta voluntarios de las medidas que están lejos de ser humanas o liberales y que les son prescritas por los gobiernos. Se podría incluso decir que, en general, cuanto más elevado es el mundo ideal del alemán, más odiosos y más vulgares son su vida y sus actos en la realidad.

La filosofía de Hegel era la consumación definitiva de ese mundo ideal elevado. Lo expresaba y lo explicaba por sus fórmulas y categorías metafísicas que lo mataron luego, llegando por una lógica de hierro a reconocer definitivamente su propia derrota inevitable, su ineficacia y, hablando vulgarmente, su futilidad.

La escuela de Hegel se había dividido, como se sabe, en dos partidos opuestos; un tercer partido, el centro, se fundó también naturalmente entre esos dos, pero del cual, por lo demás, no tenemos la intención de hablar aquí. Uno de ellos, el partido conservador, encontró en la nueva filosofía la justificación y la legitimación de todo lo que existe, aferrándose a la frase célebre de Hegel: "Lo que es real es racional". Ese partido creó lo que se llamó la filosofía oficial de la monarquía prusiana, representada ya por Hegel mismo como el ideal de organización política.

Pero el partido opuesto de los llamados hegelianos *revolucionarios* se encontró ser más lógico que Hegel mismo y mucho más valeroso que él; desembarazó su doctrina de la máscara conservadora y descubrió en toda la desnudez la negación despiadada que formaba su verdadera quintaesencia. A la cabeza de ese partido se colocó el célebre Feuerbach, que no sólo llevó el argumento lógico hasta la negación total del mundo divino entero, sino también hasta la negación de la metafísica misma. No podía ciertamente ir más lejos. Metafísico él mismo, debía ceder el puesto a sus sucesores legítimos, a los representantes de la escuela de los materialistas o realistas, cuya mayor parte, por lo demás, como por ejemplo los señores Büchner, Marx y otros, no pudieron ni pueden aún desembarazarse de la hegemonía del pensamiento metafísico abstracto.

Dominaba en el período de los años 1830–1850 la opinión que la revolución que seguirá a la difusión del hegelianismo, desarrollado en el sentido de la negación absoluta, será ciertamente más radical, más profunda y más despiadada y más extensa en su destrucción que la revolución de 1793. Se pensaba así porque el pensamiento filosófico elaborado por Hegel y llevado a los resultados más extremos por sus discípulos era en efecto más completo y más profundo que el pensamiento de Voltaire y de Rousseau, que tuvieron, como se sabe, la influencia más directa y no siempre saludable en el desenvolvimiento y sobre todo en el desenlace de la primera revolución francesa. Así, por ejemplo, no hay duda alguna que entre los admiradores de Voltaire, ese despreciador instintivo de las masas populares, de la *multitud estúpida,* se encontraban hombres de Estado como Mirabeau y que el **partidario** más fanático de Jean Jacques Rousseau, Robespierre, fue el restaurador del orden divino y del orden civil reaccionario en Francia.

Se imaginaba en esos años 1830–50 que cuando sonara la hora de nuevo para la acción revolucionaria, los doctores en filosofía de la escuela de Hegel dejarían muy lejos tras sí a los hombres de acción más audaces de 1790–1800 del pasado siglo y maravillarían al mundo con su revolucionarismo, estrictamente lógico y despiadado. El poeta Heine ha escrito, al respecto, muchas cosas elocuentes: "Todas vuestras revoluciones —decía a los franceses— no son nada en comparación con nuestra futura revolución alemana. Nosotros, que hemos tenido la audacia de destruir sistemáticamente, científicamente el mundo divino entero, no nos detendremos ante ningún ídolo terrestre y no nos apaciguaremos más que cuando, sobre las ruinas de los privilegios y del poder, hayamos conquistado para el mundo entero la igualdad y la libertad más completas". Casi en esas mismas palabras anunciaba Heine a los franceses los milagros futuros de la revolución alemana. Y muchos creyeron en sus palabras. Pero ¡ay! bastó la experiencia de 1848 y 1849 para reducir a polvo esa fe. Los revolucionarios alemanes no sólo no han sobrepasado a los héroes de la primera revolución francesa, sino que no supieron tampoco compararse a los revolucionarios franceses de los años 1830–1840. ¿Cuál era la causa de esa lamentable derrota? Se explica naturalmente y sobre todo por el carácter histórico especial de los alemanes que los predispone mucho más a la obediencia leal y servil que a la rebelión, pero también por el método abstracto con que se encaminaron hacia la revolución. De acuerdo aquí también con su naturaleza, fueron, no de la vida al pensamiento, sino del pensamiento a la vida. Pero el que toma su punto de partida en el pensamiento abstracto no podrá nunca llegar a la vida, porque no existe camino que pueda conducir de la metafísica a la vida. Están separadas por un abismo. Franquear ese abismo, realizar un salto mortal o lo que Hegel mismo denominó un "salto cualitativo" desde el mundo de la lógica al mundo de la naturaleza, de la vida real, no lo consiguió aún nadie y nadie lo conseguirá jamás. El que se apoya en la abstracción morirá en ella.

La ruta viviente concretamente razonada es la ciencia, el camino del hecho real al pensamiento que lo abarca, que lo expresa y que, por consiguiente, lo explica; y en el mundo práctico, es el movimiento de la vida social hacia una organización lo más impregnada posible de esa vida, conforme a las indicaciones, a las condiciones, a las necesidades y a las exigencias más o menos apasionadas de esa misma vida.

Tal es la vasta ruta popular de la emancipación real y total, accesible a todos y, por consiguiente, realmente popular, ruta de la revolución social *anarquista,* que surge por sí misma del seno del pueblo, destruyendo todo lo que se opone al desborde generoso de la vida del pueblo a fin de crear luego, desde las profundidades mismas del alma popular, las nuevas formas de la vida social libre.

La ruta de los señores metafísicos es completamente diferente. Llamamos metafísicos no sólo a los discípulos de la doctrina de Hegel que no son más que un puñado en la tierra, sino también a los positivistas y, en general, a todos los propagandistas de la diosa de la ciencia de nuestros días; en general todos los que, de una manera o de otra, fuese por medio del estudio más meticuloso, por lo demás siempre necesariamente imperfecto, del pasado y del presente, se han creado un ideal de organización social en la cual, como moderno Procusto, quieren encerrar, cueste lo que cueste, la vida de las generaciones futuras; en una palabra, todos los que no consideran el pensamiento, la ciencia como una de las manifestaciones esenciales de la vida natural y social, sino que restringen hasta tal grado esa pobre vida que no ven en ella más que la manifestación práctica de su pensamiento y de su ciencia, naturalmente siempre imperfecta.

Metafísicos o positivistas, todos esos caballeros de la ciencia y del pensamiento, en nombre de los cuales se consideran llamados a prescribir leyes a la vida, son, consciente o inconscientemente, reaccionarios. Es muy fácil demostrarlo.

Sin hablar de la metafísica en general, de la que no se ocuparon en la época de su boga más brillante sino muy pocas gentes, la ciencia en el sentido más amplio de la palabra, la ciencia seria y que merece tal nombre, no es accesible en la hora actual más que a una minoría insignificante. Así, por ejemplo, entre nosotros en Rusia ¿cuántos pueden contarse como sabios serios en una población de 80 millones? Se podría quizás hablar de un millar de personas que se ocupan de las ciencias, pero apenas se encuentran algunos centenares a quienes se podría considerar como hombres de ciencia serios. Pero si la ciencia debe prescribir las leyes de la vida, habría la gran mayoría de los millones de hombres que tendrán que ser regidos por un centenar o dos de sabios; en el fondo, sería por un número mucho menor, porque no son todas las ciencias las que hacen al hombre capaz de administrar la sociedad, sino más bien la ciencia de las ciencias, el coronamiento de todas las ciencias – la sociología– que presupone, en el caso del feliz sabio, conocimientos serios previos de todas las demás ciencias. ¿Existen muchos sabios de ese género no sólo en Rusia, sino en toda Europa? ¡Tal vez veinte o treinta en total! ¿Y esos veinte o treinta sabios deberán administrar todo un mundo? ¿Se puede imaginar uno un despotismo más absurdo y más abyecto?

Es ante todo más que probable que esos treinta sabios se desgarrarán mutuamente y que si se unen, será e expensas de la humanidad entera. Por su esencia misma todo sabio está inclinado hacia toda suerte de perversidad intelectual y moral, y su principal vicio es la exageración de sus conocimientos, de su propio intelecto y el desprecio de todos los que no saben. Dadle la administración en sus manos y se convertirá en el tirano más insoportable, porque el orgullo del sabio es repugnante, ultrajante y es más opresivo que cualquier otro. Ser esclavos de pedantes, ¡qué destino para la humanidad! Dadles plena libertad y comenzarán a hacer sobre la humanidad las mismas experiencias que hacen actualmente en provecho de la ciencia sobre los conejos y los perros.

Respetemos a los sabios según sus méritos, pero por la salvación de su inteligencia y de su moralidad, no les demos ningún privilegio social y no les reconozcamos ningún otro derecho que el derecho que todos poseen, el de la libertad de profesar sus convicciones, sus pensamientos y sus conocimientos. No hay que darles ni a ellos ni a nadie el poder, porque al que está investido de un poder se volverá, inevitablemente, por la ley social inmutable, un opresor y un explotador de la sociedad.

Pero se nos dirá: la ciencia no será siempre el patrimonio de un pequeño número; llegará el tiempo en que será accesible a todos. Y bien, estamos lejos de ello y antes de que suene esa hora tendrán que realizarse gran número de trastornos sociales. Y hasta entonces, ¿quién querrá poner su suerte en manos de los sabios, de los sacerdotes de la ciencia? ¿Por qué arrancarla entonces de manos de los sacerdotes cristianos?

Nos parece que se engañan profundamente los que imaginan que todos serán igualmente sabios después de la revolución social. La ciencia como ciencia –mañana lo mismo que hoy– será una de las numerosas especialidades sociales con esta sola diferencia, que esa especialidad, accesible hoy a los individuos pertenecientes a las clases privilegiadas solamente, será luego, cuando desaparezcan las distinciones de clase para siempre, accesible a todos los que tengan vocación o deseo de estudiar, pero no a expensas del trabajo común manual que será obligatorio para todos.

Un patrimonio común será sólo la instrucción científica general y sobre todo la enseñanza del método científico, el hábito de pensar, es decir, de generalizar los hechos y de deducir conclusiones más o menos correctas. Pero habrá siempre un pequeño número de cerebros enciclopédicos y por consiguiente de sabios sociólogos. ¡Ay de la humanidad si el pensamiento se convirtiese en la fuente y en el único director de la vida, si las ciencias y el estudio se pusieran a la cabeza de la administración social! La vida se desecaría y la sociedad humana se transformaría en un rebaño mudo y servil. La administración de la vida por la ciencia no tendría otro resultado que el embrutecimiento de la humanidad.

Nosotros, revolucionarios–anarquistas, defensores de la educación del pueblo entero, de la emancipación y del desenvolvimiento más vasto de la vida social, y por consiguiente enemigos del Estado y de toda estatización, en oposición a todos los metafísicos, positivistas y a todos los adoradores sabios o profanos de la diosa Ciencia, afirmamos que la vida natural y social precede siempre al pensamiento que no es más que una de sus funciones, pero nunca su resultado; que se desarrolla de su propia profundidad inagotable por una serie de hechos diferentes y no de reflejos abstractos y que estos últimos, producidos siempre por ella, pero no lo contrario, indican sólo, como los postes kilométricos, su dirección y las diferentes fases de su desenvolvimiento propio e independiente.

De acuerdo con esa convicción nosotros no sólo no tenemos la intención o el menor deseo de imponer a nuestro pueblo o a cualquier otro pueblo tal o cual ideal de organización social, leído en los libros o inventado por nosotros mismos, sino que, convencidos de que las masas del pueblo llevan en sí mismas, en sus instintos más o menos desarrollados por la historia, en sus necesidades cotidianas y en sus aspiraciones conscientes o inconscientes, todos los elementos de su organización normal del porvenir, buscamos ese ideal en el seno mismo del pueblo; y como todo poder estatista, todo gobierno debe por su esencia misma y por su situación al margen del pueblo y sobre él, aspirar inevitablemente a subordinarlo a una organización y a fines que le son extraños, nos declaramos enemigos de todo poder gubernamental y estatista, enemigos de toda organización estatista en general y consideramos que el pueblo no podrá ser feliz y libre más que cuando, organizándose de abajo a arriba por medio de asociaciones independientes y absolutamente libres y al margen de toda tutela oficial, pero no al margen de las influencias diferentes e igualmente libres de hombres y de partidos, cree él mismo su propia vida.

Tales son las convicciones de los revolucionarios sociales y por eso se nos llama anarquistas. Nosotros no protestamos contra esa denominación, porque somos realmente enemigos de toda autoridad, porque sabemos que el poder corrompe tanto a los que están investidos de él como a los que están obligados a sometérsele. Bajo su influencia nefasta, los unos se convierten en tiranos vanidosos y codiciosos, en explotadores de la sociedad en provecho de sus propias personas o de su clase, los otros en esclavos. Los idealistas de todo matiz, los metafísicos, los positivistas, los defensores de la hegemonía de la ciencia sobre la vida, los revolucionarios doctrinarios, todos juntos soportan con el mismo ardor, bien que con argumentos diferentes, la idea del Estado y del poder estatista, viendo en ésta y según ellos *del todo lógicamente,* la única salvación de la sociedad. *Del todo lógicamente,* porque una vez adoptado el principio fundamental de que el pensamiento precede a la vida, principio absolutamente falso, según nosotros, que la teoría precede a la práctica social, y que por consiguiente la ciencia sociológica debe ser el punto de partida para reorganizaciones y revoluciones sociales, son forzados necesariamente a concluir que, puesto que el pensamiento, la teoría, la ciencia –al menos en la hora actual– constituyen el patrimonio de un pequeño número, y como ese pequeño número debe administrar la vida social, no sólo debe estimular, sino dirigir todos los movimientos nacionales, y al día siguiente de la revolución la nueva organización de la sociedad deberá ser creada, no por medio de la libre unión de abajo a arriba de las asociaciones del pueblo, de las comunas, de los cantones, de las provincias –de acuerdo con las necesidades e instintos del pueblo–, sino exclusivamente por el poder dictatorial de esa minoría sabia que pretende expresar la voluntad del pueblo.

Es sobre la ficción de esa pretendida representación del pueblo y sobre el hecho real de la administración de las masas populares por un puñado insignificante de privilegiados, elegidos o no elegidos por las muchedumbres reunidas en las elecciones y que no saben nunca por qué y por quién votan; sobre esa pretendida expresión abstracta que se imagina ser el pensamiento y la voluntad de todo un pueblo y de la cual el pueblo real y viviente no tiene la menor idea, sobre la que se basan igualmente la teoría estatista y la teoría de la llamada dictadura revolucionaria.

La única diferencia que existe entre la dictadura revolucionaria y el estatismo no está más que en la forma exterior. En cuanto al fondo, representan ambos el mismo principio de la administración de la mayoría por la minoría en nombre de la pretendida estupidez de la primera y de la pretendida inteligencia de la última. Son por consiguiente igualmente reaccionarias, pues el resultado de una y de otra es la afirmación directa e infalible de los privilegios políticos y económicos de la minoría dirigente y de la esclavitud política y económica de las masas del pueblo.

Está claro ahora por qué los *revolucionarios doctrinarios,* que tienen por misión destruir el poder y el sistema actuales a fin de crear sobre sus ruinas su propia dictadura, no han sido jamás y no serán nunca los enemigos, sino al contrario han sido y serán siempre los defensores más ardientes del Estado. No son enemigos más que del poder actual, porque quieren ponerse en su lugar; son enemigos de las instituciones políticas de hoy porque excluyen la posibilidad de su dictadura, pero son, sin embargo, los amigos más ardientes del poder estatista sin cuyo mantenimiento la revolución, que libertó definitivamente las grandes masas del pueblo, habría quitado a esa minoría pseudorevolucionaria toda esperanza de encadenarlas a un nuevo carro y de colmarlas de beneficios por sus medidas gubernamentales.

Y es tan justo que hoy, cuando la reacción triunfa en toda Europa, cuando todos los Estados, obsesionados por el instinto más rencoroso de su propia conservación y de la opresión del pueblo, armados hasta los dientes de una triple armadura – militar, policial y financiera– y aprestándose, bajo el comando supremo del príncipe de Bismarck, a una lucha encarnizada contra la revolución social; hoy, que se habría podido creer que todos los revolucionarios sinceros deberían unirse para rechazar el ataque desesperado de la reacción internacional, hoy, decimos, vemos al contrario que los revolucionarios doctrinarios bajo el comando del señor Marx apoyan en todas partes al estatismo y a los estatistas contra la revolución del pueblo.

Desde 1870 apoyaron en Francia al estadista republicano reaccionario Gambetta, contra la Liga revolucionaria del mediodía, que era la única que podía salvar a Francia del sometimiento alemán y de una coalición aun más peligrosa y hoy triunfante de los clericales, los legitimistas, los orleanistas y los bonapartistas. En Italia guiñan los ojos a Garibaldi y a los restos del partido de Mazzini; en España han tomado abiertamente el partido de Castelar, de Pí y Margall y de la Constituyente de Madrid; y, en fin, en Alemania y alrededor de Alemania, en Austria, Suiza, Holanda y Dinamarca están al servicio del príncipe de Bismarck a quien consideran, según sus propias opiniones, un militante revolucionario muy útil y a quien sostienen en la obra de pangermanización de todos esos países.

Está claro ahora por qué los señores doctores en filosofía de la escuela de Hegel, a pesar de todo su revolucionarismo rimbombante en el mundo de las ideas abstractas, demostraron ser en realidad, en 1848 y 1849, no revolucionarios sino en el mayor número de los casos reaccionarios, y por qué actualmente la mayoría de ellos se han vuelto partidarios encarnizados del príncipe de Bismarck.

Pero en esos años 1830–1850 su pseudorrevolucionarismo, que no ha podido ser experimentado por parte alguna, halló mucha fe. Ellos mismos creían en él, aunque no lo manifestaban sobre todo más que en obras, demasiado abstractas, de manera que el gobierno no le prestaba atención alguna. Tal vez comprendía ya entonces que trabajaban para él.

Por otra parte el gobierno aspiraba incesantemente a conseguir su fin principal, la fundación, primero, de la hegemonía prusiana en Alemania y luego la sumisión pura y simple de toda la Alemania a su dominación indivisible por una vía que le parecía más provechosa y más favorable que la vía de las reformas liberales o tan sólo del estímulo de la ciencia alemana, a saber, por la ruta económica sobre la que encontraría además las ardientes simpatías de toda la rica burguesía comercial e industrial, del mundo financiero judío, de toda Alemania, pues la prosperidad de la una y de la otra exigía inevitablemente una profunda centralización estatista. Vemos hoy, a título de confirmación, el ejemplo de la Suiza alemana en donde los grandes industriales y banqueros comienzan claramente a expresar sus simpatías por la unión política más íntima con el enorme mercado alemán, es decir, con el imperio pangermánico que obra sobre todos los pequeños Estados limítrofes con la fuerza magnética y absorbente de una serpiente boa.

La primera idea de la institución de una *unión aduanera* no pertenece por lo demás a Prusia, sino a Baviera y a Würtenberg que concertaron entre sí tal unión ya en 1828. Prusia se apoderó pronto de esa idea y de su realización.

Existían antes en Alemania tantas aduanas y tantos reglamentos fiscales como Estados que la componían. Esa situación era realmente insostenible y tuvo por consecuencia el estancamiento de todo el comercio y toda la industria alemana. Por eso Prusia, al aferrarse con su mano poderosa a la unión aduanera de Alemania, prestó verdaderamente un gran servicio a ésta. En 1836 ya y bajo la dirección suprema de Prusia, los ducados de Hesse, Baviera, Würtenberg, Sajonia, Turingia, Bade, Nassau y la ciudad libre de Francfort, con un total de más de 27 millones de habitantes, se adhirieron a esa unión. No quedaban más que Hannover, los ducados de Mecklenburg y de Oldenburg, las ciudades libres de Hamburgo, de Lübeck y de Bremen y, en fin, todo el imperio austríaco.

Es justamente la exclusión del imperio austríaco de la unión aduanera alemana lo que constituía el interés esencial de Prusia, porque esa exclusión, económica solamente al principio, debía implicar luego su exclusión política.

Hacia 1840 comienza el *tercer período* del liberalismo alemán. Es muy difícil de caracterizarlo. Es excepcionalmente rico en desenvolvimientos variados de las tendencias más diversas de escuelas, de intereses y de pensamientos, pero igualmente pobre en hechos. Está lleno con la personalidad descabezada y con los escritos caóticos del rey Federico Guillermo IV, que heredó el trono de su padre precisamente en el año 1840.

La actitud de Prusia con respecto a Rusia cambió completamente bajo su reinado. Contrariamente a su padre y a su her—mano, el emperador actual de Alemania, el nuevo rey, od- iaba al emperador Nicolás. Lo pagó después bien caro y debió arrepentirse pública y amargamente, pero ni el diablo lo asustaba al principio de su reinado. Semisabio, semipoeta, atacado de una debilidad fisiológica y borracho hecho y derecho Protector y amigo de los románticos ambulantes y de los patriotas pangermanizantes, fue durante los últimos años de la vida de su padre la esperanza de los patriotas alemanes. Todos tenían esperanzas de que otorgaría la constitución.

El primer acto fue una amnistía completa. Nicolás frunció las cejas, pero al contrario toda Alemania aplaudió y las esperanzas liberales se acentuaban. La constitución, sin embargo, no fue otorgada; al contrario, dio a luz tantas perogrulladas —políticas, románticas, teutónicas— que los alemanes quedaron en ayunas.

Y, sin embargo, la cosa era muy simple. Vanidoso, ambicioso, agitado, al mismo tiempo incapaz en maestría y en negocios,

Federico Guillermo IV era un epicúreo, un libertino, un romántico o un tonto en un trono. Como toda persona incapaz para cualquier cosa real, no dudaba sobre nada. Le parecía que el poder real, en la vocación divina y mística en que creía sinceramente, le daba el derecho y la fuerza para hacer absolutamente todo lo que se le metiera en la cabeza, contra toda lógica y todas las leyes de la naturaleza y de la sociedad para realizar lo imposible y unir los inconciliables.

Es así como quiso que la libertad más absoluta reinase en Prusia, pero permaneciendo ilimitado al mismo tiempo el poder real, para que su capricho no fuera obstaculizado de modo alguno. Con ese espíritu comenzó a decretar la constitución, primero para las provincias, y después, en 1847, promulgó algo del género de una constitución común. Pero no había nada de serio en todo eso. No había más que una sola cosa: por sus tentativas incesantes, completando una a la otra y contradiciéndose recíprocamente, volvió al viejo régimen y puso en fermentación a todos sus súbditos, desde el primero al último. Todos se pusieron a esperar algo.

Ese algo fue la revolución de 1848. Todos sentían su proximidad no sólo en Francia, en Italia, sino en Alemania también; sí, precisamente en Alemania que, durante ese tercer período, entre 1840 y 1848 tuvo tiempo de infiltrarse del espíritu francés de rebelión. Ese estado de espíritu francés no era de ningún modo obstaculizado por el hegelianismo que, al contrario, gustaba de expresar en lengua francesa, naturalmente con una torpeza suficiente y con un acento alemán, sus conclusiones revolucionarias abstractas. Nunca leyó tanto Alemania las obras francesas como en ese período. Se habría creído que había olvidado su propia literatura. Al contrario, la literatura francesa, sobre todo la literatura revolucionaria, penetró en todas partes. La historia de los girondinos de Lamartine, las obras de Louis Blanc y de Michelet fueron traducidas en lengua alemana al mismo tiempo que las últimas novelas. Y los alemanes comenzaron a soñar con héroes de la revolución francesa y se repartían los papeles para el porvenir: uno se imaginaba ser Danton o el amable Camilo Desmoulins, otro Robespierre o Saint– Just, otro en fin Marat. Pero nadie quería ser él mismo, porque para eso habría sido preciso estar dotado de una naturaleza real. Pero los alemanes poseen todos el pensamiento profundo y los sentimientos exaltados, en cambio no poseen "naturaleza", y si la tienen, ¡pues bien!, es servil.

Muchos literatos alemanes, queriendo seguir el ejemplo de Heine y de Borne, ya muerto, se trasladaron a París. Los más notables entre ellos fueron el doctor Arnold Ruge, el poeta Herwegh y K. Marx. Quisieron primeramente editar juntos una revista, pero desarmonizaron muy pronto. Los dos últimos eran ya socialistas.

Alemania no había comenzado a interesarse en las ciencias sociales más que hacia 1840–50. El profesor vienés Stein ha sido el primero en escribir sobre este asunto un libro alemán. Pero el primer socialista, o más bien comunista, alemán práctico, fue indudablemente el sastre Weitling, que llegó al comienzo de 1843 a Suiza desde París, donde había sido miembro de la sociedad secreta de los comunistas franceses. Fundó muchas sociedades comunistas entre los artesanos alemanes de Suiza, pero a fin de 1843 fue entregado a Prusia por el jefe de entonces del cantón de Zurich, señor Bluntschli, hoy jurisconsulto célebre y profesor de Derecho en Alemania.

Pero el propagandista principal del socialismo en Alemania, clandestinamente primero y públicamente después, fue Karl Marx.

El señor Marx desempeñó y desempeña aún un papel demasiado importante en el movimiento socialista del proletariado alemán, para que se pueda pasar por alto esa individualidad notable sin tratar de describirla por algunos rasgos característicos.

El señor Marx es judío de origen. Reúne en sí todas las cualidades y todos los defectos de esa raza capaz. Nervioso hasta la poltronería, según algunos, es excesivamente ambicioso y vanidoso, pendenciero, intolerante y absoluto como Jehová, el dios de sus antepasados, y, como él, vindicativo hasta la demencia. No hay mentira ni calumnia que no sea capaz de inventar y de difundir contra el que ha tenido la desgracia de suscitar en él la envidia o, lo que viene a ser lo mismo, el odio. Y no hay intriga innoble ante la cual pueda detenerse si, en su opinión, por lo demás casi siempre errónea, esa intriga puede servir para reforzar su posición, su influencia o para la difusión de su fuerza. En este sentido, es un político consumado.

Tales son sus cualidades negativas. Pero tiene sus cualidades positivas. Es muy inteligente y excesivamente sabio. Doctor en Filosofía, era ya en Colonia hacia el año 1840 el alma y el centro de un número de círculos notables de hegelianos avanzados con los cuales había comenzado a publicar un periódico de oposición, clausurado luego por orden ministerial. A ese círculo pertenecían también los hermanos Bruno y Edgardo Bauer, Max Stirner y después en Berlín el primer círculo de nihilistas alemanes que por su lógica cínica sobrepasaron con mucho a los nihilistas más violentos de Rusia.

En 1843 ó 1844 Marx se estableció en París. Fue aquí donde entró por primera vez en contacto con la sociedad de los comunistas franceses y alemanes y con su compatriota el judío alemán M. Hess, que había sido, antes de él, sabio economista y socialista y que tuvo entonces una influencia considerable sobre el desenvolvimiento científico del señor Marx.

Es raro encontrar un hombre que sepa y lea tanto, y que lea tan inteligentemente como el señor Marx. El objeto exclusivo de sus estudios era ya entonces la ciencia económica. Estudió con extrema atención a los economistas ingleses, que sobrepasaban entonces a todos los demás por el carácter positivo de sus conocimientos, por una mentalidad práctica construida sobre los hechos económicos ingleses, por la crítica severa, por el atrevimiento concienzudo de las conclusiones. Pero a todo eso el señor Marx agregó dos elementos nuevos, primero la dialéctica más abstracta, la más curiosamente sutil, adquirida por él en la escuela de Hegel y que llevaba a menudo a la perversidad con una habilidad de malabarista, y además el punto de partida comunista.

El señor Marx ha leído naturalmente y releído a todos los socialistas franceses, desde Saint–Simon a Proudhon inclusive; como se sabe odia a este último y no hay ninguna duda que en la crítica despiadada dirigida por él contra Proudhon hay mucho de verdadero: Proudhon, a pesar de todos sus esfuerzos para colocarse en el terreno práctico, ha permanecido, sin embargo, idealista y metafísico. Su punto de partida es la idea abstracta del derecho; del derecho va al hecho económico, mientras que el señor Marx, en oposición a Proudhon, ha expresado y demostrado la verdad indudable, confirmada por la historia pasada y contemporánea de la sociedad humana, de los pueblos y de los Estados, que el factor económico ha precedido siempre y precede al derecho jurídico y político. En la exposición y la prueba de esa verdad consiste uno de los más importantes servicios científicos prestados por el señor Marx.

Pero lo que es más notable y lo que el señor Marx no quiso admitir nunca, es que en materia política el señor Marx es el discípulo directo de Louis Blanc. El señor Marx es incomparablemente más inteligente e incomparablemente más erudito que ese pequeño revolucionario frustrado y hombre de Estado, pero, aunque sea alemán, a pesar de su talla respetable, tomó su lección del pequeño francés.

Esa singularidad se explica, por lo demás, muy sencillamente: el retórico francés, como político burgués y como admirador declarado de Robespierre, y el sabio alemán, en su triple cualidad de hegeliano, de judío y de alemán, los dos son estatistas desesperados y los dos preconizaban el comunismo estatista, con esta sola diferencia, que el uno se contenta, en lugar de argumentos, con declaraciones retóricas, mientras que el otro, como compete a un sabio y a un alemán de peso, rodea ese mismo principio que ambos admiran con toda suerte de sutilidades, con la dialéctica hegeliana y con una profusión de sus conocimientos variados.

Hacia 1845 el señor Marx se encontró a la cabeza de los comunistas alemanes y, luego, junto con su amigo abnegado, Engels, tan inteligente como él, aunque menos erudito, pero por eso más práctico y no menos hábil en la calumnia política, en la mentira y en la intriga, fundó la sociedad secreta de los comunistas o socialistas estatistas alemanes. Su comité central de que él y el señor Engels eran, naturalmente, los jefes, fue trasladado, después de su expulsión de París en 1846, a Bruselas, donde quedó hasta 1848. Por lo demás, la propaganda, hasta esa fecha, permaneció secreta y por consiguiente no se mostraba al exterior, aunque tuvo una cierta difusión por toda Alemania.

El veneno socialista penetró ciertamente en Alemania por toda especie de vías. Incluso halló su expresión en movimientos religiosos. ¿Quién no conoce la doctrina religiosa efímera, surgida en 1844 y desaparecida en 1848, conocida con el nombre de "nuevo catolicismo"? (En este momento aparece en

Alemania una nueva herejía contra la iglesia romana bajo el nombre de *viejo catolicismo).*

El nuevo catolicismo tuvo su origen del modo siguiente. Como hoy en Francia, el clero católico tuvo la idea de suscitar en Alemania, en 1844, el fanatismo de la población católica por una procesión grandiosa en honor de la Santa Túnica de Cristo que, se decía, había sido conservada en Treves. Un millón aproximadamente de peregrinos se reunieron en esa fiesta de todos los rincones de Europa, pasearon con solemnidad la santa túnica y cantaron: "Santa Túnica, ruega a Dios por nosotros". Eso provocó un enorme escándalo en Alemania y dio a los radicales alemanes ocasión de lucirse. Hemos tenido ocasión de ver en Breslau, en 1848, la pequeña taberna donde inmediatamente después de esa procesión, se reunieron algunos radicales silesianos, entre ellos el célebre conde de Rechenbach y sus camaradas de universidad: el profesor de Liceo Stin, y el ex sacerdote católico Johann Range. Bajo su dictado, Range escribió una carta abierta de protesta elocuente al obispo de Treves, a quien denominó el Tetzel del siglo XIX. Es así como comenzó la herejía neocatólica.

Se difundió rápidamente por toda Alemania hasta el ducado de Posnania, y bajo el pretexto de la vuelta a la religión cristiana comunista, se predicaba en todas partes el comunismo. El gobierno estaba perplejo y no sabía qué hacer, pues la propaganda llevaba ciertamente un carácter religioso y en el seno de la población protestante misma se habían creado *comunas libres* que manifestaban, bien que modestamente, una tendencia política socialista.

La crisis industrial de 1847, que había consagrado la muerte por hambre de docenas de millares de tejedores, suscitó en toda Alemania un interés por las ideas sociales. El poeta Heine escribió en esa ocasión una poesía admirable "Los tejedores", que profetizaba el próximo advenimiento de la revolución social despiadada.

Y en efecto todos esperaban en Alemania, si no la revolución social, al menos una revolución política, de la cual creía surgiría la resurrección y la renovación de la patria alemana; y en esa espera general, en ese coro de esperanzas y de votos, la nota esencial era patriótica y estatista.

Los alemanes se sentían disgustados ante la actitud irónica con que los ingleses y los franceses, al hablar de ellos como de un pueblo erudito y de espíritu profundo, les negaban toda capacidad práctica y todo espíritu de libertad. Es por eso que todos sus votos y todas sus peticiones se dirigían sobre todo a un solo objetivo: la fundación de *un Estado pangermánico único y poderoso* bajo cualquier forma que fuere –republicano o monárquico– siempre que ese Estado fuera suficientemente fuerte para suscitar la admiración y el temor de todos los pueblos vecinos.

En 1848, junto con la revolución en toda Europa vino el cuarto período, la crisis definitiva del liberalismo alemán. La crisis terminó con su completo desastre.

Desde la victoria lamentable ganada en 1525 por las fuerzas unidas del feudalismo que se acercaban visiblemente a su fin de los Estados modernos que acababan de fundarse en Alemania contra la rebelión gigantesca de los campesinos – victoria que consagró definitivamente a toda Alemania a una esclavitud de larga duración bajo el yugo burocrático y estadista–, no se habían amontonado en ese país tantas materias inflamables, tantos elementos revolucionarios como en la víspera de 1848. La insatisfacción, la espera y el deseo de una revolución eran generales, con excepción de la alta burocracia de la nobleza, y lo que no hubo en Alemania ni después de la caída de Napoleón ni en los años 1820–1840, se diseminó entonces, por las filas de la burguesía misma, donde no ya por decenas, sino por centenas, se contaban los hombres que se llamaban revolucionarios y que tenían pleno derecho a llamarse así, porque no contentándose con falsas flores literarias y con la charla retórica, estaban realmente decididos a dar su vida por sus convicciones.

Nosotros conocimos muchos de ellos. No habían pertenecido ciertamente al mundo de los ricos o de la burguesía literaria erudita. Había entre ellos muy pocos abogados, un poco más de médicos y, lo que es notable, casi ningún estudiante, a excepción de los estudiantes de la Universidad de Viena que tomaron en 1847 y 1848 una dirección claramente revolucionaria por la razón quizá que, con respecto a la ciencia, es la más inferior de todas las universidades alemanas (no hablamos de la Universidad de Praga, que es una Universidad eslava).

La mayor parte de los estudiantes alemanes estaban ya entonces de parte de la reacción, no feudal, evidentemente, como liberal–conservadora; eran partidarios del orden estadista a todo precio. Puede figurarse uno lo que será de esa juventud hoy.

El partido radical estaba dividido en dos categorías. Las dos se habían formado bajo la influencia directa de las ideas revolucionarias francesas. Pero existía entre ambos una gran diferencia. Pertenecían a la primera parte los hombres que componían la flor de la joven generación estudiosa de Alemania: los doctores de las diferentes facultades, los médicos, los abogados, así como un número bastante notable de funcionarios, de escritores, de periodistas, de oradores; todos eran naturalmente políticos de espíritu profundo que esperaban con impaciencia la revolución que debía abrir el campo vasto a todos sus talentos. Apenas comenzó la revolución esos hombres se pusieron a la cabeza del partido radical y, después de muchas evoluciones eruditas, habiéndola agotado inútilmente y habiendo paralizado en ella los últimos vestigios de su energía, llegaron a una completa nulidad.

Pero existía otra categoría de hombres, menos brillantes y menos ambiciosos, pero al contrario más sinceros y por consiguiente más serios; se les encontraba en las filas de la pequeña burguesía. Había muchos profesores de escuela y pobres dependientes de casas comerciales e industriales. Había también, naturalmente, abogados, médicos, profesores de Universidad, periodistas, editores y aun funcionarios, pero en número ínfimo. Esos hombres eran verdaderamente santos y revolucionarios serios en el sentido de la abnegación ilimitada y de estar siempre dispuestos a sacrificarse hasta el fin y sin frases por la causa revolucionaria. No hay duda que si hubiesen tenido otros jefes y si la sociedad alemana en general hubiese sido capaz y hubiese estado dispuesta para una revolución popular, esos hombres habrían podido prestar grandes servicios.

Pero esos hombres eran revolucionarios y estaban dispuestos a servir honestamente a la revolución sin darse claramente cuenta de lo que es la revolución y de lo que es preciso exigir de ella. No había, no podía haber en ellos ni instinto colectivo, ni voluntad o pensamiento colectivos. Eran revolucionarios individuales sin base sólida, y siendo incapaces de hallar en sí un pensamiento madre, eran obligados a ponerse ciegamente bajo la dirección desorbitada de sus colegas mayores y sabios en cuyas manos se convirtieron en un instrumento de engaño inconsciente de las masas del pueblo. El instinto individual les impulsaba hacia la emancipación integral, hacia la igualdad y hacia el bienestar para todos, mientras que se les obligaba a obrar por el triunfo del Estado pangermánico.

Existía entonces en Alemania, como por lo demás existe aún hoy, un elemento revolucionario más serio todavía, el proletariado de las ciudades; había demostrado en Berlín, en Viena y en Francfort en 1848, y en 1849 en Dresde, en el reino de Hannover y en el ducado de Bade, que era capaz y estaba dispuesto a una rebelión seria siempre que se le asegurara un comando un poco inteligente y honesto. Se encontró en el mismo Berlín un elemento por el cual hasta aquí sólo era renombrado París, el *gavroche* de la calle, el pilluelo revolucionario y héroe.

En esa época el proletariado de Alemania, al menos su gran mayoría se encontró aún casi enteramente fuera de la influencia de la propaganda de Marx y fuera de la organización de su partido comunista. Esa influencia estaba difundida sobre todo en las ciudades industriales de la Prusia renana, en Colonia particularmente. Existían ramificaciones en Berlín, en Breslau y últimamente en Viena, pero todas eran muy débiles. Existía, naturalmente, en el seno del proletariado alemán, como en el proletariado de los otros países, el germen instintivo de las aspiraciones socialistas que se habían manifestado más o menos en las grandes masas del pueblo en todas las revoluciones pasadas no sólo políticas, sino también religiosas. Pero existe una diferencia enorme entre una tal aspiración instintiva y una demanda consciente y claramente determinada de una transformación social o de reformas sociales. Una demanda tal no apareció en Alemania ni en 1848 ni en 1849, bien que el célebre manifiesto de los comunistas alemanes, elaborado y escrito por los señores Marx y Engels, baya sido publicado en marzo de 1848. Pasó a través del pueblo alemán sin dejar casi rastro. El proletariado revolucionario de todas las ciudades de Alemania estaba directamente sometido al partido de los radicales políticos o de la *extrema democracia,* lo que le daba una gran fuerza; pero esa misma democracia burguesa, desorientada por el programa burgués patriótico y por la inconsecuencia absoluta de sus jefes, acabó por engañar al pueblo.

Había, en fin, en Alemania, un elemento que no existe ya: es el campesino revolucionario o, al menos, apto para ser revolucionario. En esta época existía todavía, en la mayor parte de Alemania, un resto del antiguo sistema feudal, como existe aún en los dos ducados de Mecklenburg. En Austria el régimen feudal estaba todavía en plena boga. No había duda alguna que los campesinos alemanes estaban dispuestos y eran capaces de la rebelión. Como en 1830 en el Palatinado, así en 1848 casi en toda Alemania, todos los campesinos, apenas tuvieron noticia de la proclamación de la revolución francesa, comenzaron a removerse y tomaron una parte ardiente, viva y activa en las primeras elecciones de diputados en los numerosos parlamentos revolucionarios. Los campesinos alemanes creían aún entonces que los parlamentos podrán y querrán hacer algo por ellos y enviaron allá como representantes suyos los más resueltos y los más rojos de ellos, naturalmente en la medida que todo político alemán puede ser resuelto y rojo. Habiéndose convencido un poco más tarde de que no podrían obtener nada útil de los parlamentos, los campesinos se enfriaron; pero al comienzo estaban decididos a todo, aun a la rebelión general.

En 1848, como en 1830, los liberales y radicales alemanes temían grandemente esa rebelión; incluso los socialistas de la escuela de Marx carecían de toda simpatía hacia ella. Todos saben que Fernando Lassalle, el cual, según su propia opinión, era un discípulo directo de ese comandante en jefe del partido comunista, lo que no impidió por lo demás al maestro expresar en ocasión de la muerte de Lassalle el descontento envidioso contra el discípulo brillante que había dejado a su maestro muy lejos en materia práctica, se había expresado varias veces en el sentido que el desastre de la rebelión de los campesinos en el siglo VI y el refuerzo y el desarrollo del Estado burocrático en Alemania, que le siguieron, eran un triunfo verdadero para la revolución.

Para los comunistas o para los demócratas sociales de Alemania los campesinos, toda clase campesina, es la reacción; y el Estado, todo Estado, incluso bismarckiano es la revolución. Que no se crea que murmuramos de ellos. Como prueba de que piensan verdaderamente así no hay más que indicar sus discursos, folletos, artículos de periódicos y, en fin, sus cartas. Los marxistas, en suma, no pueden pensar de otro modo; estatistas a todo precio, tienen que maldecir toda revolución del pueblo, y sobre todo de los campesinos, porque tal revolución es anarquista por su naturaleza misma y tiende directamente a la abolición del Estado. Siendo pangermanistas *à outrance,* están obligados a rechazar una revolución campesina por la sola razón que tal revolución es específicamente eslava.

Y en ese odio a la rebelión campesina se entienden de una manera tierna y conmovedora con todos los estratos y todos los partidos burgueses de la sociedad alemana. Hemos visto ya que bastó en 1830 a los campesinos del Palatinado bávaro levantarse con sus hoces y sus horcas contra las atribuciones señoriales para que el ardor revolucionario que abrasaba entonces a la juventud de Alemania del sur se enfriase repentinamente. Lo mismo se repitió en 1848 y la oposición resuelta de los radicales alemanes a toda tentativa de rebelión campesina desde el comienzo de la revolución de 1848 fue, se podía decir, la causa principal del desenlace lamentable de esa revolución.

Comenzó por una serie notable de triunfos populares. En el espacio de apenas un mes después de las jornadas de febrero en París, todas las instituciones y fuerzas gubernamentales fueron barridas de la tierra alemana casi sin el menor esfuerzo del pueblo. Apenas triunfó la revolución del pueblo en París, desamparados por el pavor y el desprecio de que eran objeto, gobernantes y gobiernos comenzaron a caer unos tras otros. Hubo, es verdad, algo del *género* de una resistencia armada en Berlín y en Viena; pero fue de tal modo insignificante que es superfluo hablar de ello.

Por tanto la revolución triunfó en Alemania casi sin efusión de sangre. Las cadenas fueron quebrantadas, los obstáculos cayeron por sí mismos. Los revolucionarios alemanes habrían podido hacerlo todo. ¿Qué han hecho?

Se nos dirá que la revolución ha fracasado, no sólo en Alemania, sino en toda Europa. Pero en todos los demás países la revolución fue vencida después de una lucha larga y seria por fuerzas extranjeras: en Italia por tropas austríacas, en Hungría por rusos y austríacos; en cuanto a Alemania la revolución fue quebrantada por el propio fracaso de los revolucionarios.

Tal vez se nos dirá que eso es lo que tuvo lugar en Francia; pues no; en Francia pasó otra cosa. Precisamente en este momento se ha promovido un problema revolucionario terrible allí, que arroja de repente todos los políticos burgueses y hasta los revolucionarios rojos en brazos de la reacción. En las jornadas memorables de junio se encontraron, por segunda vez en Francia, la burguesía y el proletariado como enemigos entre los cuales toda reconciliación era imposible. Se habían encontrado la primera vez en 1834, en Lyon.

Como hemos advertido ya, la cuestión social comenzaba entonces apenas en Alemania a abrirse camino por vías subterráneas en la conciencia del proletariado, y aunque se hablase de ella, era más bien desde el punto de vista teórico, como de una cuestión más bien francesa que alemana. Por esa razón no podía separar el proletariado alemán de los demócratas, a quienes los obreros estaban dispuestos a seguir sin discutir, siempre que los demócratas estuviesen dispuestos a conducirlo a la batalla.

Pero es justamente esa batalla en las calles la que los jefes y políticos del partido demócrata de Alemania querían evitar. Preferían las luchas no sangrientas y sin peligro en los parlamentos que el barón Jellacic, el buen croata y uno de los instrumentos de la reacción habsburgo–austríaca, había denominado tan pintorescamente *instituciones para ejercicios retóricos.*

Había entonces en Alemania un número incalculable de parlamentos y de asambleas constituyentes. Entre ellos hay que notar la Asamblea nacional de Francfort que debía crear la constitución común a toda Alemania. Se componía de 600 diputados aproximadamente que representaban a toda Alemania, y eran elegidos directamente por el pueblo. Había también diputados de las provincias alemanas del imperio austríaco; en cuanto a los eslavos de Bohemia y de Moravia, se habían rehusado a enviar sus diputados con gran indignación de los patriotas alemanes que no podían y sobre todo no querían comprender que Bohemia y Moravia, al menos en tanto que estaban pobladas por eslavos, no son de ningún modo tierras alemanas. Es así como se reunió en Francfort la flor del patriotismo y del liberalismo alemán, de la inteligencia alemana y de la erudición alemana. Todos los patriotas y revolucionarios de los años 1820–30, y 1830–40, que habían tenido la dicha de vivir en ese período, todas las celebridades de 1840–1850 se encontraron en ese parlamento supremo de toda Alemania. ¡Y he ahí que, repentinamente, con gran estupefacción de todos, se debió constatar desde los primeros días que al menos las tres cuartas partes de los diputados elegidos directamente por el pueblo eran reaccionarios! No sólo reaccionarios, sino niños en política, muy sabios, es verdad, pero excesivamente inocentes.

Habían creído seriamente que les bastaría extraer de sus sabios cerebros una constitución para toda Alemania y proclamarla en nombre del pueblo para que todos los gobiernos alemanes se sometiesen de inmediato a ella. Creyeron en las promesas y en los juramentos de los soberanos alemanes, como si no hubiesen probado ya en carnes propias y en carne de sus camaradas su perfidia desvergonzada v sistemática durante más de treinta años, desde 1815 a 1848. Los historiadores profundos y los juristas no pudieron comprender esa simple verdad, cuya explicación y confirmación habrían podido encontrar en cada página de la historia, a saber: para hacer inofensiva toda fuerza política, para apaciguarla, para vencerla no hay más que un medio: destruirla. Los filósofos no habían comprendido que no puede haber otras garantías contra la fuerza política que la destrucción absoluta de esa fuerza; que, en política, como en una arena en donde luchan fuerzas y hechos, las palabras, las promesas y los juramentos no tienen ningún valor aunque sólo sea porque toda fuerza política, en tanto que permanece una fuerza verdadera al margen mismo y contra la voluntad de las autoridades y de los soberanos que la administran, debe, por su esencia misma y con peligro de su autodestrucción, aspirar infaliblemente a todo precio a la realización de sus fines.

Los gobiernos alemanes estaban en marzo de 1848 desmoralizados, intimidados, pero de ningún modo destruidos. La antigua organización estatista, burocrática, financiera, jurídica, política y militar quedó intacta. Cediendo a la presión de la época, habían aflojado un poco el freno, pero las riendas quedaron siempre en manos de los soberanos. La mayor parte de los funcionarios, habituados a ejecutar mecánicamente las órdenes, toda la policía, el ejército, les quedaron tan fieles como antes, más que antes aún, porque en medio de esa borrasca popular que amenazaba toda su existencia, sólo de ellos podían esperar la salvación. Y en fin, a pesar del triunfo general de la revolución, la percepción y el pago de los impuestos continuaron con la regularidad habitual.

Al principio de la revolución algunas voces aisladas, es verdad, habían pedido que el pago de los impuestos y en general la ejecución de todas las contribuciones en especies y en dinero, cesasen en toda la extensión del territorio alemán hasta el establecimiento de la nueva constitución. Pero contra esa proposición, que promovió dudas incluso en el pueblo y sobre todo en los campesinos se levantó un grito unánime de reprobación de parte de la burguesía entera, no sólo de parte de los liberales, sino de parte de los revolucionarios más rojos y más radicales. Pero se inclinaban directamente hacia la bancarrota del Estado y hacia la abolición de todas las instituciones estatistas, y eso en un momento en que todos se preocupaban de crear un Estado nuevo y más fuerte aún: ¡el Estado pangermánico uno e indivisible! ¡Imaginaos, pues! ¡La destrucción del Estado! Eso habría podido ser la emancipación y la fiesta de la multitud estúpida del pueblo trabajador, pero para los hombres respetables, para toda la burguesía que no vivía más que por la potencia del Estado, eso era una desgracia. Como la asamblea nacional de Francfort y con ella todos los radicales de Alemania no traían la menor intención de abolir la potencia estatista que se hallaba en manos de los soberanos alemanes y como, por otra parte, no podían y no querían organizar la potencia popular incompatible con la otra, no quedaba más que hacer que consolarse con la fe en la inviolabilidad de las promesas y de los juramentos de esos mismos soberanos.

No estaría fuera de lugar el recordar a menudo a los que hablan siempre de la misión especial de la ciencia y de los sabios de organizar las sociedades y de dirigir los Estados la suerte tragicómica del desdichado Parlamento de Francfort. Si una asamblea política cualquiera mereció alguna vez la denominación de sabia, es ese parlamento pangermánico en donde estaban los profesores más célebres de todas las universidades alemanas y de todas las facultades, especialmente juristas, economistas e historiadores.

Ante todo, como hemos dicho ya, esa asamblea resultó, en su gran mayoría, excesivamente reaccionaria; lo fue en tal grado que, cuando Radowitz –que era el amigo, el corresponsal regular y el servidor abnegado del rey Federico Guillermo IV, ex embajador de Rusia entre la Unión alemana y nacional–, propuso a esa asamblea hacer una declaración solemne de simpatía a las tropas austríacas, ese ejército *alemán,* compuesto en su mayor parte de magyares y de croatas y lanzado por el gabinete de Viena contra los italianos en revuelta, la gran mayoría, arrastrada por su discurso germano–patriótico, se levantó y aplaudió a los austríacos. Por esa manifestación la asamblea declaró solemnemente, en nombre de toda Alemania, que el objetivo principal, que el objetivo único serio de la revolución no era de ningún modo la conquista de la libertad para los pueblos alemanes, sino la construcción para esos pueblos de una nueva y enorme prisión patriótica que llevaría el nombre de *imperio pangermánico* uno e indivisible.

La asamblea se mostró de una injusticia tan brutal con respecto a los polacos del ducado de Posnania y en general con respecto a todos los eslavos. Todas esas razas, que odiaban a lo alemanes, debían ser devoradas por el Estado pangermánico. La potencia futura y la grandeza de la patria alemana lo exigían.

La primera cuestión de orden interior que se presentó para ser tratada por la sabia y patriótica asamblea fue: el Estado alemán, ¿debe ser una república o una monarquía? Y naturalmente la cuestión se decidió en favor de la monarquía. Sin embargo, no habría que acusar de esa decisión a los señores profesores, diputados y legisladores. Está de más decir que ellos, alemanes hasta la médula de los huesos y sabios rematados, es decir, criados conscientes y convencidos, aspiraban con todo su ser a conservar sus preciosos soberanos. Pero aunque no hubieran tenido esas aspiraciones, habrían debido, sin embargo, decidirse en favor de la monarquía, porque a excepción de algunos centenares de revolucionarios sinceros de que hemos hablado ya, la burguesía alemana lo quería así.

Como prueba de ese estado de espíritu no tenemos más que citar las palabras del venerable patriarca del partido democrático, hoy social demócrata, el mencionado patriota de Konigsberg, el doctor Johann Jacoby. He aquí lo que dijo en un discurso pronunciado por él en 1858 ante los electores de Konigsberg:

"Hoy, señores, y lo digo desde lo más profundo de mi convicción, hoy no existe en todo nuestro país, en todo el partido democrático ni un solo hombre que aspire, no digo a una forma de Estado que no sea monárquica, sino que quiera soñar siquiera en ella." Más lejos agrega: "Es precisamente el año 1848 el que nos ha mostrado qué raíces profundas ha echado en el corazón del pueblo el elemento monárquico".

La segunda cuestión ante la asamblea fue: ¿qué forma debe tener el imperio germánico: centralizada o federativa? La primera habría sido más lógica y mucho más conforme al objetivo, es decir, a la fundación de un Estado germánico poderoso, uno e indivisible. Pero para realizarla habría sido preciso despojar del poder, del trono y expulsar de Alemania a todos los soberanos, salvo uno solo; en otras palabras, iniciar y realizar numerosas insurrecciones individuales. Eso era demasiado contrario a la lealtad alemana y la cuestión fue, por consiguiente, resuelta en favor de una monarquía federativa conforme al antiguo ideal, una cantidad de Estados pequeños y medianos, otros tantos parlamentos y a la cabeza de todo eso un emperador único y un parlamento único de la Alemania confederada.

¿Quién deberá, pues, ser el emperador? Tal vez fue la cuestión palpitante. Es claro que ese puesto no podía ser ocupado más que por el emperador de Austria o por el rey de Prusia. Ni Austria ni Prusia habrían soportado otro candidato.

Las simpatías de la mayoría de la asamblea estaban en favor del emperador de Austria. Le atribuían varias causas: primeramente todos los alemanes no prusianos odiaban y odian a Prusia, como en Italia se odia el Piamonte. En cuanto al rey Federico Guillermo IV, su conducta desorbitada y extravagante antes de la revolución y después de ésta le han hecho perder todas las simpatías con que se le había acogido a su advenimiento al trono. Además, toda Alemania del sur, cuya población era en su mayoría católica, se inclinaba decididamente en razón de sus tradiciones históricas y de sus hábitos en favor de Austria.

Pero la elección del emperador de Austria se hacía, sin embargo, imposible, porque el imperio austríaco, agitado por movimientos revolucionarios en Italia, en Hungría, en Bohemia y, en fin, en Viena misma, se hallaba al borde del abismo, mientras que Prusia estaba armada y dispuesta, a pesar de los desórdenes en las calles de Berlín, de Königsberg, de Possen, de Breslau y de Colonia.

Los alemanes querían un imperio poderoso y unido más de lo que deseaban la libertad. Todo el mundo estaba de acuerdo que sólo Prusia podía dar a Alemania un emperador serio. Por consiguiente, si los señores profesores que componían casi la mayoría del parlamento de Francfort poseían la menor gota de energía y de sentido común crítico, habrían debido, sin razonar demasiado, sin vacilar, pero reprimiendo sus sentimientos, proponer de inmediato la corona imperial al rey de Prusia.

Federico Guillermo IV la habría ciertamente aceptado al principio de la revolución. La insurrección de Berlín, la victoria del pueblo sobre el ejército le había afectado en pleno corazón; se sentía humillado y buscaba un medio cualquiera para salvarse y restaurar su honor real. No encontrando otro medio se aferró, de *motu proprio,* a la corona imperial. Ya el 21 de marzo, tres días después de su derrota en Berlín, lanzó un manifiesto a la nación alemana en donde declaraba que, deseando la salvación de Alemania se colocaba a la cabeza de la patria alemana unificada. Habiendo escrito ese manifiesto de su puño y letra, montó a caballo y rodeado de su escolta militar, con la bandera pangermánica tricolor en las manos, recorrió triunfalmente las calles de Berlín.

Pero el parlamento de Francfort no comprendió, o no quiso comprender esa alusión más que transparente; en lugar de proclamar simplemente emperador al rey de Prusia, recorrió, como lo hacen siempre los hombres indecisos y los miopes, a un compromiso que, sin liquidar la cuestión, no era sino una afrenta directa al rey de Prusia. Los señores profesores no comprendieron que antes de la elección del emperador pangermánico habrían debido preparar una constitución de la nueva Alemania y, antes de eso aún, formular *los derechos fundamentales del pueblo alemán.*

Se emplearon más de seis meses por los legisladores eruditos en la definición jurídica de esos derechos. En cuanto a los asuntos prácticos, fueron remitidos en manos de un gobierno provisorio erigido por ellos y compuesto de un regente de Estado irresponsable y de un ministro responsable. Y una vez más, no fue el rey de Prusia el nombrado regente, sino un archiduque austríaco.

Habiendo nombrado a este último, la asamblea de Francfort exigió que todas las tropas de la confederación le prestasen juramento. Sólo los ejércitos insignificantes de los pequeños Estados obedecieron, mientras que las tropas prusianas hannoverianas e incluso las austríacas se rehusaron rotundamente.

Estaba claro, pues, que la fuerza, la influencia y el valor de la asamblea de Francfort eran nulos, y que la suerte de Alemania se decidía, no en Francfort, sino en Berlín y Viena, sobre todo en Berlín, dado que Viena estaba demasiado ocupada de sus propios asuntos, no alemanes, sino exclusivamente austríacos, para poder interesarse en los asuntos de Alemania.

¿Qué hacía en esos momentos el partido radical, partido que se denominaba revolucionario? La mayoría de sus miembros no prusianos se hallaba en el parlamento de Francfort formando allí minoría. El resto estaba en los parlamentos paciales y se encontraba igualmente paralizado, primero porque la influencia de esos parlamentos sobre la marcha de los acontecimientos en Alemania era, por su propia insignificancia, necesariamente insignificante, y en segundo lugar porque incluso los parlamentos de Berlín, de Viena y de Francfort eran ridículos y fútiles.

La asamblea constituyente de Prusia, abierta en Berlín el 22 de mayo de 1848, y compuesta de casi toda la flor del radicalismo, lo ha demostrado bien. Los discursos más radiantes, los más elocuentes y aun los más revolucionarios se pronunciaron en ella, pero no se hizo nada. Desde las primeras sesiones rechazó el proyecto de una constitución presentada por el gobierno y, lo mismo que la asamblea de Francfort, pasó algunos meses discutiendo su proyecto mientras los radicales declamaban a cual mejor su revolucionarismo con gran asombro del pueblo.

Toda la incapacidad revolucionaria, por no decir la estupidez sin límites, de los demócratas y revolucionarios alemanes fue puesta al desnudo. Los radicales alemanes se entregaron completamente al juego parlamentario y perdieron todo interés en el resto. Creyeron seriamente en la fuerza de las decisiones parlamentarias y los más inteligentes de ellos creían que las victorias obtenidas por ellos en los debates parlamentarios decidían la suerte de Prusia y de Alemania.

Quisieron resolver un problema insoluble: la conciliación del self–government y de la igualdad democrática con las instituciones monárquicas. Como prueba recordemos el discurso pronunciado en junio de 1848 por uno de los jefes más en vista de ese partido, el doctor Johann Jacoby, ante sus electores de Berlín, discurso que presenta claramente todo el programa democrático:

"La idea de la república es la expresión más elevada y más pura del *self–government* y de la igualdad civil. Pero si no es posible realizar la forma republicana de gobierno en condiciones presentadas por la realidad en un cierto momento y en cierto país, eso es otra cuestión. Sólo la voluntad general y unánime de los ciudadanos puede resolverla. Insensato y hasta criminal sería el partido que quisiera *imponer* al pueblo esa forma de gobierno. No sólo hoy, sino en marzo mismo, en la Asamblea preliminar de Francfort, he dicho lo mismo a los diputados de Bade y traté de disuadirlos –¡ay, en vano!– de una insurrección republicana. En toda Alemania –con excepción sólo de Bade– la revolución se detuvo respetuosamente ante los tronos intactos, demostrando también que aun pudiendo poner freno a la arbitrariedad de sus soberanos, no tenía de ningún modo la intención de expulsarlos. Debemos obedecer la voluntad pública y, por consiguiente, la *forma monárquicoconstitucional de gobierno* es la única base sobre la cual estamos forzados a edificar el nuevo edificio político".

Así, pues, la nueva organización de la monarquía sobre bases democráticas, tal es el problema difícil y verdaderamente imposible que los espíritus profundos pero excesivamente poco revolucionarios de los radicales y de los demócratas rojos de la constituyente prusiana han querido resolver; y cuanto más se engolfaron en eso, inventando nuevas cadenas constitucionales para encadenar la voluntad del pueblo, pero también para encadenar la arbitrariedad de su monarca adorado y semiloco, más se alejaron del verdadero objetivo.

Por grande que hubiese sido su miopía práctica, no podían dejar de ver que la monarquía, bien que vencida durante las jornadas de marzo, pero no destruida, conspiraba abiertamente y reunía a su alrededor todo el viejo mundo reaccionario, aristocrático, militar, político y burocrático, acechando una ocasión propicia para expulsar a los demócratas, y acaparar el poder, como en el pasado, ilimitado. Ese mismo discurso del doctor Jacoby demuestra que los radicales prusianos veían bien esa perspectiva: "No nos hacemos ilusiones –decía–, el absolutismo y los junkers[7] están lejos de haber desaparecido o de

---

7.Es así como se llama en Prusia a la tendencia de la nobleza y al partido de los militares y de los nobles. La palabra "junker" es empleada en el sentido de "miembro de la nobleza".

haber sido exterminados; apenas consideran necesario hacerse los muertos. Habría que ser ciegos para no ver a qué aspira la reacción...".

Así, pues, los radicales de Prusia vieron claramente el peligro que los amenazaba. ¿Qué han hecho para prevenirlo?

La reacción feudal-monárquica no era una teoría; era una fuerza que tenía tras sí todo el ejército que ardía de impaciencia por lavarse de la ignominia de la derrota de marzo y por restaurar en la sangre del pueblo el poder real ensombrecido y envilecido; toda burocracia, toda la máquina estatista que disponía de enormes medios financieros. ¿Habrá que creer que los radicales habrían podido confiar en poder ligar esa fuerza terrible mediante nuevas leyes y por una constitución, es decir, puramente por medios papelescos? ¡Sí, eran hasta tal punto prácticos y sabios como para nutrir tales esperanzas! Porque ¿cómo se podría explicar de otro modo el que, en lugar de tomar medidas prácticas y efectivas contra la tempestad que iba a estallar sobre ellos, derrocharan meses en debates sobre la nueva constitución y sobre las nuevas leyes que debían someter toda la fuerza y todo el poder estatista al Parlamento?

Creían hasta tal grado en la eficacia de sus debates y proyectos de leyes parlamentarias que han ignorado el único medio que habrían podido oponer a la fuerza reaccionaria del Estado, la fuerza revolucionaria del pueblo por medio de la organización de éste.

El triunfo excesivamente fácil de las rebeliones populares contra el ejército en casi todas las capitales de Europa, que marcó el advenimiento de la revolución en 1848, fue perjudicial para los revolucionarios no sólo de Alemania sino también de los demás países, porque suscitó en ellos la seguridad ingenua de que bastaría la menor manifestación del pueblo para romper toda resistencia armada. A causa de tal convicción, los demócratas y revolucionarios de Prusia y de Alemania en general, creyendo que no dependería más que de ellos mismos el tener sujeto al gobierno gracias a un movimiento popular que se desencadenaría cuando ellos quisieran, no vieron ninguna necesidad ni de la organización ni de la dirección, sin hablar del esfuerzo, de las pasiones y fuerzas revolucionarias del pueblo.

Al contrario, como compete a burgueses, los más revolucionarios de ellos tenían esas pasiones, esa fuerza, estaban dispuestos siempre a tomar partido contra ellas y por el orden social burgués y estatista, y consideraban que, en general, cuanto menos se recurra al medio peligroso de la insurrección del pueblo, mejor será.

Es así como los revolucionarios oficiales de Alemania y de Prusia menospreciaron el único medio que poseían para obtener una victoria definitiva y efectiva contra la reacción que se levantaba de nuevo. No sólo no quisieron saber nada de la organización de una revolución del pueblo sino que, al contrario, trataban de conciliarla y de pacificarla por todas partes, rompiendo así el instrumento de que disponían.

Las jornadas de junio, la victoria del dictador militar y general republicano Cavaignac sobre el proletariado de París, habrían debido abrir los ojos a los demócratas de Alemania. La catástrofe de junio no sólo fue una desgracia para los trabajadores de París, sino que fue la primera y quizá la más definitiva derrota de la revolución en Europa. Los reaccionarios de todos los países han comprendido mejor y más pronto la importancia trágica y para ellos tan provechosa de las jornadas de junio que los revolucionarios, y sobre todo que los de Alemania.

Se habría debido ver el entusiasmo que las primeras noticias de esas jornadas suscitaron en todos los círculos reaccionarios; fueron recibidas como un anuncio de salvación. Movidos por un instinto absolutamente correcto vieron en la victoria de Cavaignac no sólo el triunfo de la reacción francesa sobre la revolución francesa, sino el triunfo de la reacción universal o internacional sobre la revolución internacional. Las gentes de guerra, los estados mayores de todos los países la aclamaron como la redención internacional del honor militar. Se sabe que los oficiales prusianos, austríacos, sajones, hannoverianos, bávaros y las demás tropas alemanas enviaron inmediatamente al general Cavaignac, jefe provisorio de la república francesa, una circular de congratulaciones, naturalmente con el permiso de sus jefes y la aprobación de sus soberanos.

La victoria de Cavaignac tuvo en efecto una repercusión histórica enorme. Con ella comenzó la nueva época de la lucha internacional de la reacción con la revolución. La insurrección del pueblo de París, que duró cuatro días, del 23 al 26 de junio, sobrepasó por su energía y su encarnizamiento salvaje a todas las sublevaciones del pueblo que París haya vivido jamás. Es con esa insurrección con la que comenzó verdaderamente la revolución social de que ha sido el primer acto y cuyo segundo acto fue la resistencia aun más encarnizada de la Comuna de París.

Por primera vez durante la insurrección de junio se encontraron frente a frente la fuerza del pueblo, luchando no tanto para los demás como para sí misma, dirigida por nadie, pero sublevada por su propio esfuerzo para la defensa de sus intereses más sagrados, y la fuerza militar brutal, ignorante de todas las consideraciones de respeto a los principios de la civilización y a la humanidad de la civilidad social y del derecho civil y que, en la embriaguez de la lucha salvaje, incendiaba, degollaba y destruía despiadadamente.

En todas las revoluciones precedentes las tropas, en su lucha contra el pueblo, chocaban, no sólo con las masas del pueblo, sino con los ciudadanos respetables que se encontraban a su cabeza, con la juventud universitaria y politécnica y en fin con la guardia nacional que, compuesta en gran parte de burgueses, se desmoralizaba pronto y, antes de ser efectivamente deshecha, se replegaba, se retiraba o fraternizaba con el pueblo. En lo más ardoroso de la lucha existía una especie de contrato observado siempre por las partes en lucha, no permitiendo a las pasiones desencadenadas sobrepasar un cierto límite, como si ambas partes luchasen de común acuerdo, con armas obtusas. No se le ocurrió jamás a nadie, ni al pueblo ni a las tropas, que se podía impunemente destruir casas, calles, degollar decenas de miles de habitantes inermes. Una frase era común entonces, repetida incesantemente por el partido conservador cuando insistía en una medida reaccionarla cualquiera y quería adormecer la desconfianza del partido opuesto: "El poder que para vencer al pueblo quisiera bombardear a París, se imposibilitaría automáticamente"[8].

Una limitación semejante en el empleo de la fuerza armada era de gran importancia para la revolución y explica por qué el pueblo salía siempre victorioso en el pasado. El general

---

8.Esas palabras fueron pronunciadas en la cámara por el diputado Thiers en 1840 cuando, siendo ministro de Luis Felipe, introdujo en la Cámara el proyecto de fortificación de París. Treinta y un años más tarde Thiers, presidente de la república francesa, bombardeaba a París para sofocar la Comuna.

Cavaignac quiso poner fin a esas victorias fáciles del pueblo contra las tropas.

Cuando se le preguntó por qué procedió a su ataque en masa, que le obligó inevitablemente a degollar un gran número de insurrectos, respondió: "No he querido que la bandera militar fuera deshonrada una segunda vez por una victoria del pueblo". Movido por ese pensamiento puramente militar y por consiguiente absolutamente antipopular, fue el primero en tener la audacia de emplear los cañones para destruir casas y calles enteras ocupadas por los insurrectos. Y en fin, a pesar de las proclamas conmovedoras a los hijos pródigos a quienes abría los brazos fraternales, permitió, durante los tres días que siguieron al de la victoria, a las tropas y a la guardia nacional exasperada, degollar y fusilar, sin la menor forma de proceso, diez mil insurrectos aproximadamente, entre los cuales sucumbieron, naturalmente, muchos inocentes.

Todo eso fue realizado con un doble fin: lavar en la sangre de los insurrectos el honor militar y, al mismo tiempo, quitar al proletariado el gusto de los movimientos revolucionarios, inspirándole el respeto debido a la superioridad de la fuerza militar y el terror ante su carácter implacable.

Cavaignac no consiguió llegar a este último objetivo. Hemos visto que la lección de junio no impidió al proletariado de la Comuna de París sublevarse a su vez y esperamos que esa nueva lección, incomparablemente más cruel, dada a la Comuna, no detendrá ni restringirá la revolución social; al contrario, duplicará la energía y la pasión de sus partidarios y aproximará de ese modo su triunfo definitivo.

Pero si Cavaignac no pudo matar la revolución social, sin embargo alcanzó otro objetivo: el de matar definitivamente el liberalismo y el revolucionarismo burgués, el de matar la república y haber instaurado sobre sus ruinas la dictadura militar.

Habiendo libertado la fuerza militar de las cadenas de que había sido rodeada por la civilización burguesa, habiéndole dado la plenitud de su salvajismo natural y el derecho a dar libre curso, sin detenerse en nada, a ese salvajismo inhumano y despiadado, ha hecho imposible desde entonces la menor resistencia burguesa. Desde que crueldad y destrucción global se han convertido en palabras de orden de la acción militar, la vieja revolución burguesa, clásica e inocente por medio de barricadas en las calles, se ha vuelto un juego infantil. Para luchar con éxito contra la fuerza militar que no respeta ya nada y que por lo demás está armada de los instrumentos de destrucción más terribles, y está dispuesta a hacer uso de ellos no sólo para la destrucción de casas y calles, sino también de ciudades enteras con todos sus habitantes: para luchar contra semejante bestia salvaje, es preciso estar en posesión de una bestia no menos feroz pero más imbuida de justicia: la insurrección organizada del pueblo, la revolución social que, lo mismo que la reacción militar, será igualmente despiadada y no se detendrá ante ningún obstáculo.

Cavaignac, que ha prestado un servicio tan precioso a la reacción francesa, y en general internacional, era sin embargo un republicano de los más sinceros. ¿No es chocante que sea a un republicano a quien tocó el papel de poner la primera piedra de la dictadura militar en Europa y ser predecesor directo de Napoleón III y del emperador de Alemania, y que sea a otro republicano, su célebre precursor Robespierre, al que le tocó la misión de preparar el despotismo estatista encarnado en Napoleón I? ¿Es que todo eso no demuestra que al devorar y suprimir la disciplina militar todo a su paso, el ideal del imperio pangermánico es la última palabra inevitable de la centralización estatista burguesa, de la civilización burguesa?

De un modo u otro los oficiales alemanes, los nobles, los burócratas, los regentes y los soberanos sintieron una gran ternura hacia Cavaignac e, inspirados por su bienaventurada victoria, adquirieron visiblemente ánimos e hicieron sus preparativos para una nueva batalla. ¿Qué hacían entre tanto, pues, los demócratas alemanes? ¿Habían comprendido el peligro que les amenazaba y que no les quedaban más que dos medios para alejar ese peligro: el desencadenamiento de la pasión revolucionaria en el pueblo y la organización de la fuerza popular? No, no lo comprendieron. Al contrario, se sumieron más aún en los debates parlamentarios y habiendo decidido volver las espaldas al pueblo, lo dejaron a merced de la influencia de toda especie de agentes de la reacción.

¿Hay que asombrarse, pues, de que el pueblo alemán se haya enfriado completamente frente a ellos, de que haya perdido toda confianza en ellos y en su causa? En consecuencia, cuando en noviembre el rey de Prusia reinstauró su guardia en Berlín y nombró al general Brandenburg su primer ministro con el fin determinado de dar rienda suelta a una reacción feroz; cuando decretó la disolución de la Constituyente y dio a Prusia una constitución suya, reaccionaria, naturalmente, en el más alto grado, esos mismos obreros berlineses que en el mes de marzo se levantaron con una tal unanimidad y lucharon con tal valor que forzaron a la guardia a retirarse de Berlín, no se movieron esta vez, ni dijeron una palabra y contemplaron plácidamente cómo "los soldados perseguían a los demócratas".

Es así como se terminó, en realidad, la tragicomedia de la revolución alemana. Ya antes de eso y principalmente en octubre el primer Windischgraetz había restablecido el orden en Viena, no sin considerable efusión de sangre, es verdad, porque, en suma, los revolucionarios austríacos han demostrado ser más revolucionarios que los prusianos.

¿Qué hacía en ese período la asamblea nacional de Francfort? Había votado, a fines de 1848, los derechos fundamentales y la nueva constitución pangermánica y propuso al rey de Prusia la corona imperial. Pero los gobiernos de Austria, de Prusia, de Baviera, de Hannover y de Sajonia rechazaron los derechos fundamentales y la constitución frescamente preparada y el rey de Prusia rehusó aceptar la corona imperial llamando un poco más tarde a sus diputados.

La reacción triunfaba en toda Alemania. El partido revolucionario, habiéndose percatado un poco demasiado tarde, se decidió a organizar la insurrección general para la primavera de 1849. En el mes de mayo la revolución que se extinguía lanzó su último fulgor en Sajonia, en el Palatinado bávaro y en Bade. Esa llama fue extinguida en todas partes por los soldados prusianos que restauraron, después de una corta lucha, pero bastante sanguinaria, el viejo régimen en toda Alemania, mientras que el príncipe heredero de Prusia, hoy emperador y rey, Guillermo I, que comandaba las tropas en Bade, no dejó pasar ninguna ocasión de ahorcar insurrectos.

Tal fue el final lamentable de la única –y por mucho tiempo la última– revolución alemana. ¿Se preguntará uno ahora cuál fue la causa principal de su fracaso?

A parte de la inexperiencia política y de la incapacidad práctica, a menudo patrimonio de los sabios, aparte de la ausencia completa de audacia revolucionaria y de la repulsión arraigadas en los alemanes de los actos y medios revolucionarios y del amor apasionado a la sumisión de cada uno a la autoridad; ya, en fin, aparte de una falta considerable del instinto, de la pasión y del sentido de la libertad, la razón principal del fracaso era la aspiración general de todos los patriotas alemanes hacia la creación de un Estado pangermánico.

Esa inspiración que manaba de la profundidad de la naturaleza alemana hace a los alemanes decididamente incapaces para una revolución. Una sociedad que desea fundar un Estado poderoso querrá inevitablemente subordinarse a la autoridad; una sociedad revolucionaria, al contrario, tiende a sacudir toda autoridad. ¿Cómo conciliar, pues, dos aspiraciones contrarias y que se excluyen recíprocamente? Se verán necesariamente forzadas a paralizarse unas a otras como ocurrió a los alemanes que en 1848 no alcanzaron ni la libertad, ni el Estado poderoso, sino que experimentaron en cambio un fracaso terrible.

Esas dos aspiraciones son de tal modo opuestas que no pueden nunca encontrarse simultáneamente en el seno del pueblo. La una debe necesariamente ser una aspiración imaginaria que encubre tras sí el estado real de las cosas, como fue el caso de 1848. La pretendida aspiración hacia la libertad era una ilusión, un engaño; mientras que la aspiración hacia la fundación de un Estado pangermánico era realmente seria. Esto es cierto, al menos por lo que se refiere a toda la seriedad erudita alemana, sin exceptuar la enorme mayoría de los demócratas y radicales más rojos. Se podría suponer, adivinar, esperar que existe, en el proletariado alemán, un instinto antisocial que la haría incapaz quizá para conquistar la libertad, porque soporta el mismo yugo económico que odia tanto como el proletariado de los otros países y porque ni él ni los otros tienen la posibilidad de emanciparse del yugo económico sin destruir previamente la prisión secular, denominada el Estado. Se puede sólo suponer y esperarlo dado que faltan las pruebas materiales; al contrario, hemos visto que no sólo en 1848, sino hoy mismo, los trabajadores alemanes obedecen ciegamente a sus dirigentes; mientras que los dirigentes, organizadores del *partido social-demócrata de los trabajadores* alemanes los conducen, no hacia la libertad o hacia la fraternidad internacional, sino directamente bajo el yugo del Estado pangermánico.

Los radicales alemanes se encontraron en 1848, como hemos visto más arriba, en la triste necesidad tragicómica de rebelarse contra el poder estatista a fin de obligarlo a volverse más fuerte y amplio. Por tanto, no sólo no querían destruirlo, sino que, al contrario, se ocupaban con ternura de su conservación en el momento mismo en que luchaban contra él. Por consiguiente toda su actividad fue quebrantada y paralizada por la fuerza misma de las cosas. La actividad del poder no presentó tal contradicción. Quiso, sin detenerse más, sofocar a todo precio a sus extraños amigos no invitados y agitados, los demócratas. Que los radicales no pensaban en la libertad sino en la creación de un imperio es evidente por el hecho que la asamblea de Francfort, en que triunfaban ya los demócratas, propuso la corona imperial a Federico Guillermo IV el 28 de marzo de 1849, es decir, cuando Federico había destruido completamente todas las adquisiciones o derechos pseudorevolucionarios, disuelto la Constituyente, elegida directamente por el pueblo, y dado la constitución más reaccionaria y más despreciable; cuando perseguía lleno de furor, por la injuria que él y la corona habían tenido que sufrir, a los demócratas a quienes execraba por medio de sus soldados policías.

¡No podían, sin embargo, ser tan ciegos para pedir la libertad a un soberano como ése! ¿Qué esperaban, pues? *Soñaban con el imperio pangermánico...*

El rey no puede darles tampoco eso. El partido feudal, triunfante con él, y de nuevo en el poder, era enemigo de la idea de unidad. Odiaba el patriotismo alemán, considerándolo sedicioso, y no conocían más que su patriotismo prusiano. Todas las tropas, todos los oficiales y todos lo cadetes de las escuelas militares cantaban entonces con frenesí la célebre canción patriótica de Prusia:

"Yo soy prusiano, reconoce mi bandera".

Federico había querido ser emperador, pero temió a los suyos, temió a Austria, a Francia y, sobre todo, al emperador Nicolás. Respondiendo a la delegación polaca que había ido a pedirle la libertad del ducado de Posnania en marzo de 1848 les dijo: "No puedo acceder a vuestra petición, porque sería opuesto a la voluntad de mi yerno el emperador Nicolás, que es verdaderamente un gran hombre. Cuando él dice sí es sí, y cuando dice no, es no".

El rey sabía que Nicolás no consentiría jamás que admitiese la corona imperial; es por eso y únicamente por eso que rehusó rotundamente aceptarla de manos de la diputación de Francfort.

Y sin embargo estaba obligado a hacer algo por la unidad alemana y la hegemonía prusiana, aunque no fuese más que para salvar su honor comprometido por su manifiesto de marzo. Con ese fin y haciendo buen uso de los laureles recogidos por las tropas prusianas en ocasión de la represión de los demócratas en Alemania y por las dificultades interiores de Austria que estaba descontenta de sus triunfos en Alemania, Federico intentó fundar en mayo de 1849 una alianza entre Prusia, Sajonia y Hannover tendiente a concentrar en manos de la primera todos los asuntos diplomáticos y militares; pero la alianza no duró largo tiempo. Apenas Austria sofocó con ayuda de las tropas rusas a Hungría (septiembre de 1849), Senwarzenberg exigió de Prusia que todo volviese en Alemania al régimen de antes de los acontecimientos de marzo; en una palabra, que la unión alemana, provechosa a Austria, fuera restablecida. De inmediato Sajonia y Hannover se separaron de Prusia y se unieron a Austria; Baviera siguió el ejemplo y el rey belicoso de Würtenberg anunció públicamente que iría con sus tropas donde ordenara el emperador de Austria.

Es así como la desgraciada Prusia se halló completamente aislada. ¿Qué le quedaba por hacer? Acceder a las condiciones de Austria parecía imposible a ese rey vanidoso, pero débil; es por eso que nombró a su amigo, el general Radowitz, primer ministro, y ordenó a sus tropas ponerse en marcha. Se estaba en la víspera de la lucha. Pero el emperador Nicolás ordenó a los alemanes hacer alto, llegó a galope a Olmütz (noviembre de 1850), a la conferencia y pronunció la sentencia. El rey humillado cedió. Austria triunfaba y en el antiguo palacio de la Unión de Francfort (en mayo de 1851) se abrió de nuevo, después de un eclipse de tres años, la *Unión germánica*.

Como si la revolución no hubiese existido. El único rasgo de ésta era la reacción terrible que debía servir de lección saludable a los alemanes: el que desea, no la libertad, sino el Estado no debe juzgar la revolución.

Con la crisis de 1848 y 1849 se termina, por decirlo así, la historia del liberalismo alemán. Probó a los alemanes que no sólo son incapaces de conquistar la libertad, sino que no la desean siquiera; probó, además, que sin la iniciativa de la monarquía prusiana, eran incapaces de alcanzar siquiera su objetivo actual y serio, que no tenían fuerza para fundar un Estado único y poderoso. La reacción que siguió se distinguió de la de 1812 y 1813 en que, a pesar de la amargura y todo el peso de esta última, los alemanes pudieron conservar en medio de ella la ilusión de que amaban la libertad y que si la fuerza de los Estados no se lo hubiera impedido –fuerzas muy superiores a su fuerza insurreccional–, habrían podido crear una Alemania libre y unificada. Tal consuelo es hoy imposible. Durante los primeros meses de la revolución, no existió absolutamente ninguna fuerza gubernamental en Alemania que hubiese podido oponerse a ellos si hubiesen querido hacer algo; luego ellos ayudaron más que ningún otro al restablecimiento de esa fuerza. Se sigue de ahí que el resultado nulo de la revolución se debió, no a los obstáculos exteriores, sino sólo al desastre propio de los liberales y de los patriotas alemanes.

El sentimiento de esa derrota pareció estar en la base de la vida política y gobernar la nueva opinión pública en Alemania. Los alemanes, parece, han cambiado y se han convertido en hombres prácticos. Abdicando sus vastas ideas abstractas que componían todo el valor mundial de su literatura clásica desde Lessing hasta Goethe y desde Kant hasta Hegel, inclusive; renunciando simultáneamente al liberalismo, al democratismo y al republicanismo francés, comenzaron desde entonces a buscar la realización del destino alemán en la política de conquistas de Prusia.

Agreguemos a su favor que la transformación no se llevó a cabo de un solo golpe. Los últimos años, desde 1849 hasta el presente, que hemos unido, para mayor brevedad, en un solo quinto período, se subdivide, a decir verdad, en cuatro períodos:

El período de la sumisión desesperada, en 1849 a 1858, es decir, hasta el comienzo de la regencia en Prusia.

El período de 1858 a 1866: período de la última lucha agonizante del liberalismo moribundo contra el absolutismo de Prusia.

El período de 1866 a 1870: capitulación del liberalismo vencido.

El período de 1870 hasta el presente: el triunfo de la esclavitud vencedora.

La humillación interior y exterior de Alemania llegó en el quinto período a su apogeo. En el país, el silencio de los esclavos; en la Alemania del sur, el ministro austríaco, sucesor de Metternich, era el amo absoluto; en el norte Manteufel, que había humillado profundamente a la monarquía prusiana en la conferencia de Olmütz (1850) en provecho de Austria y con gran satisfacción del partido prusiano de la corte, partido de la nobleza, militar y democrático, perseguía a los demócratas que habían quedado impunes hasta entonces. Por tanto, en lo que respecta a la libertad, cero; y en lo que se refiere a la dignidad, al valor exterior de Alemania como Estado, menos aún que cero. La cuestión del Schleswig–Holstein, en que los alemanes de todos los Estados y de todos los partidos, con excepción del partido de la corte, militar, burocrático y de la nobleza, no cesaron de declarar en 1847 sus pasiones más ardientes, fue categóricamente resuelta gracias a la intervención rusa en favor de Dinamarca. En todas las otras cuestiones la voz de Alemania, unida, o más bien desunida, por la Unión germánica, no era tomada en ninguna consideración por las otras potencias. Más que nunca Prusia se hizo esclava de Rusia. El desdichado Federico, que había odiado hasta entonces a Nicolás, ahora no hacía más que jurar por él. La abnegación en pro de los intereses de la corte de San Petersburgo se extendió hasta tal grado que el ministro de la guerra de Prusia y el embajador de Prusia en Inglaterra, amigo del rey, han sido relevados de sus funciones por haberse atrevido a expresar sus simpatías hacia las potencias occidentales.

Se conoce bien la historia de la "ingratitud" del príncipe Schwarzenberg y de Austria, que consternó y ofendió tan profundamente a Nicolás. Austria, que por sus intereses en oriente es enemiga natural de Rusia, tomó abiertamente la parte de Inglaterra y de Francia contra ella, mientras que Prusia, con gran indignación de toda Alemania, le quedó fiel hasta el fin.

El *sexto período* comienza con la regencia del rey —emperador hoy— Guillermo I. Federico se había vuelto completamente loco y su hermano, Guillermo, odiado por toda Alemania bajo el nombre de príncipe de Prusia, llegó a ser regente en 1858 y después rey de Prusia en enero de 1861, al morir su hermano mayor. Hecho notable: ese rey sargento mayor y ahorcador famoso de los demócratas tuvo, también él, su luna de miel del liberalismo popular. Cuando obtuvo la regencia pronunció un discurso en que expresaba su firme voluntad de elevar a Prusia y por ella a toda Alemania a la altura a que tenía derecho, aun respetando los límites determinados por el acta constitucional de la autoridad real[9] y apoyándose siempre en las aspiraciones del pueblo expresadas en el Parlamento.

De acuerdo con tal promesa su primer acto administrativo fue el derrocamiento del ministerio Manteufel, que era el más reaccionario que haya gobernado a Prusia y que personificaba, por decirlo así, su derrota y su destrucción política.

Manteufel se había convertido en primer ministro en noviembre de 1850 con la intención de firmar todas las condiciones de la conferencia de Olmütz, excesivamente humillantes para Prusia, y subyugarla definitivamente, con toda Alemania, a la hegemonía de Austria. Tal era la voluntad de Nicolás, tal era la aspiración ardiente e insolente del príncipe Schwarzenberg, tales eran las aspiraciones y la voluntad de la gran mayoría de los junkers y de la nobleza de Prusia, que no quería saber nada de la fusión de Prusia con Alemania y que era más adicta a los emperadores de Austria y de Rusia, probablemente más que la era a su propio rey a quien obedecía por deber, pero no por

---

9.Ese respeto habría debido serle, parece, tanto más fácil cuanto que la constitución otorgada, es decir conocida por la gracia del rey, no limitaba, en suma, de ningún modo el poder real con excepción de un solo punto, el derecho de concertar empréstitos o de decretar nuevos impuestos sin el consentimiento de los representantes del pueblo; ningún nuevo voto del Parlamento era necesario para recoger los impuestos que habían recibido ya una vez la sanción del Parlamento, dado que el Parlamento estaba privado del derecho de suprimirlos. Es justamente esa innovación la que transformó el constitucionalismo y el parlamenarismo alemán en una simple comedia. En los otros países, en Inglaterra, en Francia, en Bélgica, en Italia, en España, en Portugal, en Suecia, en Dinamarca, en Holanda, etc., los parlamentos podían, conservando el derecho fundamental y únicamente efectivo, rehusar al gobierno la recolección de los impuestos, haciendo imposible todo gobierno, y obtenían de ese modo un peso considerable en la administración del país. Habiendo privado la constitución otorgada al Parlamento prusiano de ese derecho, le daba el derecho a rehusar la introducción y la emisión de nuevos empréstitos. Pero vamos pronto a ver cómo, tres años después de esa promesa de observar religiosamente los derechos del Parlamento, Guillermo I se vio constreñido a violarla.

amor. Durante ocho largos años Manteufel gobernó a Prusia en esa dirección y en ese espíritu, humillándola ante Austria en cada ocasión propicia, aun persiguiendo despiadadamente y sin cuartel en Prusia y en toda Alemania lo que le recordaba el liberalismo o un movimiento o derecho del pueblo.

Ese ministerio odioso fue reemplazado por el príncipe liberal de Hohenzollern–Sigmaringen, que había declarado desde el primer día que la intención del regente era restablecer el honor y la independencia de Prusia frente a Viena, así como la influencia debilitada sobre toda Alemania.

Algunas palabras y actos en esa dirección fueron suficientes para evocar la admiración de todos los alemanes. Olvidadas las humillaciones todavía recientes, las crueldades y los crímenes; el ahorcador de los demócratas, el regente, luego rey Guillermo I, ayer aun odiado y maldito, se transformó de repente en favorito, en héroe y en esperanza única. En confirmación de lo que decimos citamos las palabras del célebre Jacoby pronunciadas ante los electores de Konigsberg (11 de noviembre de 1858):

"La circular verdaderamente animosa y conforme a la constitución del príncipe, en el momento de asumir la regencia, ha colmado de nueva fe y nuevas esperanzas los corazones de todos los prusianos y de todos los alemanes. Todos corren, con una vivacidad extraordinaria, a las urnas electorales".

Ese mismo Jacoby escribía lo que sigue en 1861: "Cuando el príncipe regente tomó por su propia voluntad en sus manos las riendas del poder, todos esperaban que *Prusia marchase sin obstáculos hacia el objetivo que se ha fijado*. Se esperaba que los hombres a quienes el regente había confiado la administración del país, destruirían ante todo el mal realizado por el gobierno durante los últimos diez años; que pondría un fin a la arbitrariedad de los funcionarios a fin de salvar y vivificar el espíritu patriótico y la conciencia libre de los ciudadanos. Esas esperanzas, ¿son realizables? La voz del país entero responde altamente: *Durante estos dos años Prusia no dio el menor paso hacia adelante y se alejó más que antes de la realización de su misión histórica*".

El honorable doctor Jacoby, el último representante fiel del democratismo político alemán, morirá, sin duda alguna, consagrado a su programa que se ensanchó en estos últimos años hasta los límites no muy vastos del programa de los socialdemócratas alemanes. Su ideal –la fundación de un imperio pangermánico por medio de la libertad del pueblo– era una utopía, un absurdo. Hemos hablado ya de él. La gran mayoría de los patriotas alemanes llegaron a la conclusión, después de 1848 y 1849, que la fundación de la potencia pangermánica no era posible más que por los cañones y las bayonetas; por eso Alemania esperaba su salvación de la Prusia monárquica y belicosa.

El partido nacional liberal entero se había declarado de parte suya en 1858, bajo el manto de los primeros síntomas de un cambio en la política gubernamental. El antiguo partido demócrata se había dislocado: su mayor contingente formó un nuevo partido, el de los "progresistas", el resto continuó llamándose partido democrático. Desde el comienzo el partido progresista ardía en el deseo de unirse al gobierno, pero queriendo conservar intacto su honor, suplicó a este último que le diera un pretexto honorable para una tal transición, exigiendo al menos el respeto exterior de la constitución. Ese partido le guiñó los ojos hasta 1866, después de lo cual, vencido por las victorias deslumbrantes contra Dinamarca y Austria, se rindió sin condiciones al gobierno. El partido democrático obró idénticamente en 1870.

Jacoby no siguió nunca el ejemplo general. Los principios democráticos constituyen su vida. Odia la violencia y no cree que por su intermedio se pueda crear un Estado germánico poderoso, y es por esa razón que quedó enemigo, solitario e impotente, de la política actual de Prusia. Su impotencia pro–cede sobre todo de que, aun siendo estatista hasta la médula, desea sinceramente la liberad queriendo simultáneamente un Estado pangermánico unido.

El emperador actual de Alemania, Guillermo I, tiene horror a las contradicciones y, lo mismo que el inolvidable Nicolás I, parece haber creado, de una sola pieza de metal, una entidad completa, por decirlo así, aunque limitada. Él y el conde no reinante de Chambord son tal vez los únicos que creen en su acción divina, en su misión y derecho divinos. Como Nicolás, considera –él, rey–soldado creyente– por encima de todos los principios el del legitimismo, es decir, el derecho estatista hereditario. Este último fue, para su conciencia y para su inteligencia, un obstáculo serio hacia la unificación de Alemania, porque habría sido preciso soportar el choque de los tronos de una multitud de soberanos legítimos; pero el código de Estado contiene otro principio, el del *derecho sagrado de conquista,* que habría podido resolver la cuestión. Un soberano, fiel a sus deberes monárquicos, no aceptaría nunca un trono que le fuera presentado por un pueblo en rebelión y del que hubiera desalojado a su soberano legítimo; pero considerará de su derecho el *conquistar* ese pueblo y ese trono siempre que Dios haya bendecido sus armas y que tenga un pretexto favorable para una declaración de guerra. Ese principio, así como el derecho que se deriva de él, habían sido reconocidos en todo tiempo por los soberanos y son reconocidos hasta nuestros días.

Guillermo I tenía, pues, necesidad de un ministro que hubiera podido crear los pretextos y los medios *legales* para ensanchar el Estado por medio de guerras. Bismarck era el hombre para esa labor; Guillermo lo apreció en su justo valor y lo nombró ministro en octubre de 1862.

El príncipe de Bismarck es hoy el hombre más poderoso de Europa. Es el tipo más puro del aristócrata de Pomerania con una abnegación de Don Quijote para la casa real, con el exterior seco y militar tan común, con maneras insolentes, secamente corteses, generalmente irónicas y llenas de desprecio ante los burgueses liberales. No se enoja cuando se le llama *junker,* es decir, noble, pero responde generalmente a los adversarios: "Estad seguros de que podremos restaurar el honor de los *junkers".* Excesivamente inteligente en tanto que hombre, está libre de los prejuicios de la nobleza y de todo prejuicio.

Hemos dicho que Bismarck era un continuador directo de Federico II. Éste, como aquél, cree ante todo en la fuerza, luego en la inteligencia que dispone de ella y que la decupla. Hombre de Estado hasta la médula y, lo mismo que Federico el Grande, no cree en Dios ni en el diablo, ni en la humanidad ni en la nobleza, pues eso no es para él más que medios.

Para poder alcanzar el objetivo estatista no se detiene ante ninguna ley divina o humana. No reconoce moral en política; y la villanía y el crimen no se vuelven inmorales más que cuando no son coronados por el éxito. Más glacial y apasionado que Federico, es tan descarado y brutal como este último. De origen noble, habiendo hecho su carrera gracias al partido de la nobleza, lo sofoca sistemáticamente por la razón de Estado;

más aún, lo insulta como insultaba antes a los liberales, a los progresistas, a los demócratas. En el fondo, insulta a todo y a todos, excepto al emperador, sin cuyas buenas disposiciones no habría podido emprender o realizar nada. Es posible, por lo demás, que en secreto, con sus amigos –si los posee–, lo insulte a él también.

Para poder evaluar enteramente todo lo que hizo Bismarck no hay que olvidar cuál es su ambiente[10]. El rey, hombre de inteligencia limitada, de educación semiteológica, semimilitar, está rodeado del partido aristocrático clerical, francamente opuesto a Bismarck, de modo que toda nueva medida de este último, la menor iniciativa de su parte debe ser tomada siempre por asalto. Tal lucha intestina le ocupa al menos la mitad de su tiempo, de su inteligencia, de su energía y obstaculiza seriamente, molesta y paraliza su actividad, lo que en parte le presta un gran servicio, porque no le deja la posibilidad de olvidarse en empresas como las que hicieron perder la cabeza al célebre pertinaz Napoleón I, que no era ciertamente menos torpe que Bismarck.

---

10. He aquí una historia que hemos tomado de fuente directa y cierta y que caracteriza a Bismarck. ¿Quién no conoce a Schurtz, uno de los más rojos de los revolucionarios alemanes de 1848 y el libertador del pseudorrevoluciona-rio Kinkel de la fortaleza en que estaba encerrado? Schurtz, que creyó que Kinkel era un revolucionario serio, aunque sin el menor valor en política, arriesgando su propia dignidad y habiendo superado con valor e ingeniosidad enormes dificultades, libertó a éste, huyendo él mismo a América. Hombre inteligente, de talento, enérgico –cualidades respetadas en América–, se convirtió allí pronto en el jefe de un partido alemán que contaba varios millones de miembros. Durante la última guerra ganó en el ejército del norte el título de general (había sido elegido ya senador). Después de la guerra los Estados Unidos lo enviaron como embajador plenipotenciario a España. Aprovechó la ocasión para visitar Alemania del sur, pero no Prusia, donde pesaba sobre él una condena a muerte por la liberación de Kinkel. Cuando Bismarck supo su presencia en Alemania y quiso disponer en su favor de un personaje tan influyente entre los alemanes de América, lo invitó a ir a Berlín y le hizo transmitir que "para los hombres como Schurtz las leyes no existían". Llegado Schurtz a Berlín, Bismarck le ofreció una comida a la que fueron invitados todos los secretarios de Estado. Después de la comida, cuando todos se habían retirado y Schurtz quedó solo con Bismarck para una conversación íntima, éste último le dijo: "Usted ha visto y escuchado a mis colegas; con tales asnos tengo que gobernar y crear a Alemania".

La actividad pública de Bismarck comenzó en 1847, cuando hizo su aparición como jefe del partido extremo de la nobleza en la Asamblea representativa. En 1848 fue el enemigo encarnizado del Parlamento de Francfort y de la Constitución única para toda Alemania y el aliado apasionado de Rusia y de Austria, es decir, de la reacción interior y exterior. Con ese espíritu tomó activamente parte en la hoja reaccionaria *Kreuzzeitung,* fundada en 1848 y que existe aún. Fue, naturalmente, un defensor ardiente de los ministerios Brandenburg y Manteufel y por consiguiente de las resoluciones de la conferencia de Olmütz. Desde 1851 fue embajador en la Unión germánica en Francfort. Entonces cambió radicalmente su actividad ante Austria. "Es como si se me hubiera caído una venda de los ojos, cuando vi de cerca la política", había dicho a sus amigos. Comprendió que Austria era enemiga de Prusia y de defensor ardiente se convirtió en su enemigo irreconciliable. Desde entonces la abolición de toda influencia de Austria sobre Alemania y su exclusión de esta última fue la idea constante y preferida de Bismarck.

En esas condiciones se encontró con el príncipe Guillermo de Prusia, que después de la conferencia de Olmütz tuvo tanto odio para Austria como para la revolución. Apenas llegó Guillermo a la regencia dirigió su atención sobre Bismarck, lo nombró primero embajador en Rusia, luego en Francia y por fin primer ministro.

Durante su carrera diplomática Bismarck pudo por fin llevar a la madurez su programa. Había tomado en París algunas lecciones preciosas en el arte de la trampa estatista de Napoleón III mismo, que, viendo ante él un oyente celoso y capaz, le descubrió su alma y le hizo algunas alusiones transparentes a la urgencia de reconstituir el mapa de Europa, pidiendo para él mismo la frontera del Rhin y Bélgica, dando el resto de Alemania a Prusia. Los resultados de esas conversaciones son conocidas: el discípulo aventajó al maestro.

A su entrada en el ministerio, Bismarck pronunció un discurso en el que expuso su programa: "Las fronteras de Prusia son estrechas e inadecuadas para un Estado de primera clase. Para poder conquistar nuevas fronteras es indispensable ampliar y perfeccionar la organización militar. Es preciso prepararse a la lucha próxima, y en espera de ésta, reunir y multiplicar nuestras fuerzas. El error de 1848 consistía en querer unificar a Alemania en un solo Estado por medio de instituciones populares. Los grandes problemas estatistas se deciden no por el derecho, sino por la fuerza: la fuerza precede siempre al derecho".

Los liberales de Alemania habían combatido a menudo a Bismarck desde 1862 a 1866 por esa última frase. Pero después de 1866, es decir, después de las victorias sobre Austria, y sobre todo después de 1870, es decir, después de la derrota de Francia, todos esos reproches se transformaron en ditirambos entusiastas.

Con su audacia habitual, con su franqueza cínica y llena de desprecio que le es propia, Bismarck expresó en esas pocas palabras toda la quintaesencia de la historia política de los pueblos, todo el secreto de la sabiduría estatista. El predominio incesante y el triunfo de la fuerza, tal es la base; y todo lo que se llama en lengua política el derecho, no es más que la ilustración del hecho creado por la fuerza. Es claro que las masas del pueblo, alteradas por el deseo de emancipación, no piensan obtenerlo por el triunfo teórico del derecho abstracto; deben conquistar esa libertad por la fuerza; con ese fin deben organizar fuera del Estado y contra él sus fuerzas naturales e instintivas.

Como hemos dicho ya, los alemanes querían, no la libertad, sino un Estado poderoso; Bismarck lo comprendió y se sintió capaz, con ayuda de la burocracia prusiana y de la fuerza militar, de alcanzar ese objetivo; por esa razón marchó firmemente y seguro hacia él, burlándose de los derechos y de la polémica violenta dirigida contra él, por los liberales y los demócratas. Creía, contrariamente a sus predecesores, que unos y otros se convertirían en ardientes aliados.

El rey sargento y Bismarck el político exigieron el refuerzo del ejército: eran precisos, pues, nuevos impuestos y nuevos empréstitos. La cámara de los representantes del pueblo, de la cual dependía la sanción de los nuevos impuestos y empréstitos, rehusaba siempre dar la sanción, por cuya causa fue disuelta varias veces. En otro país tal situación habría suscitado una revolución política, pero en Prusia no, lo cual sabía muy bien Bismarck. Por eso, y a pesar de la negativa, tomó las sumas necesarias donde pudo, por medio de impuestos, de empréstitos, mientras la Cámara, por su negativa, se convirtió en un objeto de risa, si no para Alemania, al menos para el resto de Europa.

Bismarck no se había engañado. Habiendo conseguido su propósito, se convirtió en el ídolo de los liberales y de los demócratas.

Jamás hubo quizás en otro país un cambio tan rápido y completo en la dirección de los espíritus como el que se hizo en Alemania entre 1864–1866 y 1870. Hasta la guerra austroprusiana contra Dinamarca, Bismarck era el hombre más impopular de Alemania. Durante esa guerra y sobre todo despúes de ella, dio prueba del desprecio más profundo de todos los derechos, del pueblo y del Estado. Se conoce el descargo con que Prusia y, arrastrada por ella, la estúpida Austria expulsaron del Schleswig y de Holstein al cuerpo sajón y hannoveriano que ocupaba esas provincias por orden de la Unión germánica, y con qué desvergüenza repartió Bismarck con Austria, engañada por él, las provincias conquistadas y cómo acabó por declarar éstas botín exclusivo de Prusia.

Se habría podido creer que tal conducta suscitaría la profunda indignación de todos los alemanes honestos, equitativos y amantes de la libertad. Al contrario, precisamente desde ese momento comenzó a crecer la popularidad de Bismarck: los alemanes sintieron sobre ellos la razón patriótica de Estado y un poder estatista poderoso. La guerra de 1866 no hizo más que reforzar su importancia. La marcha rápida en Bohemia, que recordó las campañas de Napoleón, una serie de brillantes victorias que aterraron al Austria, la marcha triunfante a través de Alemania, el saqueo de las localidades enemigas, la proclamación de Hannover, de Hesse–Cassel, y de Francfort coma botín de guerra, la formación de la Unión de la Alemania del norte bajo el protectorado del futuro emperador, son hechos que llenaron de júbilo a los alemanes. Los jefes de la oposición en Prusia, los Schultze–Delitsch, etc., se callaron repentinamente, declarándose así en bancarrota moral. No quedó en oposición más que un grupo mínimo, con el noble viejo Jacoby a la cabeza, que hizo causa común con el "partido popular" que se había fundado en el sur de Alemania después de 1866.

De acuerdo con el tratado firmado entre la Prusia triunfante y el Austria quebrantada, la antigua Unión germánica fue abolida y en su puesto se fundó una Unión germánica del norte bajo la dirección de Prusia, se dejó Austria, a Baviera, a Würtenberg y a Bade la facultad de fundar una Unión del sur.

El barón Beust, ministro de Austria, nombrado después de la guerra, habiendo comprendido la importancia capital que podría tener la creación de una Unión semejante, dirigió todos sus esfuerzos en esa dirección, pero los problemas insolubles del interior del país y los obstáculos enormes de parte de los Estados mismos, a los cuales era necesaria esa Unión, le impidieron realizar ese plan. Bismarck engañó a todo el mundo: a Rusia, a Francia y a los soberanos alemanes para los cuales era necesaria la fundación de una Unión que habría impedido a Prusia llegar a la situación que tiene hoy.

El "partido del pueblo", que se había formado entonces con los elementos burgueses del sur de Alemania con el fin exclusivo de estar en oposición a Bismarck, tenía un programa que en el fondo era el mismo de Beust.

El centro de ese "partido del pueblo" era Stuttgart. A parte de la unión con Austria, tenía gran número de otros matices: por ejemplo, coqueteaba en Baviera con los ultracatólicos, es decir con los jesuitas, y quería la alianza con Francia, con Suiza. El grupo que pedía la alianza con la Suiza republicana fue el fundador principal de la "Liga de la paz y de la libertad".

En resumen, su programa era bastante inocente y estaba lleno de contradicciones. Las instituciones democráticas y populares se ligaron fantásticamente a la forma monárquica de gobierno, ligaron la independencia de los soberanos a la unidad pangermánica y esta última a la federación republicana de Europa. En una palabra, casi todo debe quedar como hasta aquí y todo debe ser impregnado del nuevo estado de espíritu y debe, sobre todo, tener un carácter filantrópico; la libertad y la igualdad deben prosperar en condiciones que las destruyen. Un programa tal no podía ser inventado más que por los burgueses sentimentales de Alemania del sur, que se habían hecho notar al principio por un desdén sistemático y luego por una negación ardiente de las aspiraciones socialistas de nuestros días, como lo ha probado el congreso de la Liga de la paz en 1868.

Es claro que el "partido del pueblo" debía asumir una actitud hostil contra el partido obrero de los socialdemócratas fundado en el 60 por Ferdinand Lassalle.

Tendremos aún ocasión de relatar en detalle el desarrollo de las asociaciones obreras en Alemania y, en general, en toda Europa. Notemos ahora que hacia la última década y principalmente en 1869, la masa obrera de Alemania estaba dividida en tres categorías: la primera, la más numerosa, estaba fuera de toda organización. La segunda, bastante numerosa también, estaba compuesta de sociedades para la educación de los obreros (Arbeiterbildungsverein), y en fin la tercera, la menos numerosa, pero al contrario la más enérgica y la más inteligente, fundó una falange de obreros lassallianos con el nombre de "partido general de los obreros alemanes" (Deutsche Allgemeine Arbeiterverband).

No tenemos que hablar de la primera categoría. La segunda representaba una especie de pequeñas asociaciones obreras bajo el control directo de Schultze–Delitsch y de socialistas burgueses del mismo calibre.

"Ayúdate a ti mismo" era su consigna: se recomendaba con insistencia a los trabajadores no esperar ni salvación ni ayuda de parte del Estado o del gobierno, sino únicamente de su propia energía. El consejo era excelente si no se hubiese agregado a él la falsa seguridad de que *en las condiciones actuales de la organización social,* paralelamente a la existencia del *monopolio económico* que explotaba las masas obreras y del *Estado político* que salvaguardaba esos monopolios contra la insurrección del pueblo, la emancipación de los trabajadores era posible. Gracias a esa ilusión y, de parte de los socialistas burgueses y de los jefes de ese partido, a un engaño consciente, los trabajadores que caían bajo su influencia debían alejarse sistemáticamente de toda preocupación y de toda cuestión política y social relativa al Estado, a la propiedad, etc., tomar como punto de partida la existencia racional y legítima del orden de cosas tal como subsiste hoy y buscar los mejoramientos y alivios a su suerte en la organización de asociaciones, cooperativas de consumo, de crédito y de producción. En cuanto a la educación política, Schultze–Delitsch proponía a los obreros el programa entero del partido del progreso a que él y sus camaradas pertenecían.

Desde el punto de vista económico, y esto es claro para todos ahora, el sistema de Schultze–Delitsch tendía lógicamente hacia la protección de la sociedad burguesa contra la tempestad social; en cuanto al punto de vista político, sometía completamente al proletariado a la burguesía que lo explotaba y en manos de la cual debía ser un instrumento obediente y estúpido.

Ferdinand Lassalle se había levantado contra un engaño tan burdo y doble. Le fue fácil romper el sistema económico de Schultze–Delitsch y mostrar la inanidad de sus sistemas políticos. Nadie pudo, como Lassalle, aplicar y demostrar de un modo tan convincente a los obreros alemanes que en las condiciones económicas actuales la situación del proletariado no sólo no puede mejorarse sino que, al contrario, por la fuerza misma de la ley económica infalible, deberá empeorar de año en año a pesar de todas las tentativas cooperativas que pudieran aportar una ventaja efímera y temporal y eso a un número ínfimo de trabajadores.

Destruyendo el programa político había probado que toda esa política llamada popular no tenía en suma otra virtud que un refuerzo de los privilegios económicos de la burguesía.

Hasta aquí estamos de acuerdo con Lassalle. Pero es desde aquí donde nos separamos de él y, en general, de los socialistas demócratas o comunistas de Alemania: en oposición a Schultze–Delitsch, que recomendaba a los trabajadores que no buscasen su salvación más que en su propia energía y que no esperasen nada del Estado, Lassalle, después de haber demostrado que en las condiciones económicas actuales era imposible no sólo alcanzar su emancipación, sino también el menor mejoramiento de su suerte, que será inevitablemente empeorada; y luego que en tanto que exista un Estado burgués los privilegios burgueses permanecen inaccesibles, llegó a formular la conclusión siguiente: para alcanzar la verdadera libertad, que esté basada en la igualdad económica, el proletariado deberá conquistar el Estado y dirigir la fuerza estatista contra la burguesía en beneficio de la masa obrera, lo mismo que hoy es dirigida contra el proletariado en beneficio único de la clase explotadora.

¿Pero cómo se hará dueño del Estado? Para eso no hay más que dos medios: o bien por una revolución política, o bien por una agitación legal del pueblo en favor de las reformas pacíficas. Lassalle, alemán, judío, sabio y hombre rico, aconsejó el segundo medio.

En ese sentido y con ese fin organizó un partido considerable, y de preferencia político, de los obreros alemanes; lo organizó jerárquicamente, sometido a una severa disciplina y a su dictadura; en una palabra, hizo lo que el señor Marx había querido hacer, durante los últimos tres años, en la Internacional. La tentativa de Marx fracasó, pero la de Lassalle tuvo un éxito brillante. El objetivo directo e inmediato del partido fue la agitación pacífica a través del país en pro del sufragio universal para la elección de los representantes del Estado obrero y del poder.

Habiendo conquistado ese derecho por medio de las reformas legales, el pueblo enviará sólo a sus representantes en el Parlamento que, por una serie de decretos y de leyes, transformará el Estado burgués en un Estado popular. El primer deber de un Estado popular sería abrir un crédito ilimitado a las asociaciones obreras de producción y de consumo que, sólo entonces, estarían en situación de luchar contra el capital burgués y llegarían pronto a vencerlo y absorberlo. Cuando el proceso de devoramiento terminase, entonces se abriría la era de la transformación radical de la sociedad.

Tal es el programa de Lassalle, tal es el programa del partido socialdemócrata. En el fondo no es a Lassalle, sino a Marx a quien pertenece ese programa, que lo desarrolló ampliamente en su célebre *Manifiesto del partido comunista* publicado por él y Engels en 1848.

Una alusión evidente a ese programa se encuentra en el primer *Manifiesto de la Asociación Internacional,* escrito por Marx en 1864, en las palabras siguientes: *el primer deber de la clase obrera consiste en la conquista del poder político,* o, como se ha dicho en el *Manifiesto comunista: el primer paso hacia la revolución de los trabajadores debe consistir en la elevación del proletariado al rango de clase dominante. El proletariado debe concentrar todos los instrumentos de producción en manos del Estado, es decir, del proletariado elevado al rango de clase dominante.*

¿No está claro que el programa de Lassalle no se distingue en nada del programa de Marx a quien reconocía como a su maestro? En el folleto contra Schultze—Delitsch, Lassalle, que había caracterizado con una claridad verdaderamente genial sus obras y había definido sus idas fundamentales sobre el desenvolvimiento político y social de la sociedad futura, decía francamente que esas ideas y la terminología misma no le pertenecían a él sino a Marx, que fue el primero en formularlas y en desarrollarlas en su obra notable, que no publicó todavía.

Tanto más singular parece ser la protesta del señor Marx insertada, después de la muerte de Lassalle, en la introducción de su obra sobre el capital. Marx se queja amargamente del plagio de Lassalle, que se apropió de sus ideas. La protesta es excesivamente extraña de parte de un comunista que predicaba la propiedad colectiva y que no comprendía que una idea, una vez emitida, cesaba de ser propiedad de un individuo. La cosa sería diferente si Lassalle hubiese copiado una página o más, eso habría sido un plagio y la prueba de un fracaso intelectual de un autor incapaz de dirigir las ideas tomadas a otros y de reproducirlas por un trabajo intelectual propio en una forma independiente. Así no obran más que los que están desprovistos de capacidades intelectuales o que son deshonestos por vanidad, cuervos disfrazados con plumas de pavo.

Lassalle era demasiado inteligente y demasiado independiente de espíritu para recurrir a medios tan mezquinos a fin de atraer sobre él la atención del público. Era vanidoso como correspondía a un judío, pero al mismo tiempo estaba dotado de cualidades tan notables que habría podido sin muchas dificultades satisfacer las exigencias de la vanidad más refinada. Era inteligente, erudito, rico, hábil y extremadamente audaz; tenía, en el más alto grado, el don de la dialéctica, el del talento oratorio, de la claridad de comprensión y de exposición. En oposición a su maestro Marx, que es fuerte en teoría, en intriga secreta y clandestina y pierde, al contrario, la fuerza y la significación en la arena pública, Lassalle estaba creado, se habría dicho que expresamente, para la lucha abierta en el terreno político. La sutilidad dialéctica y la fuerza de la lógica, estimuladas por el amor propio caldeado en la lucha, reemplazaban en él la fuerza de las convicciones apasionadas. Obraba con una fuerza enorme sobre el proletariado pero estaba lejos de ser un hombre del pueblo.

Toda su vida, su ambiente, sus hábitos, sus gustos estaban estrictamente ligados a la clase burguesa, a lo que se llamaba la juventud dorada. La superaba naturalmente por el cerebro, reinaba por su inteligencia, gracias a la cual se encontró a la cabeza del proletariado alemán. En el espacio de algunos años había alcanzado una popularidad inmensa. Toda la burguesía liberal y democrática lo odiaba profundamente; sus camaradas de ideas, los socialistas, los marxistas y el maestro mismo, Marx, concentraron contra él toda la fuerza de su envidia malevolente. Lo odiaban tan profundamente como la burguesía: en tanto que vivió no se atrevieron a expresarle su odio, porque era demasiado fuerte para ellos.

Tuvimos ocasión varias veces de expresar nuestro disgusto profundo hacia las teorías de Lassalle y de Marx, que recomendaban a los trabajadores, si no como el ideal, al menos como el objetivo principal más próximo, la fundación del Estado popular que, según ellos, no sería más que "el proletariado elevado al rango de clase dominante".

Si el proletariado, se pregunta, se convierte en clase dominante, ¿sobre quién dominaría? Quedará, pues, otro proletariado que será sometido a esa nueva dominación, a ese nuevo Estado. Ése es el caso, por ejemplo, de la masa campesina que, como se sabe, no disfruta de la benevolencia de los marxistas y que, encontrándose en un nivel inferior de cultura, será probablemente gobernada por el proletariado de las ciudades y de las fábricas; o, si consideramos la cuestión desde el punto de vista nacional, los esclavos caerán por esas mismas razones bajo un yugo servil en relación con el proletariado alemán vencedor, semejante al que sufre este último en relación con su burguesía.

Donde existe el Estado existe inevitablemente la dominación, por consiguiente la esclavitud; el Estado sin la esclavitud –abierta o enmascarada– es imposible: es la razón por la cual somos enemigos del Estado.

¿Qué significa "el proletariado elevado al rango de clase dominante"? ¿Sería el proletariado entero el que se pondrá a la cabeza del gobierno? Hay aproximadamente unos 40 millones de alemanes. ¿Se imagina uno a todos esos 40 millones miembros del gobierno? El pueblo entero gobernará y no habrá gobernados. Pero entonces no habrá gobierno, no habría Estado; mientras que si hay Estado habrá gobernados, habrá esclavos.

Este dilema se resuelve fácilmente en la teoría marxista. Entienden, por gobierno del pueblo, un gobierno de un pequeño número de representantes elegidos por el pueblo. El sufragio universal –el derecho de elección por todo el pueblo de los representantes del pueblo y de los gerentes del Estado–, tal es la última palabra de los marxistas lo mismo que de la minoría dominante, tanto más peligrosa cuanto que aparece como la expresión de la llamada voluntad del pueblo.

Así, pues, desde cualquier parte que se examine esta cuestión, se llega siempre al mismo triste resultado, al gobierno de la inmensa mayoría de las masas del pueblo por la minoría privilegiada. Pero esa minoría, nos dicen los marxistas, será compuesta de trabajadores. Sí, de *antiguos* trabajadores, quizá, pero que en cuanto se conviertan en gobernantes o representantes del pueblo cesarán de ser trabajadores y considerarán el mundo trabajador desde su altura estatista; no representarán ya desde entonces al pueblo, sino a sí mismos y a sus pretensiones de querer gobernar al pueblo. El que quiera dudar de ello no sabe nada de la naturaleza humana.

Pero esos elegidos serán convencidos ardientes y además socialistas científicos. Esta palabra *"socialistas científicos"*, que se encuentra incesantemente en las obras y discursos de los lassallianos y de los marxistas, prueban por sí mismas que el llamado Estado del pueblo no será más que una administración bastante despótica de las masas del pueblo por una aristocracia nueva y muy poco numerosa de los verdaderos y pseudosabios. El pueblo no es sabio, por tanto será enteramente eximido de las preocupaciones gubernamentales y será globalmente incluido en el rebaño administrado. ¡Hermosa liberación!

Los marxistas se dan cuenta de esa contradicción, y reconociendo que un gobierno de sabios –el más pesado, el más ultrajante y el más despreciable del mundo– será, a pesar de todas las formas democráticas, una verdadera dictadura, se consuelan con el pensamiento que esa dictadura será provisoria y corta. Dicen que su sola preocupación y su solo objetivo será educar y elevar al pueblo, tanto desde el punto de vista económico como del político, a un nivel tal que todo gobierno se vuelva pronto superfluo, y el Estado, perdiendo todo su carácter político, es decir, de dominación, se transformará en una organización absolutamente libre de los intereses económicos de las comunas.

Tenemos aquí una contradicción flagrante. Si el Estado fuera verdaderamente popular, ¿qué necesidad hay de abolirlo? Y si el gobierno del pueblo es indispensable para la emancipación real del pueblo, ¿cómo es que se atreven a llamarlo popular? Por nuestra polémica contra ellos les hemos hecho confesar que la libertad o la anarquía, es decir, la organización libre de las masas laboriosas de abajo a arriba, es el objetivo final del desenvolvimiento social y que todo Estado, sin exceptuar su Estado popular, es un yugo que, por una parte, engendra el despotismo y, por la otra, la esclavitud.

Dicen que tal dictadura–yugo estatista es un medio transitorio inevitable para poder alcanzar la emancipación integral del pueblo: anarquía o libertad, es el objetivo; Estado o dictadura, es el medio. Así, pues, con el fin de emancipar las masas laboriosas es preciso ante todo subyugarlas.

Sobre esa contradicción se ha detenido por el momento nuestra polémica. Ellos afirman que sólo la dictadura –la suya, evidentemente– puede crear la voluntad del pueblo; respondemos que ninguna dictadura puede tener otro objeto que su propia perpetuación y que no es capaz de engendrar y desarrollar en el pueblo que la soporta más que la esclavitud; la libertad no puede ser creada más que por la libertad, es decir, por la rebelión del pueblo y por la organización libre de las masas laboriosas de abajo a arriba.

Más tarde tenemos intención de examinar con más detalles y desde más cerca esta cuestión a cuyo alrededor gira todo el interés de la historia contemporánea. Por el momento atraemos la atención del lector sobre el hecho siguiente, hecho muy significativo que se repite invariablemente.

Mientras que la teoría político–social de los socialistas antiestatistas o anarquistas los lleva infaliblemente y directamente a una ruptura completa con todos los gobiernos, con todos los matices de la política burguesa, no dejando otra salida que la revolución social, la teoría opuesta de los comunistas estatistas y de la autoridad científica arrastra con la misma infalibilidad y embrolla a sus partidarios bajo el pretexto de táctica política, en transacciones incesantes con los gobiernos y los diferentes partidos políticos burgueses; en otras palabras, los lleva directamente hacia la reacción.

Lassalle mismo es la mejor prueba de ello. Todos conocen sus relaciones y sus negociaciones con Bismarck. Liberales y demócratas, contra quienes llevaba a cabo una guerra implacable y muy hábil, aprovecharon eso para acusarlo de estar vendido al enemigo. Lo mismo, aunque menos manifiestamente, murmuraban entre sí los partidarios personales de Marx en Alemania. Pero unos y otros mentían. Lassalle era rico y no tenía ninguna razón para dejarse comprar: era demasiado inteligente y demasiado orgulloso para preferir al rol de agitador independiente la situación despreciable de un agente de un gobierno o de cualquiera que fuese.

Hemos dicho ya que Lassalle no era un hombre del pueblo, porque era demasiado elegante para tener contacto con el proletariado fuera de las reuniones públicas donde lo magnetizaba generalmente por su talento oratorio notable; estaba demasiado mimado por la riqueza y por los hábitos que se derivan de una existencia elegante y caprichosa para hallar la menor satisfacción en el seno del pueblo; y, en fin, era demasiado consciente de su superioridad intelectual para no experimentar un cierto desprecio ante la multitud iletrada y grosera a que se dirigía más bien como un médico a su enfermo que como de hermano a hermano. En esos límites estaba seriamente consagrado a la causa del pueblo, lo mismo que un médico honesto está consagrado a la curación de su enfermo a quien, por lo demás, considera menos como hombre que como objeto. Estamos firmemente convencidos que era hasta tal punto honesto y orgulloso que nada del mundo le habría hecho traicionar la causa del pueblo.

No hay necesidad de recurrir a viles suposiciones para explicarse las relaciones y las transacciones de Lassalle con el ministro prusiano. Lassalle estaba, como hemos dicho, en guerra abierta con todos los matices liberales y demócratas y despreciaba profundamente a esos retóricos inocentes cuya impotencia e inconsistencia veía tan claramente; Bismarck luchaba también contra ellos –bien que por razones diferentes–; ése fue, pues, el primer pretexto para un acercamiento. Pero la base fundamental consistía en el programa político y social de Lassalle, en la teoría comunista creada por el señor Marx.

El punto cardinal de ese programa es la emancipación (imaginaria) del proletariado *por el solo medio del Estado*. Pero para eso sería preciso que el Estado quisiera convertirse en el libertador del proletariado del yugo del capital burgués. ¿Cómo hacer para llegar a inspirar tal voluntad al Estado? Únicamente dos medios pueden concurrir a ese fin. El proletariado debe realizar una revolución para conquistar el Estado, medio heroico. Según nosotros, una vez en posesión del Estado, deberá destruirlo inmediatamente, como prisión eterna de la masa laboriosa; pero según la teoría del señor Marx el pueblo no sólo no debe destruirlo, sino que, al contrario, debe afirmarlo y reforzarlo y ponerlo en ese estado en manos de sus bienhechores, padrinos y maestros, de los jefes del partido comunista, es decir, del señor Marx y de sus amigos que comenzarán entonces a libertar a su modo. Centralizarían las riendas del poder en un puño de hierro, porque el pueblo ignorante exige un tutela muy enérgica; fundarán un solo banco de Estado que concentrará en sus manos toda la producción comercial, industrial, agrícola y hasta científica y repartirán la masa del pueblo en dos ejércitos: uno industrial y otro agrícola, bajo el comando directo de los ingenieros de Estado que formarán así la nueva casta privilegiada político–científica del Estado.

¡Admirad el objetivo brillante que coloca ante el pueblo alemán la escuela de los comunistas alemanes! Pero para llegar a todos esos beneficios es indispensable ante todo dar un pasito inocente: ¡la revolución! ¡Esperad que los alemanes hagan una revolución! Discutir indefinidamente sobre la revolución, pase, ¡pero en cuanto a hacerla...!

Los alemanes mismos no creen en la revolución alemana. Sería preciso que otro pueblo la comience o que una fuerza exterior cualquiera pueda arrastrarlos o impulsarlos a ella; por sí mismos no irán nunca más allá del estadio de la argumentación. Es preciso, por consiguiente, buscar otro medio para conquistar el Estado. Es preciso conquistar la simpatía de los hombres que se encuentran o podrían encontrarse a la cabeza del Estado...

En la época de la actividad de Lassalle, como por lo demás hoy todavía, es Bismarck el que estaba a la cabeza del Estado. ¿Quién habría podido reemplazarlo? El partido liberal y el democrático–progresista estaban vencidos; quedaba sólo el partido puramente democrático que más tarde tomó el nombre de "partido popular". Pero ese partido era insignificante en el norte, un poco más numeroso en el sur, y aspiraba directamente a la hegemonía del imperio austríaco. Los últimos acontecimientos han probado que ese partido exclusivamente burgués no poseía ninguna independencia ni fuerza. Cayó completamente en ruinas en 1870.

Lassalle estaba especialmente dotado del instinto y del sentido práctico que faltaba a Marx y a sus partidarios. Como sucede con todos los teóricos, Marx era un soñador incorregible en la práctica. Lo había demostrado por la infortunada campaña en la Asociación Internacional que tuvo por fin el establecimiento de su dictadura en la Internacional y por medio de la Internacional en todo el movimiento revolucionario del proletariado de Europa y de América. Es preciso estar loco o ser sabio totalmente abstracto para proponerse tal finalidad. El señor Marx ha sufrido en el año corriente una derrota completa y merecida, pero es dudoso que eso lo libre de sus quimeras ambiciosas.

Es gracias a esas mismas quimeras y al deseo de adquirir admiradores y partidarios en las filas de la burguesía como Marx impulsó siempre y continúa impulsando al proletariado a transacciones con los radicales burgueses. Jacobino por educación y por predilección, su sueño favorito es la dictadura política. Gambetta y Castelar son los hombres de su ideal. Su corazón, sus pensamientos aspiran hacia ellos y si últimamente se vio obligado a descalificarlos, es sólo porque no pudieron sostener la apariencia de ser socialistas.

Un doble fin es perseguido en ese deseo de transacción con la burguesía radical que se ha evidenciado en Marx más y más durante los últimos años: primeramente, la burguesía radical, si llegase a conquistar el poder político, querrá, tendrá la posibilidad de querer hacer uso de él en beneficio do proletariado; luego, una vez conquistado el poder, el partido radical, ¿podrá un día resistir la reacción cuya raíz se encuentra en su propio seno?

El partido radical burgués se diferencia de la masa laboriosa en que, por sus intereses económicos y políticos, así como por sus hábitos de vida, por su ambición, su vanidad y sus prejuicios, está profundamente y, digámoslo, orgánicamente ligado a la clase explotadora. ¿Cómo podrá querer emplear el poder, aunque lo hubiese conquistado con ayuda del pueblo, en provecho de este último? Sería simplemente el suicidio de toda una clase, y el suicidio de toda una clase es cosa imposible. Los demócratas más frenéticos y los más rojos han sido, son y serán burgueses en tal grado que bastará siempre una declaración seria de las reivindicaciones e instintos socialistas de parte del pueblo, para forzarlos a lanzarse inmediatamente en la reacción más desenfrenada y más insensata.

Todo eso es lógicamente inevitable; y, lógica aparte, toda la historia contemporánea demuestra esa inevitabilidad. Basta recordarse de la traición desvergonzada del partido republicano rojo en las jornadas de junio de 1848; y por si tal ejemplo y la cruel lección que le siguió durante un período de veinte años, lección dada por Napoleón III, hubiesen sido insuficientes para que se repitiera la misma cosa, se repite aun de nuevo en Francia en 1870–71. Gambetta y su partido se mostraron los enemigos más encarnizados del socialismo revolucionario. Traicionaron a Francia, entregándola con los pies y manos ligados a la reacción que hoy impera en ella. Otro ejemplo está en España. El partido político radical más extremista (el partido intransigente) ha demostrado ser el enemigo más encarnizado del socialismo internacional.

Se plantea aún otra cuestión: ¿la burguesía radical puede realizar sin la insurrección del pueblo un golpe de Estado triunfante? Basta plantear la cuestión para resolverla negativamente: no. Se deduce, pues, que no es el pueblo el que tiene necesidad de la burguesía, sino la burguesía la que tiene necesidad del pueblo para el triunfo de la revolución. Esto se ha hecho evidente en todas partes y en Rusia más que en otros países. Reunid toda nuestra juventud que piensa revolucionariamente, pero que razona con el espíritu de la nobleza y de la burguesía; pero, en primer lugar, ¿cómo la ligaréis en un solo organismo viviente con un pensamiento único y una aspiración única? No puede unirse más que disolviéndose en el pueblo; fuera del pueblo permanecerá siempre como una multitud vacía de sentido, sin voluntad propia, charlatana y enteramente impotente.

Los mejores hombres del mundo burgués, burgueses de nacimiento y no por convicción y aspiraciones, no pueden ser útiles más que a condición de que se disuelvan en el pueblo, en la verdadera causa del pueblo; pero si continúan existiendo fuera del pueblo, no sólo le serán inútiles, sino francamente nocivos.

El partido radical es un partido aparte; vive y obra fuera del pueblo. ¿Qué significa su tentativa de alianza con el pueblo trabajador? Ni más ni menos que la conciencia de su impotencia, la confesión de que el apoyo del pueblo le es indispensable para conquistar el poder estatista, no en provecho del pueblo, naturalmente, sino en beneficio propio. Y en cuanto lo haya conquistado, se convertirá inevitablemente en el enemigo del pueblo; una vez convertido en su enemigo, perderá su punto de apoyo –la fuerza del pueblo– y para quedar en el poder, aunque no fuese más que un tiempo limitado, será obligado a buscar nuevas fuentes de energía, pero ya contra el pueblo en las alianzas y transacciones con los partidos reaccionarios vencidos. Yendo de este modo, de compromiso en compromiso, de traición en traición, se vuelve a poner él mismo y vuelve a poner al pueblo en manos de la reacción. Escuchad lo que dice hoy Castelar, republicano encarnizado, convertido en dictador: "La política vive de compromisos y de transacciones, es por eso que tengo intención de colocar a la cabeza del ejército republicano generales del partido monárquico moderado". Los resultados a que se encamina de ese modo son, naturalmente, claros para todo el mundo.

Lassalle, hombre práctico, comprendía a maravilla todas estas consideraciones; además, despreciaba profundamente a toda la burguesía alemana y no podía, por consiguiente, aconsejar a los trabajadores que anudasen relaciones con un partido burgués cualquiera.

Quedaba la revolución; pero Lassalle conocía perfectamente a sus compatriotas para confiar en una iniciativa revolucionaria de su parte. ¿Qué le quedaba, pues, que hacer? Una sola cosa: tratar relaciones con Bismarck.

El punto de reunión estaba dado por la teoría misma de Marx, a saber: un Estado–unido, vasto y fuertemente centralizado. Lassalle lo quería, y Bismarck lo estaba realizando. ¿Qué les impedía, pues, aliarse?

Desde su advenimiento al ministerio, después del Parlamento prusiano de 1848, Bismarck había demostrado que era el enemigo despreciador de la burguesía; en cuanto a su actividad presente, muestra que no es ni fanático ni esclavo del partido feudal de la nobleza al cual pertenece por su origen y su educación y del cual quiere cortar las alas con la ayuda del partido deshecho, vencido y servilmente obediente de los liberales burgueses, demócratas, republicanos y aun socialistas, que aspiran definitivamente a un denominador común en el Estado.

Su objetivo principal, como el de Lassalle y el de Marx, es el Estado. Es por esa razón que Lassalle se mostró incomparablemente más lógico y práctico que Marx, que consideraba a Bismarck como un revolucionario, a su modo, naturalmente, y que soñaba en desposeerlo por la razón, sin duda, que ocupaba en el Estado el primer puesto, puesto que según el señor Marx, debía pertenecerle a él mismo.

Lassalle no tenía probablemente un amor propio tan grande y no desdeñó de ningún modo entrar en relaciones con Bismarck. En acuerdo completo con el programa político enunciado por Marx y Engels en el *Manifiesto comunista,* Lassalle no pedía a Bismarck más que una sola cosa: que abriera el crédito del Estado a las asociaciones obreras de producción. Pero al mismo tiempo –y eso prueba en qué grado tenía confianza en Bismarck– llevaba a cabo, siempre de acuerdo con el programa –entre los obreros una agitación legal y pacífica en favor de la conquista del sufragio– otra quimera sobre la cual hemos tenido ya ocasión de expresar nuestra opinión.

La muerte repentina y prematura de Lassalle no le permitió llevar a buen fin sus planes ni pudo siquiera desarrollarlos suficientemente.

Después de la muerte de Lassalle se fundó un tercer partido bajo la influencia de los amigos y de los discípulos de Marx, entre la libre federación de las *sociedades para la educación de los trabajadores y el partido general de los trabajadores alemanes.* A su frente se encontraron dos hombres de talento, uno semiobrero, el otro literato y discípulo y agente de Marx: los señores Bebel y Liebknecht.

Hemos contado ya las consecuencias molestas de la aventura del señor Liebknecht en Viena en 1808. El resultado de esa aventura fue el congreso de Nurenberg (agosto de 1868) en el cual se organizó definitivamente el *partido socialdemócrata.*

Según las intenciones de sus fundadores, que obraban bajo las órdenes directas de Marx, ese partido debía convertirse en la sección pangermánica de la Asociación Internacional de los Trabajadores. Pero las leyes alemanas y sobre todo prusianas impidieron tal afiliación. Ésta no fue anunciada más que indirectamente del modo siguiente: "El partido socialdemócrata de los trabajadores alemanes entra en relaciones con la

Asociación Internacional de los Trabajadores en tanto que tales relaciones están permitidas por las leyes alemanas".

No hay duda que ese partido ha sido fundado en Alemania con la esperanza y el designio secretos de introducir por su intermedio en la Internacional el programa entero de Marx, dejado al margen por el primer congreso de Ginebra (1866).

El programa de Marx se convirtió en el programa del partido socialdemócrata. Comienza repitiendo algunos párrafos principales del programa de la Internacional, confirmado por el primer congreso de Ginebra; pero luego, y repentinamente, se da un paso brusco hacia la "conquista del poder político", recomendada a los trabajadores alemanes como el "fin más inmediato y más urgente" del nuevo partido, adjuntando la famosa frase: "La conquista de los derechos políticos (sufragio universal, libertad de prensa, libertad de asociación y de reuniones públicas, etc.), como condición *preliminar* indispensable de la emancipación económica de los trabajadores".

He aquí la significación de esa frase: antes de proceder a la revolución social, los trabajadores deben realizar una revolución política, o, lo que está más en conformidad con el carácter alemán y más simplemente, adquirir los derechos políticos por medio de una agitación pacífica. Y como todo movimiento político no puede ser más que un movimiento burgués, se desprende de ahí, por consiguiente, que ese programa recomienda a los trabajadores alemanes asimilarse ante todo los intereses y fines burgueses y llevar a cabo un movimiento político en favor de la burguesía radical que, entonces, por reconocimiento, no libertará al pueblo, sino que lo subyugará a una nueva autoridad, a una nueva explotación.

Tuvo lugar una reconciliación conmovedora sobre la base de ese programa entre los trabajadores alemanes y austríacos y los radicales burgueses del "partido popular". A la conclusión del congreso de Nurenberg, los delegados elegidos especialmente para ese fin por el congreso partieron para Stuttgart, donde se concertó una alianza formal, defensiva y ofensiva, entre los representantes de los trabajadores engañados y los jefes del partido radical burgués.

Como resultado de esa alianza, unos y otros acudieron, como hermanos, al segundo congreso de la Paz y de la Libertad que abrió sus sesiones en septiembre, en Berna. En ese congreso se produjo un hecho significativo. Si no todos, al menos muchos de nuestros lectores han oído hablar de la escisión que se manifestó por primera vez en ese congreso entra los socialistas y revolucionarios que habían pertenecido al partido conocido con el nombre de Alianza o que entraron después en ella.

La cuestión que dio el pretexto exterior a la escisión, inevitable ya desde hacía tiempo, fue expuesta de una manera precisa y clara por los "aliancistas". Querían desnudar a los socialistas y a los demócratas burgueses, forzarlos a expresar abiertamente no sólo su indiferencia, sino su actitud positivamente hostil hacia la cuestión que podía ser considerada como cuestión popular, es decir, la cuestión social.

Propusieron con este fin a la Liga de la Paz y de la Libertad que reconociera como fin principal de todas sus aspiraciones la igualación de los individuos (no sólo desde el punto de vista político o jurídico, sino sobre todo desde el punto de vista económico) y de las clases (en el sentido de la abolición total de éstas). En una palabra, invitaron a la Liga a aceptar el programa social-revolucionario.

Dieron expresamente la forma más moderada a su proposición a fin de que los adversarios, la mayoría de la Liga, no pudiese enmascarar su negativa por una objeción contra el modo extremo con que era planteado el asunto. Se les dijo claramente: "No nos ocupamos esta vez de la cuestión de los medios para alcanzar el fin. Os preguntamos: ¿queréis la realización de ese fin? ¿Lo reconocéis como legítimo y actualmente como objetivo principal, por no decir único? ¿Queréis, deseáis realizar la igualdad más completa, no fisiológica o etnológica, sino social y económica entre los hombres, en cualquier parte del mundo que sea, a cualquier nación que pertenezcan? Estamos convencidos, y toda la historia contemporánea está ahí para confirmarlo, que en tanto que la humanidad esté repartida en minoría de explotadores y en mayoría de explotados, la libertad es imposible y se convierte en una mentira. Si queréis la libertad para todos, debéis querer, con nosotros, la igualdad entre todos. ¿La queréis o no?".

Si los señores demócratas burgueses y los socialistas hubieran sido más inteligentes, habrían respondido con un sí a fin de salvar su honor, y habrían podido postergar, como hombres prácticos, la realización de ese fin *ad kalendas graecas*. Los aliancistas, que temían tal respuesta, se habían convenido de antemano para poner a discusión en esa eventualidad la cuestión de los medios necesarios para conseguir ese fin. Entonces habría surgido la cuestión de la propiedad colectiva e individual, de la abolición del derecho jurídico y del Estado.

En este terreno la mayoría del congreso habría podido estar mejor situada para librar batalla que sobre la primera.

La claridad de la primera cuestión era tal que no permitía ningún subterfugio. En cuanto a la segunda, es más complicada y da materia a un número infinito de definiciones, lo que, con una cierta habilidad, permitiría hablar y votar contra el socialismo del pueblo y al mismo tiempo darse aires de ser socialista y amigo del pueblo. Bajo este aspecto la escuela de Marx nos había dado muchos ejemplos y el dictador alemán es tan hospitalario (a condición expresa de que se prosterne uno ante él) que cubre en la hora actual con su bandera un número considerable de socialistas y de demócratas burgueses en el más alto grado y que la Liga de la Paz y de la Libertad habría podido abrigarse bajo él con la sola condición de que quisiera reconocerlo como el hombre más grande.

Tal actitud de parte del congreso burgués habría hecho más difícil la posición de los aliancistas; habría resultado una lucha entre la Liga y estos últimos, semejante a la que existe hoy entre ellos y Marx. Pero la Liga se mostró más estúpida y también más honesta que los marxistas; aceptó la batalla en el primer terreno que se le propuso y a la cuestión de si "exige la igualdad económica, sí o no", respondió en gran mayor con un *no*. Se separó así definitivamente del proletariado y se condenó a una muerte próxima. Murió y no dejó más que dos sombras extraviadas y quejumbrosas: Armand Goeg y el millonario saintsimoniano Lemonnier.

Volvamos ahora al hecho extraño que ha pasado en ese congreso, a saber: que los delegados vueltos de Nurenberg y de Stuttgart, es decir, los obreros enviados al congreso de Nurenberg por el nuevo partido socialdemócrata de los trabajadores alemanes y los "suavos" burgueses del partido popular votaron como un solo hombre, con la mayoría de la Liga, contra la igualdad. Que los burgueses votaron así no puede sorprender a nadie, no son burgueses en balde. Ningún burgués, aunque fuese el revolucionario más rojo, puede querer la igualdad económica, porque esa igualdad equivale a su muerte.

Pero, ¿de qué modo pudieron votar los trabajadores miembros del partido socialdemócrata contra la igualdad? ¿No es una prueba de que el programa a que están subordinados hoy los conduce directamente a un fin diametralmente opuesto al planteado por su posición social y por su instinto, y que su alianza con los radicales burgueses, concluida para fines políticos, está basada no en la absorción de la burguesía por el proletariado, sino, al contrario, sobre la subordinación de éste a aquélla?

Otro hecho notable. El congreso de Bruselas de la Internacional, que clausuró sus sesiones algunos días antes del de Berna, rechazó toda solidaridad con este último, y todos los marxistas que participaron en el congreso de Bruselas hablaron y votaron en ese sentido. ¿De qué modo se puede explicar entonces que otros marxistas, obrando como los primeros, bajo la influencia directa de Marx, hayan podido llegar a una unanimidad tan conmovedora con la mayoría del congreso de Berna?

Todo eso ha permanecido siendo un enigma que no ha podido explicarse hasta aquí. La misma contradicción hay que registrar durante todo el año 1868, y aun después de 1869 en el *Volksstaat,* el órgano principal y oficial, por decirlo así, del partido socialdemócrata de los trabajadores alemanes y editado por los señores Bebel y Liebknecht. Se encontraban en él algunos artículos bastante enérgicos contra la Liga burguesa; pero eran seguidos por francas declaraciones de ternura, algunas veces por reproches amistosos. El órgano que debía representar los intereses reales del pueblo parecía suplicar a la Liga que reprimiera sus manifestaciones demasiado francas de instintos burgueses que comprometían a los defensores de la Liga ante los trabajadores.

Tal vacilación en el partido del señor Marx continuó hasta septiembre de 1869, es decir, hasta el congreso de Basilea. Este congreso forma una época en el desenvolvimiento de la Internacional.

Ante todo, los alemanes habían tomado una parte muy débil en los congresos de la Internacional. El rol principal era desempeñado por los trabajadores de Francia, de Bélgica, de Suiza y en parte de Inglaterra. Pero ahora los alemanes, que organizaron su partido a base del programa más arriba enunciado, más bien político–burgués que popular y social, se presentaron al congreso de Basilea como un regimiento bien disciplinado y votaron, como un solo hombre, bajo la vigilancia severa de uno de sus jefes, el señor Liebknecht.

Lo primero que hicieron fue, naturalmente, la introducción de su programa y la proposición de colocar la cuestión política por encima de toda otra cuestión. Tuvo lugar una batalla encarnizada en la cual los alemanes sufrieron una derrota decisiva. El congreso de Basilea conservó intacta la pureza del programa de la Internacional y no permitió a los alemanes mutilarla por la introducción de la política burguesa.

Es así como comenzó la escisión en la Internacional cuya causa fueron y son los alemanes. Se atrevieron a proponer a una sociedad, preeminentemente internacional, quisieron imponerlo hasta por la fuerza, su programa estrechamente burgués, político–nacional, exclusivamente alemán, pangermánico.

Fueron derrotados completamente y los aliancistas, miembros de la Alianza de los revolucionarios socialistas, contribuyeron en mucho a esa derrota. De ahí procede el odio atroz de los alemanes contra la Alianza. El fin de 1869 y la primera mitad de 1870 estuvieron repletos de insultos groseros y de intrigas aún más groseras y a menudo abyectas de los marxistas contra los hombres de la Alianza.

Pero todo eso acabó pronto por tranquilizarse bajo la amenaza de la tempestad militar y política que se acumulaba en Alemania y que se difundía por Francia. La salida de la guerra es conocida: Francia fue vencida y Alemania, transformada en imperio, ocupó su puesto.

Acabamos de decir que Alemania tomó el puesto de Francia. No, ocupó un puesto que ningún otro Estado había ocupado precedentemente en la historia contemporánea; ni siquiera la España de Carlos V ocupó ese puesto; es el imperio de Napoleón I el que podría comparársele en potencia y en influencia.

No sabemos lo que habríamos tenido si Napoleón III hubiese triunfado. La situación, ciertamente, habría sido mala, muy mala; pero no habría podido haber mayor desgracia para el mundo entero, para la libertad de los pueblos, que lo que tenemos ahora. El triunfo de Napoleón III habría tenido consecuencias para los demás países; como una enfermedad aguda, dolorosa, pero de corta duración, porque ningún estrato de la nación francesa posee en cantidad suficiente el elemento orgánicamente estatista que es indispensable para la afirmación y la perpetuación de la victoria. Los franceses habrían destruido ellos mismos su hegemonía temporal que podría, tal vez, adular su vanidad, pero que su temperamento no puede soportar.

No pasa lo mismo con los alemanes. Están creados al mismo tiempo para la esclavitud y para la dominación; el francés es soldado por temperamento, por vanagloria, pero no puede sufrir la disciplina. El alemán se someterá voluntariamente a la disciplina más insoportable, la más ultrajante y la más pesada: incluso está dispuesto a amarla, siempre que lo coloque, o más bien que coloque a su Estado alemán, por encima de todos los demás Estados y pueblos.

¿Cómo se podría explicar de otro modo ese entusiasmo loco que se apoderó de toda la nación alemana, de todos los estratos de la sociedad alemana, a la recepción de noticias de una serie de victorias brillantes obtenidas por las tropas alemanas y, en fin, de la toma de París? Todos saben bien en Alemania que el resultado inmediato de la victoria será el predominio indudable del elemento militar que, ya antes, se había distinguido por una villanía sin límites, y que, por consiguiente, en la vida interior del país, eso equivaldría al triunfo de la reacción más vil. ¿Y entonces? Ninguno o casi ningún alemán se asustó: todos se unieron, al contrario, en un entusiasmo unánime. Toda la oposición "suava" se fundió como la nieve ante el brillo del nuevo sol imperial. El partido popular desapareció y los burgueses, los nobles, los campesinos, los profesores, los literatos, los estudiantes levantaron hasta las nubes el triunfo pangermánico. Todas las sociedades alemanas y todos los círculos del extranjero organizaron regocijo y gritaron "¡Viva el emperador!...", aquel mismo que ahorcaba a los demócratas en 1848. Todos los liberales, demócratas y republicanos se hicieron bismarckianos; aun en los Estados Unidos, donde habrían podido aprender y habituare a la libertad, los millones entusiastas de emigrantes festejaron el triunfo del despotismo pangermánico.

Un hecho tan general no puede ser considerado como acontecimiento pasajero. Indica una pasión profunda, viviente en el alma de todo alemán, pasión que parece contener como elementos inseparables el mando y la obediencia, la dominación y la servidumbre.

¿Y los trabajadores alemanes? ¡Y bien!, los trabajadores alemanes no han hecho nada, ni una sola declaración enérgica de simpatía y de solidaridad con los trabajadores de Francia. Se celebraron algunos pocos mítines donde se pronunciaron algunas frases en que callaba el orgullo nacional triunfador, por decirlo así, ante la proclamación de solidaridad internacional. Pero nadie se aventuró más allá de las palabras; y, sin embargo, se habría podido comenzar por hacer algo en Alemania, completamente desprovista de tropas. Es verdad que la mayor parte de los trabajadores estaba enrolada en el ejército donde cumplían a perfección el deber de soldado, es decir ametrallaban, estrangulaban, asesinaban y fusilaban a todos por orden de los jefes, y saqueaban también. Algunos de ellos, aun cumpliendo así sus obligaciones militares, escribían al mismo tiempo cartas conmovedoras en el *Volksstaat,* describiendo vívidamente los actos bárbaros perpetrados por las tropas alemanas en Francia.

Hubo, sin embargo, varios ejemplos de oposición más tenaz, como las protestas del valiente viejo Jacoby, que pagó con prisión en la fortaleza, las protestas de Bebel y de Liebknecht, que están aún encerrados en una fortaleza. Pero son ejemplos solitarios y muy raros. No podemos olvidar el artículo aparecido en septiembre de 1870 en el *Volksstaat* y en el cual el triunfo pangermánico era claramente transparente. Comenzaba por estas palabras: *"Gracias a las victorias obtenidas por las tropas alemanas, la iniciativa histórica ha pasado definitivamente de Francia a Alemania; nosotros, alemanes",* etcétera.

Se podría decir, en suma, que sin excepción el *sentimiento entusiasta del triunfo militar, nacional y político* dominaba en los alemanes y predomina aún. ¡Es en él donde se basa sobre todo la potencia del imperio pangermánico y de su gran canciller, el príncipe de Bismarck!

Las ricas provincias conquistadas, la masa considerable de material de guerra conquistado y, en fin, los cinco mil millones que permiten a Alemania mantener un ejército enorme, bien organizado y con un armamento perfeccionado; la creación del imperio y su subordinación orgánica a la autocracia prusiana; la instalación de nuevas fortalezas y, finalmente, la creación de una flota, todo eso contribuye, es verdad, considerablemente al refuerzo de la potencia pangermánica. Pero su apoyo principal consiste, sin embargo, en la simpatía profunda e indudable del pueblo.

Como se ha expresado uno de nuestros amigos suizos: "Ahora, todo sastre alemán que viva en Japón, en China o en Moscú, siente tras sí la flota alemana y toda la potencia alemana; esa conciencia llena de orgullo suscita en él transportes de entusiasmo; el alemán es, en fin, capaz de decir con altivez, como el inglés o el americano, apoyándose en su Estado: soy alemán". Es verdad que cuando el inglés o el americano dicen: "soy inglés", "soy americano", entienden por esas palabras: "soy un hombre libre", mientras que el alemán subentiende por esas palabras: "soy un esclavo, pero, al contrario, mi emperador es el más poderoso de los soberanos y el soldado alemán que me estrangula os estrangulará a todos".

¿Se contentará largo tiempo el pueblo alemán con esa situación? ¿Quién podría decirlo? Había soñado tanto con esa dicha de un Estado único –de un látigo único– que es preciso creer que querrá disfrutar de él largo tiempo aún. Cada pueblo tiene su gusto particular, y el de un buen látigo estatista predomina en el pueblo alemán.

Que con la centralización estatista comenzarán, y comienzan ya, a desarrollarse en Alemania todos los principios negativos, toda la corrupción, todas las causas de la desorganización intestina que son el resultado inevitable de vastas centralizaciones políticas, no es dudado por nadie. Es tanto más difícil dudar de ello cuanto que a los ojos de todos comienza ya el proceso de descomposición moral e intelectual; y basta leer los periódicos alemanes –los más conservadores o moderados– para encontrar en todas partes descripciones espantosas de la corrupción que se ha apoderado del público alemán que, como se sabe, era considerado como el más honesto del mundo.

Es el resultado inevitable del monopolio capitalista acompañado siempre y en todas partes de un refuerzo y de la ampliación de la centralización estatista. El capital privilegiado y concentrado en manos de un pequeño número se ha convertido en la hora actual, por decir así, en alma del Estado político; le da sus créditos a él solo y en cambio el Estado le garantiza el derecho ilimitado a explotar el trabajo de pueblo. El monopolio financiero es inseparable del mercado de la bolsa y está estrechamente ligado a la extracción de sus últimos céntimos por medio de compañías por acciones, comerciales e industriales, pues las masas del pueblo así como de la pequeña y mediana burguesía se empobrecen gradualmente.

Gracias a la especulación de la Bolsa y de las acciones, la antigua virtud burguesa basada en el ahorro, en la moderación y en el trabajo, desaparece de la burguesía actual; se manifiesta una tendencia general hacia un rápido enriquecimiento y como éste no es posible más que por el fraude y por el robo llamado legal, y también ilegal, siempre que sea hábil, está claro que debe desaparecer la vieja honestidad y buena fe burguesa.

Es notable ver con qué codicia desaparece, bajo nuestros ojos, la famosa honestidad alemana. La honestidad burguesa alemana era indeciblemente estrecha y estúpida; pero el alemán corrompido es una criatura de tal modo repugnante que las palabras nos faltan para describirlo. En el francés la corrupción se oculta bajo la gracia y la inteligencia hábil y atractiva, mientras que la corrupción alemana, que no conserva ninguna medida, está en descubierto. Brilla con toda su desnudez repugnante, grosera y estúpida.

Con esta nueva tendencia económica que gana la sociedad alemana entera desaparece velozmente toda la dignidad de la prensa alemana, del arte alemán, de la ciencia alemana. Los profesores se han vuelto, más que nunca, lacayos y los estudiantes se emborrachan más y más con la cerveza a la salud y al honor de su emperador.

¿Y los campesinos? Quedan perplejos. Sistemáticamente impulsados y retenidos, durante siglos, por la burguesía liberal misma en los campos de la reacción, constituyen hoy, en su gran mayoría, sobre todo en Austria, en Alemania central y en Baviera, el apoyo más sólido de la reacción. Deberán pasar aún muchos años antes de que vean y comprendan que el Estado pangermánico unificado y el emperador con su enorme personal militar, civil y policial los oprime y les roba.

Los obreros, en fin, están desorientados por sus jefes políticos, literarios o judíos. Su situación es cada año más y más insostenible; la prueba está en las perturbaciones serias que estallan entre ellos en todas las comarcas industriales principales de Alemania. Casi no pasa un mes o semana sin que haya que registrar una efervescencia y algunas veces incluso una colisión con la policía en una u otra ciudad alemana. Pero no habría que concluir que la revolución del pueblo está próxima: ante todo porque los jefes mismos odian con tanto ardor como el menor burgués la revolución y la temen, aunque no cesen de hablar de ella. Es en razón de ese odio y de ese miedo que conducen toda la población sobre la vía de la llamada agitación legal y pacífica, que resulta generalmente de la elección de uno o dos obreros o incluso burgueses de barniz literario del partido socialdemócrata al Parlamento pangermánico. No sólo no es peligroso, sino que al contrario, es excesivamente útil al Estado alemán como un pararrayos o una válvula de seguridad.

Y además no hay que esperar una revolución alemana, porque existe muy poco elemento revolucionario en el espíritu, el carácter y el temperamento del alemán. El alemán es capaz de razonar indefinidamente contra toda autoridad y aun contra el emperador; pero esa tendencia misma al razonamiento evapora, por decirlo así, sus fuerzas intelectuales y morales, no le da la posibilidad de concentrarse y lo libra, por consiguiente, del peligro de una explosión revolucionaria.

Y después de todo, ¿cómo se podría unir, en el pueblo alemán, la tendencia revolucionaria con la obediencia hereditaria y la aspiración hacia la dominación que constituye, como hemos repetido más de una vez, la característica fundamental de su esencia? ¿Sabéis cuál es hoy la aspiración que domina en la conciencia y en el instinto de todo alemán? Es el *deseo de ensanchar todo lo posible las fronteras del imperio alemán.*

Tomad un alemán de cualquier estrato social que sea y será mucho que encontréis uno sobre mil, qué digo, sobre diez mil alemanes, que no os responda con la célebre canción de Arndt:

"No, no, no, la patria alemana debe ser más vasta".

Todo alemán considera que la obra de la creación de un gran imperio germánico no acaba más que de comenzar y que para terminarla es necesario agregarle toda Austria, sin excepción de Hungría, Suecia, Dinamarca, Holanda, una parte de Bélgica, una parte aun de Francia y toda Suiza hasta los Alpes. Tal es la pasión que, hoy, sofoca en él todo otro sentimiento. Es esa misma pasión la que dirige actualmente todo los actos del partido socialdemócrata.

Y no creáis que Bismarck era un enemigo tan encarnizado de ese partido como aparentaba serlo. Es demasiado inteligente para no ver que le sirve de *pioneer,* propagando la idea estatista germánica en Austria, en Suecia, en Dinamarca, en Bélgica, en Holanda y en Suiza. Es la propaganda de esa idea germánica la que forma hoy la principal aspiración de Marx que, como hemos observado, había intentado renovar en su beneficio, en el seno de la Internacional, las hazañas y victorias del príncipe de Bismarck.

Bismarck tiene en sus manos todos los partidos y es poco probable que los ponga en manos del señor Marx; es actualmente, más que el Papa o que la Francia clerical, el jefe de la reacción europea y, se podría decirlo, de la reacción mundial.

La reacción francesa es monstruosa, ridícula y lamentable hasta el extremo, pero no es de ningún modo peligrosa. Es demasiado insensata, está en contradicción demasiado flagrante con las aspiraciones de la sociedad contemporánea y de la burguesía misma, sin deber hablar del proletariado, y con las condiciones de la existencia del Estado, para que pueda convertirse en una fuerza verdadera. No es nada más que una conclusión enfermiza y desesperada del Estado francés moribundo.

El caso es diferente con la reacción pangermánica. No se cuida de las contradicciones groseras y estúpidas con las demandas modernas de la civilización burguesa; trata, al contrario, de obrar en todas las cuestiones en pleno acuerdo con ella. En el arte de ocultar bajo las formas más liberales y más democráticas sus actos y obras despóticas, superó a su maestro Napoleón III.

Examinad, por ejemplo, la cuestión religiosa. ¿Quién tomó la iniciativa valerosa de reaccionar resueltamente contra las pretensiones medievales de la Santa Sede? Es Alemania, es el príncipe de Bismarck que no temió las intrigas de los jesuitas que minaban en todas partes contra él en el pueblo, donde promovían disturbios, pero sobre todo en la corte imperial, demasiado insuficientemente preparada aún para inclinarse ante todas las gazmoñerías; no tuvo miedo siquiera de su puñal, de su veneno, con los cuales, desde hacía ya mucho tiempo, tenían el hábito de desembarazarse de sus adversarios peligrosos. El príncipe de Bismarck asumió una posición tan clara contra la Iglesia católica que aun el viejo afable Garibaldi, ¡héroe en el campo de batalla, pero muy mal filósofo y político, que odiaba a los sacerdotes por sobre todas las cosas y en tal grado que bastaba declararse amigo suyo para ser proclamado inmediatamente el hombre más liberal y el más avanzado!, que incluso Garibaldi, decimos, acaba últimamente de publicar un ditirambo entusiasta en honor del gran camaleón alemán, proclamándolo el libertador de Europa y del mundo. El pobre general no ha comprendido que, en la hora actual, esa reacción es incomparablemente peor y más peligrosa que la reacción clerical, malvada, pero impotente, porque es absolutamente imposible ahora; que la reacción estatista es hoy más peligrosa, que es aún posible, que reviste hoy la última y la única forma posible de la reacción. La mayoría de los llamados liberales y demócratas no lo comprenden aún y es por eso que muchos de ellos, como Garibaldi, consideran a Bismarck como defensor de la libertad del pueblo.

De ese mismo modo había obrado el príncipe de Bismarck con respecto a la cuestión social. ¿No había convocado, hace sólo algunos meses, un verdadero congreso social de sabios juristas y economistas políticos de Alemania a fin de someter a una discusión seria y profunda todas las cuestiones que interesan en el momento a los obreros? Es verdad que algunos señores no pudieron tomar ninguna decisión y no habrían podido hacerlo, pues les fue planteada una cuestión: ¿cómo se puede aliviar la suerte de los obreros sin cambiar en nada las relaciones existentes entre capital y trabajo, o lo que quiere decir lo mismo, cómo hacer posible lo imposible? Está claro que han debido separarse sin tomar ninguna decisión; pero la gloria es que Bismarck, al contrario de los demás hombres de Estado de Europa, comprende toda la importancia de la cuestión social y que se ocupa de ella seriamente.

En último lugar, dio completa satisfacción a la vanidad política de la burguesía patriótica alemana. No sólo fundó un imperio pangermánico poderoso y unido, sino que dio las formas de gobierno más liberales y democráticas; le dio un Parlamento basado en el sufragio universal con un derecho ilimitado a discutir toda suerte de cuestiones, no reservándose él más que el derecho a no hacer y poner en práctica más que lo que él y su soberano considerasen necesario. De este modo dejó el campo libre a algunos para charlar todo lo que quisieran, reservándose él tres cosas: *las finanzas, la policía y el ejército,* es decir, toda la esencia del Estado moderno, toda la fuerza de la reacción.

Gracias a esos tres pequeños detalles reina hoy soberanamente en toda Alemania y por Alemania en el continente. Hemos mostrado, y creo demostrado, que todos los demás Estados de este continente son tan débiles que nadie tiene necesidad de ocuparse de ellos, sea porque están insuficientemente constituidos y que no podrán nunca constituir un Estado serio, como Italia, sea, en fin, porque están en estado de descomposición, como Austria, Turquía, Rusia, España y Francia. Entre los adolescentes de una parte y los decrépitos por otra se levanta, lleno de belleza y de fuerza, el edificio majestuoso del Estado pangermánico, el último abrigo de todos los privilegios y de todos los monopolios, de la civilización burguesa, en una palabra; es la fortaleza poderosa del estatismo, es decir de la reacción. Sí, no existe en el continente de Europa más que un solo Estado verdadero, es el Estado pangermánico; todo el resto no es más que un virreinato del poderoso imperio alemán.

Ese imperio ha declarado, por boca de su gran canciller, la guerra hasta el fin contra la revolución social. El príncipe de Bismarck ha pronunciado su sentencia de muerte en nombre de cuarenta millones de alemanes que lo sostienen y que le sirven de apoyo. En cuanto a Marx, su rival envidioso, y tras él todos los jefes del partido socialdemócrata en Alemania, declararon por su parte, como en confirmación de la declaración de Bismarck, una guerra igualmente encarnizada contra la revolución social.

Vemos que, actualmente, por una parte se encuentra la reacción más completa, realizada en el imperio germánico en el pueblo alemán que no es movido más que por la sola pasión de conquista y de dominación, es decir, de estatización; por la otra se levanta, como el único defensor de la liberación de los pueblos y de los millones de trabajadores, la revolución social. Por el momento ha concentrado sus fuerzas en el sur de Europa: en Italia, en España, en Francia; pero esperamos que pronto se unirán también a ella los pueblos del noroeste: Bélgica, Holanda y, sobre todo, Inglaterra y, en fin, más tarde, todas las razas eslavas.

Está inscrito en la bandera pangermánica: *Mantenimiento y refuerzo del Estado a todo precio.* Pero en la bandera socialista revolucionaria, en nuestra bandera, están inscritas, en contraposición, con letras relumbrantes y sangrientas, las palabras: *Abolición de todos los Estados, destrucción de la civilización burguesa, libre organización de abajo a arriba por medio de las asociaciones libres, organización del* lumpenproletariado, *de toda la humanidad liberada, creación de un nuevo mundo humano.*